南宋及南宋都城临安研究系列丛书

博士文库

杭州市社会科学院 编

Centre for Research on Southern Song Dynasty

翟禹 著

贰臣与功臣

宋元之际名将刘整研究

浙江省哲学社会科学重点研究基地南宋史研究中心项目

序　言

徐规

　　靖康之变,北宋灭亡。建炎元年(1127)五月初一日,宋徽宗第九子、钦宗之弟赵构在应天府(河南商丘)即帝位,重建宋政权。不久,宋高宗在金兵的追击下一路南逃,最终在杭州站稳了脚跟,并将此地称为行在所,成为实际上的南宋都城。

　　南宋自立国起,到最终为元朝灭亡(1279),国祚长达一百五十三年之久。对于南宋社会,历来评价甚低,以为它国力至弱,君臣腐败,偏安一隅,一无作为。但是近代以来,一些具有远见卓识的史学家却有不同看法,如著名史学大师陈寅恪先生在二十世纪四十年代初指出:

　　　　华夏民族之文化,历数千载之演进,造极于赵宋之世。①

　　著名宋史专家邓广铭先生更认为:

　　　　宋代是我国封建社会发展的最高阶段,两宋期内的物质文明和精神文明所达到的高度,在中国整个封建社会历史时期之内,可以说是空

---

　　① 陈寅恪:《金明馆丛稿二编》,生活·读书·新知三联书店 2001 年出版。

前绝后的。①

很显然，对宋代的这种高度评价，无论是陈寅恪还是邓广铭先生，都没有将南宋社会排斥在外。我以为，一些人所以对南宋贬抑至深，在很大程度上是出于对患有"恐金病"的宋高宗和权相秦桧一伙倒行逆施的义愤，同时从南宋对金人和蒙元步步妥协，国土日朘月削，直至灭亡的历史中，似乎也看到了它的懦弱和不振。当然，缺乏对南宋史的深入研究，恐怕也是其中的一个原因。

众所周知，南宋历史悠久，国土虽只及北宋的五分之三，但人口少说也有五千万左右，经济之繁荣，文化之辉煌，人才之众多，政权之稳定，是历史上任何一个偏安政权所不能比拟的。因此，对南宋社会的认识，不仅要看到它的统治集团，更要看到它的广大人民群众；不仅要看到它的军事力量，更要看到它的经济、文化和科学技术等各个方面，看到它的人心之所向。特别是由于南宋的建立，才使汉唐以来的中华文明在这里得到较好的传承和发展，不至于产生大的倒退。对于这一点，人们更加不应该忽视。

北宋灭亡以后，由于在淮河、秦岭以南存在着南宋政权，才出现了北方人口的大量南移，再一次给中国南方带来了充足的劳动力、先进的技术和丰富的生产经验，从而推动了南宋农业、手工业、商业和海外贸易的显著的进步。

与此同时，南宋又是中国古代文化最为光辉灿烂的时期。它具体表现为：

一是理学的形成和儒学各派的互争雄长。

南宋时候，程朱理学最终形成，出现了以朱熹为代表的主流派道学，以胡安国、胡宏、张栻为代表的湖湘学，以谯定、李焘、李石为代表的蜀学，以陆九渊为代表的心学。此外，浙东事功学派也在尖锐复杂的民族矛盾和阶级矛盾的形势下崛起，他们中有以陈傅良、叶适为代表的永嘉学派，以陈亮、唐

---

① 邓广铭：《关于宋史研究的几个问题》，载《社会科学战线》1986 年第 2 期。

仲友为代表的永康学派,以吕祖谦为代表的金华学派。理宗朝以前,各学派之间互争雄长,呈现出一派欣欣向荣的景象。

二是学校教育的大发展,推动了文化的普及。

南宋学校教育分中央官学、地方官学、书院和私塾村校,它们在南宋都获得了较大发展。如南宋嘉泰二年(1202),仅参加中央太学补试的士人就达三万七千余人,约为北宋熙宁初的二百五十倍。① 州县学在北宋虽多次获得倡导,但只有到南宋才真正得以普及。两宋共有书院三百九十七所,其中南宋占三百十所,②比北宋的三倍还多,著名的白鹿洞、象山、丽泽等书院,都是各派学者讲学的重要场所。为了适应科举的需要,私塾村校更是遍及城乡。学校教育的大发展,有力地推动了南宋文化的普及,不仅应举的读书人较北宋为多,就是一般识字的人,其比例之大也达到了有史以来的高峰。

三是史学的空前繁荣。

通观整个南宋,除了权相秦桧执政时期,总的说来,文禁不密,士大夫熟识政治和本朝故事,对国家和民族有很强的责任感,不少人希望借助于史学研究,总结历史上的经验和教训,以供统治集团作为参考。另一方面,南宋重视文治,读书应举的人比以前任何时候都多,对史书的需要量极大,许多人通过著书立说来宣扬自己的政治主张,许多人将刻书卖书作为谋生的手段。这样就推动了南宋史学的空前繁荣,流传下来的史学著作,尤其是本朝史,大大超过了北宋一代,南宋史家辈出,他们治史态度之严肃,考辨之详赡,一直为后人所称道。四川、两浙东路、江南西路和福建路都是重要的史学中心。四川以李焘、李心传、王称等人为代表。浙东以陈傅良、王应麟、黄震、胡三省等人为代表。江南西路以徐梦莘、洪皓、洪迈、吴曾等人为代表,福建路以郑樵、陈均、熊克、袁枢等人为代表。他们既为后世留下了宝贵的史料,也创立了新的史学体例,史书中反映的爱国思想也对后世史家产生了

---

① 　徐松辑:《宋会要辑稿》崇儒一之三九,中华书局1987年影印本。
② 　参见曹松叶《宋元明清书院概况》,载《中山大学语言历史研究所周刊》第十集,第111-115期,1929年12月至1930年出版。

重大影响。

四是公私藏书十分丰富。

南宋官方十分重视书籍的搜访整理,重建具有国家图书馆性质的秘书省,规模之宏大,藏书之丰富,远远超过以前各个朝代。私家藏书更是随着雕板印刷业的进步和重文精神的倡导而获得了空前发展。两宋时期,藏书数千卷且事迹可考的藏书家达到五百余人,生活于南宋的藏书家有近三百人,[①]又以浙江为最盛,其中最大的藏书家有郑樵、陆宰、叶梦得、晁公武、陈振孙、尤袤、周密等人,他们藏书的数量多达数万卷至十数万卷,有的甚至可与秘府、三馆等相匹敌。

五是文学、艺术的繁荣。

南宋是中国古代文学、艺术繁荣昌盛的时代。词是两宋最具代表性的文学形式,据唐圭璋先生所辑《全宋词》统计,在所收作家籍贯和时代可考的八百七十三人中,北宋二百二十七人,占百分之二十六;南宋六百四十六人,占百分之七十四,李清照、辛弃疾、陆游、姜夔、刘克庄等都是南宋杰出词家。宋诗的地位虽不及唐代,但南宋诗就其数量和作者来说,却大大超过了北宋。由北方南移的诗人曾几、陈与义;有"中兴四大诗人"之称的陆游、杨万里、范成大、尤袤;有同为永嘉(浙江温州)人的徐照、徐玑、翁卷、赵师秀;有作为江湖派代表的戴复古、刘克庄;有南宋灭亡后作"遗民诗"的代表文天祥、谢翱、方凤、林景熙、汪元量、谢枋得等人。此外,南宋的绘画、书法、雕塑、音乐舞蹈以及戏曲等,都在中国文化史上占有一定的地位。

在日常生活中,南宋的民俗风情,宗教思想,乃至衣、食、住、行等方面,对今天的中国也有着深刻影响。

南宋亦是我国古代科学技术发展史上最为辉煌的时期,正如英国学者李约瑟所说:"对于科技史家来说,唐代不如宋代那样有意义,这两个朝代的气氛是不同的。唐代是人文主义的,而宋代较着重科学技术方面……每当

---

① 参见《中国藏书通史》第五编第三章《宋代士大夫的私家藏书》,宁波出版社 2001 年出版。

人们在中国的文献中查找一种具体的科技史料时,往往会发现它的焦点在宋代,不管在应用科学方面或纯粹科学方面都是如此。"①此话当然一点不假,不过如果将南宋与北宋相比较,李约瑟上面所说的话,恐怕用在南宋会更加恰当一些。

首先,中国四大发明中的三大发明,即指南针、火药和印刷术而言,在南宋都获得了比北宋更大的进步和更广泛的应用。别的暂且不说,仅就将指南针应用于航海上,并制成为罗盘针使用这一点来看,它就为中国由陆上国家向海洋国家的转变创造了技术上的条件,意义十分巨大。再如,对人类文明有重大贡献的活字印刷术虽然发明于北宋,但这项技术的成熟与正式运用却是在南宋。其次,在农业、数学、医药、纺织、制瓷、造船、冶金、造纸、酿酒、地学、水利、天文历法、军器制造等方面的技术水平都比过去有很大进步。可以这样说:在西方自然科学东传之前,南宋的科学技术在很大程度上代表了中国封建社会科学技术的最高水平。

南宋军事力量虽然弱小,但军民的斗争意志却异常强大。公元 1234年,金朝为宋蒙联军灭亡以后,宋蒙战争随即展开。蒙古铁骑是当时世界上最为强大的军队,它通过短短的二十余年时间,就灭亡了西夏和金,在此前后又发动三次大规模的西征,横扫了中亚、西亚和俄罗斯等大片土地,前锋一直打到中欧的多瑙河流域。但面对如此劲敌,南宋竟顽强地抵抗了四十五年之久,这不能不说是世界战争史上的一个奇迹。从中涌现出了大量可歌可泣的英雄人物,反映了南宋军民不畏强暴的大无畏战斗精神,他们与前期的岳飞精神一样,成为中华民族宝贵的精神财富。

古人有言:"以古为镜,可以知兴替。"近人有言:"古为今用,推陈出新。"前者是说,认真研究历史,可为后人提供历史上的经验和教训,以少犯错误;后者是说,应该吸取历史上一切有益的东西,通过去粗取精、改造、发展,以造福人民,总之,认真研究历史,有利于加强精神文明的建设,也有利于将我国建设成为一个和谐的、幸福的社会。我觉得南宋可供我们借鉴反

---

① 《中国科学技术史·导论》中译本,科学出版社、上海古籍出版社 1990 年出版。

思和保护利用的东西实为不少。

以前,南宋史研究与北宋史研究相比,显得比较薄弱,但随着杭州市社会科学院主持的 50 卷《南宋史研究丛书》编撰出版工作的基本完成,这一情况发生了一些令人欣喜的改变。但历史研究没有穷尽,关于南宋和南宋都城临安的研究,尚有许多问题值得进一步探讨,也还有一些空白需要填补。近日,欣闻杭州市社会科学院南宋史研究中心拟进一步深化和扩大南宋史研究,同时出版"博士文库",加强对南宋史研究后备人才的培养,对杭州凤凰山皇城遗址综保工程,也正从学术上予以充分配合和参与,此外还正在点校和整理部分南宋史的重要典籍。组织编撰《南宋及南宋都城临安研究系列丛书》,对于开展以上一系列的研究,我认为很有意义。我相信,在汲取编撰《南宋史研究丛书》成功经验的基础上,新的系列丛书一定会进一步推动我国南宋史研究的深入开展,对杭州乃至全国的精神文明建设都有莫大的贡献,故乐为之序。

2010 年 11 月于杭州市道古桥寓所

序

刘迎胜

　　翟禹这部学术专著讨论的是宋元时代的著名将领刘整。刘整原为金人，在蒙古灭金之战中投向南宋孟珙，逐渐成为统兵大员，而在蒙宋对垒过程中又降蒙，为最终灭宋起了很大作用。刘整可视为 12-13 世纪中国南北整合过程中的一位代表性人物，因而其研究有着很重要的意义。

　　要说刘整的身份，按元制其族属为汉人。自五代末至元末的四个世纪中，汉人(又称汉儿)是一种专门的身份标志。辽建国之初占据"燕云十六州"之后，为数众多的中原人成为辽国属民，契丹与宋双方均以"汉人"或"汉儿"称呼之。有关辽金时代的"汉人"或"汉儿"，已故刘浦江教授有过相当深入的研究。①

　　《辽史·百官志》在记"汉人枢密院"时曰："太祖初有汉儿司，韩知古总知汉儿司事。太宗入汴，因晋置枢密院，掌汉人兵马之政。"②宋人龙衮记载了辽太宗耶律德光即位后，遣使南唐时，辽史与南唐储君李璟的对话：

　　　　是时虏主耶律德光陷梁宋，遣二使来告。其价言语通于中国，嗣

---

① 刘浦江：《说"汉人"——辽金时代民族融合的一个侧面》，《民族研究》1998 年第 6 期。
② 《辽史》卷四七《百官志三·南面·南面朝官》，北京：中华书局，1974 年，第 773 页。

主问其故，曰："臣本范阳人，历世冠冕，仕郡为从事。昔后唐清泰主失御，晋高祖以太原叛，与契丹通好，结为父子，事之为君臣。晋主既因虏兵入洛阳登极，割幽州五城之地入蕃，以奉朝贡，故令臣事于虏主，守职为郎焉。"嗣主曰："契丹为治何如？"对曰："蕃不治汉，汉不治蕃，蕃汉不同治，自古而然。"嗣主曰："朝见何如？"对曰："诏则呼汉儿。"①

辽使告诉李璟，觐见时在朝堂上南唐国君可称他们为"汉儿"，可见燕云地区的中原人自认为是"汉儿"，而南唐，也就是南方则称为"中国"。其实五代时，在未受契丹统治前，中原也以"中国"自居。《通鉴》中记后晋齐王开运二年（945）事时，有一段重要文字，内容如下：

契丹连岁入寇，（契丹入寇，自去年正月陷贝州始。）中国疲于奔命……边民涂地；契丹人畜亦多死，国人厌苦之。述律太后谓契丹主曰："使汉人为胡主，可乎？"曰："不可。"太后曰："然则汝何故欲为汉主？"曰："石氏负恩，不可容。"太后曰："汝今虽得汉地，不能居也；（后卒如述律后之言。）万一蹉跌……悔何所及！"又谓其群下曰："汉儿何得一向眠！（人寝不安席，则辗转反侧而不成寐；一向眠，则其眠安矣。）自古但闻汉和蕃，未闻蕃和汉。汉儿果能回意，我亦何惜与和！"②

在司马光笔下，胡人后裔的石敬瑭建立的后晋王朝称"中国"，缘因所治之地为中原，而其民为"汉人"或"汉儿"；至于契丹，则为"蕃"。"靖康之变"后，宋室南渡，金统治区成为"蕃"，而南宋则沿袭"中国"称号，把不满金统治、起而反抗的人称为"忠义人"，投向南宋的则称"归正人"。宋人赵升

---

① 龙衮撰，张剑光整理：《江南野史》卷二《嗣主》，郑州：大象出版社，2019年，第97页。
② 《资治通鉴》卷二八四《后晋纪五》开运二年六月条，北京：中华书局，1956年，第9293页。

在其书"归附"项下记:"归正,谓元系本朝州军人,因陷蕃,后来归本朝。"而
"忠义人,谓元系诸军人,见在本朝界内,或在蕃地,心怀忠义,一时立功
者"。① 金海陵王南侵被杀后,宋高宗于绍兴三十一年(1161)十月下《谕中
原并诸国手诏》云:

> 朕念中原赤子及诸国等人,久为金虏暴虐,役使科敛。或进为奴
> 婢,已无生意。又指吾旧疆百姓,为宋国残民,蹂藉杀戮,无所顾惜。朕
> 闻之痛心疾首,是用分遣大军并进,以救尔于涂炭。想闻王师至,必能
> 相率归顺。朕不惜官爵金帛以为激赏,若系有官之人,并依见今元带官
> 职更不减。其有以土地来归,或能攻取城邑,除爵赏外,凡府库所有,悉
> 以给赐。朝廷所留,唯器甲、文书、粮草而已。如女真、渤海、契丹、汉儿
> 一应诸国人,能归顺本朝,其官爵赏赐并与中国人一般,更不分别内燕。
> 北人昨被发遣归国者,盖为权臣所误,追悔无及。金虽用事,并许来归,
> 当加爵赏,勿复疑虑。朕言不食,有如皓日。②

综合上述两则史料可知,在南北对峙中,以宋之视角,北为"蕃",南为
"中国"。"陷蕃"的中原人为"汉人"或"汉儿",而两宋臣民则为"中国人"。
不但南北地域与人民称谓有异,且政治分割造成同一民族因环境的不同而
产生的文化与心理也有差别。

契丹、女真与宋,对"汉人"这个群体的看法有同有异。12 世纪初金灭
辽后,按宋金盟约,燕云之地归宋,当地人民称为"山后"人。"山"指燕山。
负责交割此地的宋使至,见"金人蹂藉之后,烧掠殆尽,富豪散亡,苟延残喘,
契丹至则顺契丹,金人至则顺金人,王师至则顺王师,但营免杀戮而已"。③

---

① 赵升编,王瑞来点校:《朝野类要》卷三《入仕·归附等》,北京:中华书局,2007 年,第 67 页。
② 蹇驹撰,赵维国整理:《采石瓜洲毙亮记·附录·谕中原并诸国手诏》,郑州:大象出版
社,2019 年,第 208 页;并见徐梦莘撰:《三朝北盟会编》卷二三二,清光绪三十四年许涵度校刻
本;徐松辑,缪荃孙重订:《宋会要辑稿·兵九之一三》,民国二十五年国立北平图书馆影印本。文
字皆略有小异。
③ 李德辉辑校:《晋唐两宋行记辑校·茆斋自叙》,沈阳:辽海出版社,2009 年,第 281 页。

而金灭辽后，沿五代、辽之旧称，以辖下中原人为"汉人"。占据中原后，则把沦陷区北宋遗民称为"南人"，以区别于同一民族、但长期处于北族统治之下的"汉人"与"汉儿"。《金史·贺扬庭传》说："世宗喜其刚果，谓扬庭曰：'南人（矿）[旷]直敢为，汉人性奸，临事多避难。异时南人不习词赋，故中第者少，近年河南、山东人中第者多，殆胜汉人为官。'"①也就是说，在金人眼里，汉儿较奸滑，而南人则刚直。

"汉儿"与宋境之"中国人"同文同种，受金歧视可以理解，但南宋人怎么看待这些归向已方的同胞，却值得推敲。陆游在密院做编修官时的同事尹少稷，是一位"归正人"。陆游提道，在一次闲聊中，尹少稷诉说自己在官场左右为难事时，座中有陈鲁公言宋臣陈康伯使金时事以比附之：

> 有李愈少卿者，来迓客，自言"汉儿"也。云："女真、契丹、奚皆同朝，只汉儿不好。北人指曰汉儿，南人却骂作番人。"愈之言，无乃与君类耶？②

陈鲁公用金人李愈"北人指曰汉儿，南人却骂作番人"之言取笑尹少稷，可见即使是归宋的"汉儿"，以整个群体而言，在宋人眼中仍属于已有别的非南非北群体。绍兴四年（1134）金宋战事中，金将程师回降南宋③后，被编入宋军，在平定宋境内叛乱中立有战功。④ 但《薛徽言行状》却记：

---

① 《金史》卷九七《贺扬庭传》，北京：中华书局，1975 年，第 2151 页。

② 陆游撰，李剑雄、刘德权点校：《老学庵笔记》卷六，北京：中华书局，1979 年，第 76 页。

③ 李心传撰：《建炎以来系年要录》卷九四，北京：中华书局，1988 年，第 1375 页；佚名撰，孔学辑校：《〈皇宋中兴两朝圣政〉辑校》卷一七《高宗皇帝十七·绍兴五年》，北京：中华书局，2019 年，第 514 页；《宋史》卷三六九《张俊传》，北京：中华书局，1985 年，第 11473 页。

④ 叶梦得：《石林奏议》卷一四《奏本路讨捕盗贼略尽乞下江西广东帅司提刑司乘时措置札子》及《奏措置分捕过盗贼火数官兵各已回军状》；张嵲三：《紫微集》卷一二《程师回收捕广贼及提举修缉虔州城壁劳绩特与转行右武大夫制》；李心传撰：《建炎以来系年要录》卷一四二，第 2284 页；同书卷一四五，第 2323 页；李𡊮撰，燕永成校正：《〈皇宋十朝纲要〉校正》卷二三《高宗·辛酉绍兴十一年》，北京：中华书局，2013 年，第 679 页；《宋史》卷二九《高宗纪六》，第 551 页及卷四九四《蛮夷二·西南溪峒诸蛮传下》，第 14189 页。

蕃将程师回桀黠不受制,伯父按教奇兵,或坐或立,心知有异,传令皆坐,不坐者斩,以统领官张涓所部,遂按军法斩之,师回吐舌大惊,始稟畏为用。①

降宋的北人将领在南宋官员眼中不仅仍是"蕃将",而且在秦桧主政与金约和时,竟然订有条款,要求将已经归向南宋的北人递送回金境内,其中就包括程师回这些为宋立过功的"归正人"将领及其部属。

南宋朝廷一方面对丧于金的北方故土怀有亡国之恨,另一方面又对归附而来的北方汉人义士另眼相看,战时用为前驱,与金约和时则视为交易的筹码,这种政策造成宋军与归降而来的"北军"一直矛盾不断,甚至时有降而复叛事发生,如占据山东及黄淮流域的李全、杨妙真军。②

"归正人"中不乏真正忠于南宋、至死不渝之士,如爱国词人辛弃疾与著名将领张世杰。辛弃疾是山东人,其祖父辛赞甚至接受过金职。海陵王完颜亮身死南侵之役后,"中原豪杰并起。耿京聚兵山东,称天平节度使,节制山东、河北忠义军马,弃疾为掌书记,即劝京决策南向"。有僧人义端亦拥众,曾按辛弃疾建言加入耿京义军,但不久叛去。辛弃疾愤而追及之,斩其首而归。耿京投宋,辛弃疾携表文入宋,在建康受到高宗接见,受官职与赐予耿京的印信。不料耿京营中部将张安国、邵进却突叛,杀耿京降金。"弃疾还至海州,与众谋曰:'我缘主帅来归朝,不期事变,何以复命?'乃约统制王世隆及忠义人马全福等径趋金营,安国方与金将酣饮,即众中缚之以归,金将追之不及。献俘行在,斩安国于市。"③

辛弃疾屡建奇功,兼具智勇,一心恢复中原,壮怀激烈却不得重用,最后终老泉林。尽管他对"归正人"在南宋朝野受到的不公正对待深有体会,并曾在撰写的《美芹十论》中希望朝廷善待"归正人",又不被接纳,但其一生始终忠于南宋。而另一位"归正人"张世杰更是为南宋战至最后的将领。

---

① 薛嘉言:《浪语集》卷三三《薛徽言行状》,永嘉丛书本。
② 张冲:《浅析晚宋时期的北军》,《河北北方学院学报》2013 年第 2 期,第 87—90 页。
③ 《宋史》卷四〇一《辛弃疾传》,第 12161—12162 页。

"汉儿"的概念产生于中国宋辽金南北分裂时期。这个群体既有共性,但其成员在不同时期亦各有利益诉求,显示出其复杂性。了解这一段历史,会助于理解翟禹这部论著所讨论的问题,是为序。

2024 年 10 月写于南京仙鹤山庄

目　　录

绪　　论

一、选题缘起

在 10—13 世纪中国历史研究中,学界既有以两宋为中心开展民族关系或政权关系等方面的探讨,也有从辽夏金元等北方民族建立的政权出发进行的研究。在蒙古兴起并灭掉西夏和金以后,遂与南宋毗邻,疆界相接,双方实现直接交往。这一时期的历史纷繁复杂、多姿多彩,呈现多民族、多元文化交往交流交融的面貌。宋元战争爆发于 1234 年。当年正月,蒙宋联军攻入蔡州(今河南汝阳),金朝宣告灭亡。以三京(东京开封府、西京河南府、南京应天府)为中心的河南一带是宋朝的开国奠基之处,宋理宗在金亡以后派人进入河南,以查看祖宗旧陵为名开展军事侦察。南宋主战派提出收复三京,遂出兵河南,不意遭致失败,史称"端平入洛"。南宋彻底破坏联盟,成为宋元战争爆发的导火线和起始点。[①] 于是,蒙古以南宋"开衅渝盟"为借口,开始攻宋。事实上,即使没有"端平入洛"事件,蒙古灭金后的下一步目标也是攻宋。[②] 灭金当年秋季,窝阔台在八里里答阑答八思之地,"议自将伐宋,国王查老温请行,遂

---

① 陈世松、匡裕彻、朱清泽、李鹏贵:《宋元战争史》,呼和浩特:内蒙古大学出版社,2010 年,第 58 页。本书曾于 1988 年由四川省社会科学院出版社首次出版,本文使用内蒙古人民出版社 2010 年再版页码,以下引用不再注明出版信息。

② 陈得芝:《中国通史》第八卷《中古时代·元时期(上)》(白寿彝总主编),上海:上海人民出版社,1997 年,第 387 页。

遣之"。① 第二年(1235),窝阔台又派遣"皇子曲出及胡土虎伐宋"。② 平宋战争一直持续至 1279 年结束,长达 45 年。无论是从中国古代王朝更迭的视角,还是从实现全国大一统的视角来看,宋元关系都是一段漫长的历史进程。对于以成吉思汗及其继承者为核心的蒙古统治者来说,这是蒙古在东征西讨的历程中最为艰难、持久和耗费最大的一次。这一战争的独特之处体现在两点:一方面,这是中国历史上第一个由北方草原游牧民族——蒙古族为主导的联合统治集团建立全国性政权而进行的战争,由于这一战争的主导者蒙古民族首次以统治者的身份在中国北方建立了一个地域辽阔的国家,其在平定南宋过程中,呈现出鲜明的草原游牧特征。另一方面,宋元战争从爆发到结束断断续续地进行了将近半个世纪,其间曲折、复杂和激烈程度,在中外战争史上亦属罕见。③

中国古代王朝有的经历数百年,而有的仅仅十几年就宣告灭亡,王朝政权的存亡通常受到后世的重视。历史研究的经世致用往往表现在对前代王朝灭亡原因的探讨,以及对治国理政成功经验和失败教训的关注。在改朝换代的浪潮中,均不乏降将、贰臣或忠臣义士。降将与贰臣,是指在王朝易代或者政权更迭之际,因为各种原因而先后服务于不同政权的一些人。萧启庆将贰臣定义为"背弃宗邦、改仕新朝的现实主义者"。④ 鼎革之际,到底是"高蹈远引以期保全节义",还是"改仕新朝而求行道泽民",⑤这是身处历史洪流之中的王侯将相、名流高士都必须作出的抉择。由于儒家"夷夏之别""夷夏大防"观念的深刻影响,这种问题在非汉民族尤其是北方草原民族入主中原的时候显得更加突出。

---

① 《元史》卷二《太宗本纪》,北京:中华书局,1976 年点校本,第 34 页。查老温,即木华黎后裔塔思国王。查老温(Čilao'un)与塔思(taš)分别为蒙古语与突厥语音译,其意义皆为"石"。
② 《元史》卷二《太宗本纪》,第 34 页。曲出,学界考订应为"阔出"之误。胡土虎,即"忽都秃"之转音,见刘迎胜《〈元史·太宗纪〉太宗三年以后纪事笺证》,南京大学元史研究室/民族与边疆研究中心主办《元史及民族与边疆研究集刊》(第二十七辑),上海:上海古籍出版社,2014 年。
③ 陈世松等:《宋元战争史》"前言",第 1 页。
④ 萧启庆:《宋元之际的遗民与贰臣》,见萧启庆《内北国而外中国——蒙元史研究》,北京:中华书局,2007 年,第 144 页。
⑤ 萧启庆:《宋元之际的遗民与贰臣》。

　　宋元之际是中国历史上的大变动时期,元朝发兵大举南下灭宋,随即迎来了一个空前的大一统时代。在这个剧变时代,有大批南宋士人和将领投附元朝。南宋的中朝大夫、封疆大吏"降走恐后",甚至为敌前驱,成为南宋最终为元朝所灭的重要原因。① 南宋晚期,驻守前线的将领已有相当一部分人先后降附元朝。他们或迫于无奈、为求自保,或主动归降;有的在战争早期就已归降,有的是在南宋行将灭亡之际才行倒戈之举。典型的南宋降将主要有杨大渊、刘整、吕文焕、陈奕、昝万寿、范文虎、夏贵等,均是在南宋末期占据非常重要地位的军事将领。南宋降将在归降以后,纷纷利用在南宋的作战经验和人际关系为元朝效力。他们或献上平宋方略,或招谕其他宋将,或在战场上继续征战。在南宋君臣、士人和宋元以后的社会评价中,这些降将成为变节、失节甚至导致亡国的贰臣;而在元朝君臣眼中,他们却是平定南宋、实现国家统一的功臣。他们在元朝发动的平宋战争中是占据重要地位的军事将领,但是在元初政治中又成为边缘人群,有着尴尬的社会境遇。

　　在为数众多的降将群体中,有一个非常典型的人物——刘整。他原本为金人,由金入宋,在南宋从军长达几十年。后由于遭到权臣排挤,于中统二年(1261,宋景定二年)反宋降蒙。刘整归附以后屡立战功,至元四年(1267,宋咸淳三年),刘整觐见忽必烈,提出"宜先从事襄阳"的平宋方略,并教练水军、大造战船,取得襄樊之战的胜利。后在驻守淮西时去世。刘整是降将中的佼佼者,他在川蜀、襄樊和江淮等战场上对元朝平宋、实现全国大一统发挥了关键作用。

　　作为由宋入元的降将,对刘整进行研究具有典型意义。刘整在金朝灭亡前夕入宋,直至 1275 年去世,其一生的足迹基本与宋元战争的历史同步,见证了全过程。刘整仕宋、仕蒙(元)的四十余年军旅生涯,正是蒙(元)平定金、宋并最终实现全国大一统的历史时期。过去学者较多关注的有忽必

---

　　① 　陈得芝:《元代江南之地主阶级》,《蒙元史研究丛稿》,北京:人民出版社,2005 年,第395 页。

烈这样雄才大略的明主、伯颜这种从波斯来到中原的统帅以及像阿术、阿里海牙等知名将领,也有大量原金朝统治区的北方汉人世侯如张柔、张弘范、真定史氏、刘黑马家族等,更有较多关注和研究南宋君臣如宋理宗、贾似道等人的执政、擅权等行为,但是对以刘整为代表的原为金人,先投宋、再降蒙(元)的将领涉及较少,使这段重要时期的历史构图不够完整。

本书以宋元之际名将刘整为个案开展详细考察,首先,有助于从微观视角深入、充实认识宋元战争史;其次,有助于从人物视角介入加深对持续了半个世纪的重大战争和易代鼎革的认识;第三,有助于认识宋元时代的不同社会阶层、不同群体的政治和社会境遇。刘整作为元朝初年政治边缘人群的典型代表,其社会境遇所反映的历史背景和社会现实有助于进一步认识时代特征。本书以刘整为主要研究内容,对其在宋元战争中的重要事迹进行考订,以求加深对宋元战争中的若干重要战例、宋元双方的政治军事、降将群体的政治境遇等问题的认识和理解。此外,站在中国历史大变动视野下,对刘整事迹开展专题研究将有助于推进对于宋元关系史尤其是元朝实现全国空前大一统格局历史进程的认识。

二、学术史回顾

本书研究聚焦于刘整个人及其家族、后人和与刘整有关的史事及相关人物研究,现对前人研究情况予以回顾。总体来说,学界对这个专题关注不够,目前专门研究尚不多见。

作为宋元之际的一位名将,刘整的事迹与宋元战争、南宋末年和元朝初年的政治、人物等领域关系密切。明代以降,对以刘整为代表的南宋贰臣多有评论,典型者如《厓山志》①《宋遗民录》②《宋季忠义录》③等。明代柯维骐《宋史新编》专设"叛臣传",刘整位列其中,体现了作者的南宋史观。清末民初的屠寄、柯劭忞分别著有《蒙兀儿史记》和《新元史》,为刘整及其子

① 黄淳等撰:《厓山志》,陈泽泓点校,广州:广东人民出版社,2018年。
② 程敏政:《宋遗民录》,《四库全书存目丛书》影印明嘉靖二年至四年程威等刻本。
③ 佚名:《宋季忠义录》,《四明丛书》本。

刘垓、部将沙全立传,大多数内容与宋濂等撰《元史》重复,但增加了屠寄、柯劭忞的个人考订结论,其著作利用虞集《刘垓神道碑》等资料为刘整之子刘垓立传,具有一定参考价值。① 当代学界对刘整的专门研究总体不多,专文讨论仅见日本学者衣川强《刘整的叛乱》一文,②重点围绕刘整发动叛乱的原因、过程进行了详细讨论,还对刘整仕宋期间的若干事迹有所考订,颇有启发。但是由于文章撰于20世纪80年代,使用史料相对不足,一些后来新发现的传世文献和金石碑刻等资料都未曾利用,加之与刘整相关的宋元战争史、宋史和元史等领域的研究成果在当时尚未成熟,对许多问题的认识不如今天深入。故这篇文章在考订过程中或存在偏差,或失之简略,或对若干问题没有涉及。

刘整仕宋期间有"断桥之功",其发生地点学界尚无定论,认为或在涪州(今重庆市涪陵),或在鄂州。陈世松等《宋元之际的泸州》和衣川强《刘整的叛乱》等均以黄震所撰《黄氏日抄古今纪要逸编》的记载为准,认为刘整参加的是涪州断桥之役,但是衣川强认为刘整同时也参加了鄂州断桥之役。还有一些专题论文,有的认为刘整、曹世雄是在吕文德的率领下参加了涪州断桥之役,如裴一璞《宋蒙涪州战事述论》,③也有的只提到了吕文德,未提及刘整、曹世雄等人,如罗美洁《宋末川江涪陵蔺市浮桥争夺战研究》。④ 此事终因史料匮乏难以确定。

关于刘整反宋降蒙事件,学界在研究刘黑马家族、南宋打算法等问题时有所涉及。刘黑马、刘元振父子是接收刘整的主要官员,近年出土的刘黑马家族墓有二人的墓志铭文,为进一步解读提供了第一手资料。樊波《陕西出土蒙元墓志中的宋蒙泸州之战》⑤一文利用新出土的《刘元振墓志》《冯时泰

① 《新元史》《蒙兀儿史记》,《元史二种》影印本,上海:上海古籍出版社,2012年。此外,上海古籍出版社2018年出版有张京华、黄曙辉总校《新元史》点校本,可资参考。
② 衣川强:《刘整的叛乱》,收入《日本中青年学者论中国史·宋元明清卷》,上海:上海古籍出版社,1995年。日文原文《刘整の叛乱》载《刘子健博士颂寿纪念宋史研究论集》,东京:同朋舍,1989年。
③ 裴一璞:《宋蒙涪州战事述论》,《长江师范学院学报》2009年第3期。
④ 罗美洁:《宋末川江涪陵蔺市浮桥争夺战研究》,《长江师范学院学报》2017年第2期。
⑤ 樊波:《陕西出土蒙元墓志中的宋蒙泸州之战》,《四川文物》2015年第6期。

墓志》《耶律秃满答儿墓志》等资料对 1261 年刘整降蒙和 1277 年泸州之战的记载进行了研究，考订了若干史实细节。李举纲、樊波《〈元史·刘元振传〉与新见〈刘元振墓志铭〉比事》①一文通过对《元史·刘元振传》和新出土《刘元振墓志铭》所载史实进行比较，对刘整反宋降蒙事件的史料作了梳理，认为《刘元振墓志铭》极有可能是《元史·刘元振传》的史源。但文章局限于对《刘元振墓志铭》和《刘元振传》进行文本对比，基本上未对文本所蕴含的史实进行更广阔、更深入的分析，也未结合其他相关材料对刘整反宋降蒙的过程和原因等内容进行研究。陕西省考古研究院对发掘的刘黑马家族墓地进行了系统整理，有关刘黑马、刘元振的墓志铭及相关情况收录在《元代刘黑马家族墓发掘报告》，②整理者制作了墓志铭拓片，并对铭文作了整理和初步解析，本书在考察刘整反宋降蒙过程时就使用了这两方墓志铭。

何忠礼《南宋全史》专列一目"打算法的推行和刘整之叛"，对刘整反宋降蒙与实行打算法的关系作了分析，认为有两种可能：一是反宋降蒙与实行打算法有关，二是刘整反宋仅仅是因为遭到吕文德、俞兴等人的排挤而不满，担心遭到不测。③ 最新出版的包伟民、吴铮强《宋朝简史》论述道："宋蒙战争需要巨额军费，贾似道在军队中实行'打算法'，即审理各大将、边帅的军费开支，追缴赃款，又以此立威并排斥异己。结果向士璧、徐敏子、曹世雄、李曾伯等抗蒙将领都因军费问题受到追查，向士璧、曹世雄被迫害致死，李曾伯、史岩之被罢官。打算法还导致刘整叛变，刘整原是金人，金末降宋，在抗蒙斗争中屡立战功，却与俞兴等宋将结下怨恨。景定二年（1261），俞兴成为刘整上司，以打算法整治刘整，刘整四处求情，不得要领，得知向士璧、曹世雄等人因打算法而死，遂以泸州等 15 州军投降蒙古。"④这段论述代表了目前学界对与刘整有关史事的基本叙述，具有典型性。从打算法对南宋

---

① 李治安主编：《庆祝蔡美彪教授九十华诞元史论文集》，北京：中国社会科学出版社，2019 年。

② 陕西省考古研究院编著：《元代刘黑马家族墓发掘报告》，北京：文物出版社，2018 年。

③ 何忠礼：《南宋全史（二）》（政治、军事和民族关系卷下），上海：上海古籍出版社，2011 年，第 215 页。

④ 包伟民、吴铮强：《宋朝简史》，杭州：浙江人民出版社，2020 年，第 303 页。

守边将领造成影响入手探讨的有王青松《从刘整叛宋论南宋的"打算法"及其末期的军政危机》，①论述内容与前述《宋朝简史》观点基本一致。陈世松《老泸州城"刘整降元"石像考》②一文通过实地考察泸州神臂城遗留至今的一幅石像，认为其主题是"刘整降元"。

　　刘整在泸州城起兵降蒙之时，曾有一些南宋的文臣武将反抗，如许彪祖、金文德、张桂、廉节、黄仲文等，其事迹保留在南宋遗民所撰《昭忠录》中，有助于认识刘整降蒙事迹。熊燕军撰写多篇有关《昭忠录》的论文。③ 由于是针对《昭忠录》的研究，故这些论文未能结合刘整降蒙史事进行探讨，但是便利了本书对相关史料的利用。

　　襄樊之战既是宋元战争中的关键性、转折性战役，也是刘整全程参与并发挥重要作用的一次战役。学界比较关注襄樊之战的研究，《宋元战争史》《宋蒙（元）关系史》《宋元战史》等均对此次战役有所论述。此外还有一些学术论文针对襄樊之战的胜败原因、与其他战役的比较、战略战术、军事补给等各个方面进行了不同程度探讨，其中对刘整如何实施包围、如何阻击援军等方面都有讨论。④ 涉及刘整的文章有洪学东《名开榷场，实修堡垒——

---

　　① 王青松：《从刘整叛宋论南宋的"打算法"及其末期的军政危机》，《西北大学学报》2008 年第 3 期。

　　② 陈世松：《老泸州城"刘整降元"石像考》，收入中国蒙古史学会编《中国蒙古史学会 1983 年年会暨学术讨论会论文集》（云南昆明，1983 年），后发表在《四川文物》1984 年第 4 期，又收入陈世松、喻亨仁、赵永康编著《宋元之际的泸州》（修订本），香港：中国统一出版社，2015 年。

　　③ 熊燕军：《南宋佚名〈昭忠录〉疑事辨析》，南京大学元史研究室/民族与边疆研究中心主办《元史及民族与边疆研究集刊》（第二十五辑），上海：上海古籍出版社，2013 年；熊燕军：《南宋佚名〈昭忠录〉作者考——兼论〈昭忠录〉与〈昭忠逸咏〉的关系》，南京大学元史研究室/民族与边疆研究中心主办《元史及民族与边疆研究集刊》（第二十七辑），上海：上海古籍出版社，2014 年；熊燕军：《南宋佚名〈昭忠录〉与〈宋史〉关系考》，南京大学元史研究室/民族与边疆研究中心主办《元史及民族与边疆研究集刊》（第二十八辑），上海：上海古籍出版社，2014 年。

　　④ 重要文章有：周宝珠：《南宋抗蒙的襄樊保卫战》，《史学月刊》1982 年第 6 期；匡裕彻：《浅析宋元襄樊战役胜败的原因》，《历史教学》1984 年第 4 期；黄宽重《宋元襄樊之战》，《大陆杂志》第 43 卷第 4 期，1971 年，后收入《南宋史研究集》，台北：新文丰出版公司，1985 年；方震华：《贾似道与襄樊之战》，《大陆杂志》第 90 卷第 4 期，1995 年；郭伟：《宋蒙（元）钓鱼城之战与襄樊之战比较研究》，《重庆科技学院》2010 年第 9 期；熊燕军：《战略错位与宋蒙（元）襄樊之战——从南宋援襄诸军的构成谈起》，《宋史研究论丛》（第十四辑），保定：河北大学出版社，2013 年；周曲洋：《南宋荆湖地区军事补给体制的构建与运作——兼论宋元襄樊之战失利之原因》，《学术研究》2016 年第 3 期。

宋元襄樊战役元军筑堡年代考》，①文章对战役前夕元军在襄樊前线筑堡的年代及相关问题作了考订，认为元军筑堡时间是 1267 年（元至元四年，南宋咸淳三年），这一结论有助于梳理刘整在至元初年的活动轨迹，同时更加明晰刘整在襄樊之战中的重要作用。2014 年，中国社会科学院、湖北省社会科学院和襄阳市委、社科联主办的"中国襄阳·汉水文化论坛"召开，会后出版了会议论文集《大河之魂：中国襄阳·汉水文化论坛论文集》，论文集收录了部分有关宋元之际襄阳军事地位、政治问题等方面的论文。② 此外，还有一些学位论文的研究亦颇有参考价值。③

在襄樊之战及其前夕，有两位非常重要的南宋将领与刘整事迹关系密切，即吕文德和吕文焕。刘整降蒙以前，曾经受到吕文德的排挤。吕文德联合贾似道对刘整有功不赏，使其极为不满，成为逼迫其反宋降蒙的原因之一。襄樊之战前夕，刘整利诱吕文德以开榷场为名，在襄樊前线暗中筑堡。后又与坚守襄阳城的吕文焕展开激战，最终逼迫吕文焕投降。学术界对吕氏兄弟有一些专题论文，如乔东山《吕文德若干问题研究》、④申万里《宋元之际的吕文焕及其家族》、⑤王茂华《仕元的宋吕氏集团考析》⑥等。这些研究在论述吕氏兄弟的相关问题时，均对刘整有所涉及，但限于主题均未详细展开。

关于对刘整后人的研究，目前极少有学者关注。刘整之子刘垓的神道碑为虞集所撰，内容保留至今，但学界较少利用。仅有王茂华、刘冬青《虞集〈刘垓神道碑〉考析》⑦一文对碑文进行了初步介绍和考证，但并未深究。刘

---

① 南京大学元史研究室/民族与边疆研究中心主办：《元史及民族与边疆研究集刊》（第三十一辑），上海：上海古籍出版社，2016 年。

② 中国社会科学院历史研究所编：《大河之魂：中国襄阳·汉水文化论坛论文集》，北京：人民出版社，2015 年。

③ 吴彦勤：《十三世纪中叶蒙元与南宋在襄樊的军事斗争研究》，云南师范大学 2000 年硕士学位论文；骆曼：《宋代襄阳和樊城的历史地理研究》，东北师范大学 2017 年硕士学位论文；杜雁华：《1267—1273 年元朝经略襄阳研究》，内蒙古大学 2017 年硕士学位论文，等等。

④ 乔东山：《吕文德若干问题研究》，河北大学宋史研究中心主办：《宋史研究论丛》（第十六辑），保定：河北大学出版社，2015 年。

⑤ 申万里：《宋元之际的吕文焕及其家族》，《中央亚洲研究》（韩国）Vol. 19，2014 年第 2 期。

⑥ 王茂华：《仕元的宋吕氏集团考析》，《中国史研究》（韩国），2014 年 2 月。

⑦ 王茂华、刘冬青：《虞集〈刘垓神道碑〉考析》，《河北大学学报》2007 年第 6 期。

整部将有沙全,《元史》有传,目前尚无专文研究。马晓娟《蒙元时期哈剌鲁人婚姻研究》①一文对"戍守建昌的抄儿赤家族"与沙全(抄儿赤)进行对比分析,认为并非同一人。

以"贰臣""降将"群体为研究对象的成果,主要有萧启庆《宋元之际的遗民与贰臣》②一文,其所谓"贰臣"主要谈的是文人士大夫,未涵盖武将。以宋元之际降将为话题的目前仅见王茂华的学位论文《试论宋蒙(元)战争中的南宋降将》,③其后来发表《宋蒙(元)战争中的南宋降将考》④和《南宋降将与宋蒙(元)战争进程》⑤等文章均为学位论文的主要内容。王茂华将南宋末年的降将作为一个整体来进行考察,对于降将的类型、事迹和对宋元战争的影响进行了论述。总体来看,学界往往较多关注宋元之际的文人群体,而对这一时期的武将群体关注不够。

此外,宋元军事史、川蜀地方史等领域均对刘整及其相关史事有所涉及,如陈世松《蒙古定蜀史稿》、⑥李天鸣《宋元战史》、⑦胡昭曦《宋蒙(元)关系史》、⑧陈世松等《宋元战争史》、⑨贾大泉《四川通史》(第四册)、陈世松《四川通史》(第五册)、⑩陈世松等《宋元之际的泸州》、⑪王曾瑜《宋

　　①　马晓娟:《蒙元时期哈剌鲁人婚姻研究》,《新疆大学学报》2020年第9期。
　　②　萧启庆:《宋元之际的遗民与贰臣》,收入萧启庆《内北国而外中国——蒙元史研究》,北京:中华书局,2007年。
　　③　王茂华:《试论宋蒙(元)战争中的南宋降将》,上海师范大学2004年硕士学位论文。
　　④　王茂华:《宋蒙(元)战争中的南宋降将考》,《宋史研究论丛》(第六辑),保定:河北大学出版社,2005年。
　　⑤　王茂华:《南宋降将与宋蒙(元)战争进程》,《赤峰学院学报》2007年第1期。
　　⑥　陈世松:《蒙古定蜀史稿》,成都:四川省社会科学院出版社,1985年。
　　⑦　李天鸣:《宋元战史》,台北:食货出版社,1988年。
　　⑧　胡昭曦:《宋蒙(元)关系史》,成都:四川大学出版社,1992年。书评参见魏志江《〈宋蒙(元)关系史〉——部宏观研究宋蒙(元)关系的力作》,《中国史研究动态》1995年第8期。
　　⑨　陈世松等《宋元战争史》一书的第五章"忽必烈即位前后各战区的短暂相持"中之"刘整降元与川蜀战区的相持"一节对刘整降元过程进行了叙述。
　　⑩　贾大泉主编:《四川通史》第四册(五代两宋时期),成都:四川大学出版社,1993年;陈世松主编:《四川通史》第五册(元明清时期),成都:四川大学出版社,1993年。
　　⑪　陈世松、喻亨仁、赵永康编著:《宋元之际的泸州》,重庆:重庆出版社,1986年初版;香港:中国统一出版社,2015年再版修订本。相比初版,修订本中增加了许多新的研究成果。

朝军制初探》(增订本)、①《蒙古民族通史》、②胡泊《蒙古族全史·军事卷》③等,但因系通论性著作,未能对细节充分展开。本书研究重心是一位军事将领的活动轨迹,故不可避免地要涉及有关行政建置和地理沿革,这方面有李昌宪《中国行政区划通史·宋西夏卷》和李治安、薛磊《中国行政区划通史·元代卷》,④他们对宋元时期的行政建置及其变迁等问题有梳理和考订。

通观现有研究成果发现,有关刘整的研究总体呈现薄弱状况。宋元鼎革是通过战争实现的,在战争过程中武将群体发挥着举足轻重的作用,这个群体的境遇是宋元之际时代的写照,因此对其开展研究有重要的学术意义。

三、基本文献

有关刘整的主要文献记载见于《元史》卷一六一《刘整传》。同书卷一三二《沙全传》是刘整部将中唯一有专传记载之人,此人是一位哈剌鲁人(Qarluq)。《元史》相关卷册中,存有一些散见资料,记载了与刘整相关的史事。笔者在披览资料时,将其一一辑录整理,成为本书的基础资料。近些年,南京大学元史研究室承担的"《元史》汇注考证"项目,对《元史》各卷内容进行了详细的汇注、考订工作,可资利用。《金史》《宋史》⑤是元代官修正史,记载宋金史事系统全面,本文从中辑录大量与刘整相关史事。其中宋理宗、宋度宗、瀛国公时期部分史事,可与《宋史全文》⑥《宋季三朝政要》⑦等互鉴互证。

关于刘整的神道碑,仅见于姚燧撰《丞相武定公阿里海涯神道碑》中,周

---

① 王曾瑜:《宋朝军制初探》(增订本),北京:中华书局,2011 年。
② 本书编写组:《蒙古民族通史》(五卷六册本),呼和浩特:内蒙古大学出版社,2002 年。
③ 胡泊:《蒙古族全史·军事卷》,呼和浩特:内蒙古大学出版社,2013 年。
④ 李昌宪:《中国行政区划通史·宋西夏卷》(第二版),上海:复旦大学出版社,2017 年;李治安、薛磊:《中国行政区划通史·元代卷》(第二版),上海:复旦大学出版社,2017 年。
⑤ 《宋史》,北京:中华书局,1985 年点校本,以下同。
⑥ 本书使用汪圣铎点校本,北京:中华书局,2016 年,并兼以李之亮点校本(哈尔滨:黑龙江人民出版社,2005 年)对照。
⑦ 本书使用王瑞来笺证本,北京:中华书局,2010 年。

清澍先生在探讨《元朝名臣事略》所引文献史源之时,对刘整神道碑做过分析。① 刘整之子刘垓神道碑即《大元故奉国上将军行中书省参知政事广东道宣慰使都元帅刘公神道碑铭》,作为撰者虞集的书法墨迹保留下来,亦成为考察刘整及其家族事迹的重要资料。

专门记载宋元战争历史的文献有刘敏中《平宋录》,②本文利用《平宋录》的记载考订了刘整的病卒时间,《平宋录》对灭宋过程的记载亦很详细完整。除此以外,《癸辛杂识》《钱塘遗事》《咸淳遗事》《京口耆旧传》《昭忠录》等都是有关这段历史的重要文献。周密《癸辛杂识》中有较多涉及南宋末年的人物事迹,其中尤以记述贾似道事迹和“襄阳始末”等条价值最大。《钱塘遗事》,署名元代刘一清,从内容来看是南宋遗民所作,对宋元之际的历史多有记述和评价,目前有多个整理本,其中最为全面要属王瑞来所作校笺考原本。③《咸淳遗事》共计两卷,撰者佚名,成书于宋元之际,主要记载了南宋度宗咸淳元年(1265)到八年(1272)之间的南宋史事,其中对贾似道擅权的记载详细,《四库全书总目提要》称此书“核其词意,疑宋之故臣遗老为之也”。④ 有《墨海金壶》本和《守山阁丛书》本,本书使用后者。还有大量散见资料,主要载于两大类文献之中,一是宋元之际的文集,比如赵孟頫、文天祥、真德秀、刘克庄、王恽、姚燧、刘岳申、汪元量、李曾伯等人的作品;二

① 周清澍:《〈元朝名臣事略〉史源探讨》,南京大学元史研究室/民族与边疆研究中心主办:《元史及民族与边疆研究集刊》(第二十九辑),上海:上海古籍出版社,2015 年,第 31 页;刘武敏公碑。《神道碑》提道:起初宋降将刘整献策攻取襄阳,然后“浮汉入江,则宋可平”。但后来“襄阳下”和“渡江捷闻”,刘整因“功已不出乎己”,“愤惋以死”。因此姚燧在碑文最末,大发感慨。苏天爵在这段后加注“又《刘武敏碑》云”,这一段更详细地叙述忽必烈接受刘整的献策和宋朝派间谍离间刘整等事实。《牧庵集》没有这篇《刘武敏碑》,《全元文》未收,也不见于《金石志》等书。

② 常见版本有《守山阁丛书》本,还有《墨海金壶》本、景印《文渊阁四库全书》本等。究其源流均为四库本,文中人名经过清人改动,但“四库本”总体质量较高,无错别字,版面清晰。本文所使用的是台北“国家”图书馆藏清钞本。有藏印四种,分别是:“竹景/盦”朱文方印、“甲子丙寅韩德均钱润文/夫妇两度携书避难记”白文长方印、“国立中央图/书馆收藏”朱文长方印、“赵印/辑宁”白文方印。清钞本错字、别字较多,但元代人名未作改动,版本较佳,需与四库本参照使用。

③ 王瑞来校笺:《钱塘遗事校笺考原》,北京:中华书局,2016 年。本书主要使用王瑞来校笺本,并参以《钱塘遗事》影印扫叶山房本(上海:上海古籍出版社,1985 年)、《〈钱塘遗事〉校补》(蒋光煦校补,周膺、吴晶点校,杭州史料别集丛书,北京:当代中国出版社,2014 年)等。

④ 《咸淳遗事》卷首《钦定四库全书提要》,《守山阁丛书》本。

是各类方志、典章制度、政书以及其他杂项等，比如与宋元战争关系密切的长江一线各地方志、《明一统志》《大元圣政国朝典章》等，此不一一列举。

《昭忠录》是一份很重要的文献。专门研究可见熊燕军的三篇论文《南宋佚名〈昭忠录〉疑事辨析》（《元史及民族与边疆研究集刊》第二十五辑）、《南宋佚名〈昭忠录〉作者考——兼论〈昭忠录〉与〈昭忠逸咏〉的关系》（《元史及民族与边疆研究集刊》第二十七辑）、《南宋佚名〈昭忠录〉与〈宋史〉关系考》（《元史及民族与边疆研究集刊》第二十八辑）。熊燕军通过将《昭忠录》与赵景良《忠义集》中所收元人刘麟瑞所撰《昭忠逸咏》进行对比，认为《昭忠录》的作者就是刘麟瑞。刘麟瑞的父亲是宋元之际著名学者、诗人、文学评论家刘埙，号水云村，有文集《隐居通议》《水云村泯稿》《水云村稿》等。本书利用《昭忠录》及相关资料如《昭忠逸咏》等对刘整反宋降蒙史事进行研究。

由于记录宋元关系的文献多成书于南宋末年和元代，故总体特点是比较分散，与其他时段的史料相比总量较小。从文献内容来看，一事多载、细节差异、部分文献版本较多等情况比较普遍，且不同文献的记载详略不同，内容也有所差异。因此，开展文献史料的搜集、整理和比对非常费时费力。总体来说，由于《元史·刘整传》的记载较为简略，其他文献的记载过于分散。因此，开展研究的主要难度在于收集散落各处的零星史料，并对其进行整合、分析和论述，最后对刘整一生的事迹首次作出尽可能全面的勾勒和梳理，以期通过以人物为主体的个案研究，来勾画宋元战争史这个宏大历史图景，并进而有助于认识元朝实现中国历史上前所未有的大一统格局的历史进程。

四、研究思路与篇章结构

刘整在宋元之际是一位非常有影响的军事将领，他先后由金入宋、由宋入元，其一生经历了宋元战争中绝大多数的重要事件，成为南宋降将仕蒙（元）的典型代表。本书以刘整一生事迹为主要线索，对其经历的宋元战争进程中的若干历史阶段和重要事件进行研究。本书在研究过程中，首先注重对历史细节的考订,利用零散、有限的史料对诸多模糊不清、晦暗不明的问题进行辨析、钩沉,以期通过充实和丰富历史细节来对宏大图景进行勾画;其次注重通过典型人物的个案研究,来观照特定历史时空条件下人物群体的整体特征和境遇。本书篇章结构与研究思路概述如下。

第一章主要通过钩沉《金史》《宋史》以及相关史料中的零星记载,对刘整及其家族早年在金朝境内的迁徙、刘整在金亡之际由金入宋的时代背景和过程以及刘整在南宋期间的事迹作了初步梳理。时间段在刘整反宋降蒙之前,即1260年以前。依据当时历史背景推测,刘整家族很可能是金朝晚期从京兆(西安)迁徙至河南邓州。金亡前夕,蒙宋联盟攻金,青年时期的刘整由金入宋,成为南宋京湖制置使孟珙麾下的一位将领。因为作战勇敢,得名"赛存孝"。孟珙去世以后,又继续在李曾伯麾下从军。随后刘整进入川蜀驻守,先后参加了抵抗蒙古的战役。此时的刘整在南宋军队中逐渐从一名普通军人成长为能够独当一面的地方镇守将领。在川蜀地区,他多次参加各种战役如箭滩渡之战、云顶山之战等。本章通过对零散史料的考订梳理,补充了《元史·刘整传》对这一段史事的缺失,也推进了对早年蒙宋联盟灭金、早期宋蒙战争的认识。

本章的创新之处在于:一是考订刘整在孟珙、李曾伯麾下从军经历,本书利用李曾伯的部分奏疏,通过与《宋史》等文献的对比分析,揭示了南宋晚期政治、军事防御和文臣武将的关系等问题,尤其是对以李曾伯为代表的南宋君臣如何防范、处置和利用以刘整为代表的"北人"的策略,有所讨论;二是考证了刘整进入川蜀驻守的时间,即南宋宝祐四年(1256);三是考订了刘整参加的蒙古进攻川蜀的系列战役;四是考证了刘整的两次军功即"断桥之役"和"泸州大捷",其中"断桥之役"是扭转蒙哥攻宋的关键性战役,对南宋意义重大,是宋元战争史上的重要转折。

第二章主要集中讨论刘整反宋降蒙的过程,时间段在1260—1261年。本章主要利用《宋史》《元史》以及相关传世文献,并结合《冯时泰墓志铭》《刘黑马墓志铭》《刘元振墓志铭》等碑刻资料,在学界研究基础上,对这一重要历史事件过程进行了详细考订。

　　本章的创新之处在于，通过大量细部考察，厘清了许多史实：一是刘整向蒙古"密送降款"的时间；二是以刘黑马、刘元振父子、纽璘等为代表的蒙古官员对刘整的接收、救援和安置；三是南宋朝廷、地方文武官吏的反应，特别是对参加围攻泸州城的南宋将领进行了考订。本章厘清了许多此前从未被学界注意过的人物及其事迹，诸如陕西四川行省商挺、廉希宪对刘整的安置、成都守将失里答、纽璘、张威等人的救援，刘黑马、刘元振、冯时泰等人的决策、会晤和共抗宋军，南宋文臣武将诸如俞兴、王达的围攻与溃败，张桂、黄仲文、金文德、许彪祖、廉节等人誓死不从、英勇牺牲的事迹等，从而使刘整降附过程的诸多细节更加清晰。

　　第三章主要研究刘整在蒙古（元）期间的事迹，时间段是在 1261 年到1275 年刘整去世。本章集中探讨了刘整降附以后为蒙古驻守川蜀抗击南宋、提出"宜先从事襄阳"平宋方略以及参加襄樊之战、驻守淮西、去世时间等，这一阶段是刘整在军事史上发挥重大作用和影响的时期。

　　本章创新之处在于：一是对忽必烈颁赐给刘整的两条手诏进行了考辨，手诏涉及与另一名降将杨大渊的关系、对刘整及其降附军民的安置；二是钩沉刘整降蒙以后的 1262—1266 年相持阶段期间在川蜀驻守往来应援、抗击宋军的情况；三是征引各类散见资料，对刘整所提"宜先从事襄阳"平宋方略的具体内容，进行了详细考订，认为这份平宋方略的内容详细完备，具有很强的可操作性，并被后来的史实所证明；四是考订了刘整在襄樊之战中的若干具体表现，比如利诱吕文德暗中筑堡、教练水军、督造战船以及围城攻城、招降吕文焕等事迹。五是对刘整在襄樊之战以后戍守淮西和去世的情况进行了论述，本章对刘整去世时间进行了考订，辨析了文献记载讹误之处。

　　第四章主要研究刘整的后人和部属，重点聚焦其子刘垓和部将沙全。本章创新之处在于首次全面系统地研究了虞集所撰《刘垓神道碑》的内容，考订了刘垓神道碑撰写时间、刘垓的齿序、表字和子孙情况以及刘整后人的蒙古化等问题，对刘整的部将沙全的事迹首次进行了详细梳理，沙全是哈剌鲁人，跟从刘整由宋入元并恢复本名抄儿赤，其事迹具有典型意义。

　　第五章以"中国历史大变动视野下政治边缘人群的境遇"为主题，在前四章对刘整及其相关事迹作系统梳理的基础上,综合分析了三个问题:一是从南宋、蒙古和刘整自身性格三个方面,分析刘整反宋降蒙的原因。展现了作为宋元鼎革之际的一位名将,刘整是如何艰难奋争,求得生存;二是以提出平宋方略、教练水军等为重点,分析了刘整在宋元战争中对元朝平定南宋、实现统一的目标所作的贡献;三是以"降将"和"功臣"这两个身份入手,对以刘整为代表的降将群体,在元朝初期政治中的尴尬地位和社会境遇。本文以廉希宪"待士",姚燧、揭傒斯等人的评价、忽必烈将刘整与李庭所作的对比以及后世对刘整等人的否定和负面评价等内容,进行了分析论述。

第一章　刘整家族的迁徙及其
仕宋事迹(? —1260)

　　《元史·刘整传》中有关其仕金的事迹阙载,仕宋事迹记载零散,本文通过钩沉史料,将其在入元之前的事迹予以梳理。

第一节　家族的迁徙

　　《元史·刘整传》载:刘整"字武仲,先世京兆樊川人,徙邓州穰城。……金乱,入宋,隶荆湖制置使孟珙麾下"。① 京兆(今陕西西安)樊川,即今西安城南部一带。② 邓州穰城,为今河南邓州。

　　《元史》记载,刘整卒年63岁,时为1275年,据此向上推算,刘整当生于1213年。③ 此时恰为金朝末年,京兆、邓州虽仍归属金朝管辖,但这一带处于金宋战争的最前沿,金亡之前的社会是动荡的,刘整家族早年居住京兆,后迁徙至邓州,很可能是由于这一时期的社会动荡所致,因没有更详细的史

———————————

　　① 《元史》卷一六一《刘整传》,第3785页。柯劭忞《新元史》卷一七七《刘整传》把"穰城"改成"穰县",第727页。
　　② 樊川位于西安市长安区少陵原、神禾原一带,是一处狭长的平川,潏河纵贯其间,因长期冲刷而形成冲积平原。西汉初年,刘邦将此处封为樊哙的食邑,故有"樊川"之称。唐代诗人杜牧因居于此,故自称"樊川翁",其诗集亦命名《樊川集》,均源源于此。
　　③ 1213年,蒙古成吉思汗八年,金卫绍王崇庆二年,五月改至宁元年,九月又改贞祐元年,南宋宁宗嘉定六年。

料,故其迁徙详情不得而知。①

　　文献中有关刘整入宋以前即在金朝一方活动的事迹,总体是模糊不清的,但也并非无迹可循。《元史·刘整传》说其于金末趁乱入宋,且刘整的生年时间已推定,结合金朝末年宋、金和蒙古三方错综复杂的关系这一历史背景,能够根据材料中的蛛丝马迹来大体勾勒刘整早年事迹,以此展现在金宋蒙政权并立的时代,武将们艰难求生存的境遇,从微观个体视角来认识当时的社会生活。

　　《元史》载刘整是趁"金乱"而"入宋",关键在"金乱"时间。1213年八月,金主卫绍王遇弑,宣宗完颜珣即位,改元贞祐,是为贞祐元年。② 此时距1234年金亡还有20年,这段时间正是金朝国内大乱、政局动荡之际。《元史》载刘整先世为京兆樊川人,后徙居邓州穰城,则刘整出生时,其家早已在穰城定居。如果说"金乱"指的是1234年金朝灭亡前夕,则当时刘整恰好为20岁左右。20岁上下应当正是甫从军的年龄,刘整极有可能在1233年或1234年趁着金灭亡前夕投至南宋。衣川强对刘整从金入宋的过程没有详述,只推测了刘整入宋的年龄大概是在22岁或更年轻时。③ 20—25岁的刘整已经是一个成年人,思想观念成熟稳定,因此入宋的刘整由于曾经在金朝生活了20多年,作为"北人"的身份是恰当且合理的。

　　邓州一带是金朝防御宋蒙联军的重要区域。正大八年(1231)京兆

　　① 有关这一时期的历史,《金史》卷一七《哀宗本纪上》记载:金正大八年(1231)春正月,"大元兵围凤翔府。……(夏四月)大元兵平凤翔府。两行省弃京兆,迁居民于河南,留庆山奴守之"(北京:中华书局,1975年点校本,第383页)。庆山奴驻守京兆并没有多久,随着蒙古对金的进攻加紧,金朝面临的形势急转直下,京兆地区的防御变得愈加困难。同年九月,"大元兵驻河中府。庆山奴弃京兆东还"(《金史》卷一七《哀宗本纪上》,第383页)。可知此时京兆已被蒙古军占据,百姓大量迁往河南,这为刘整先世从京兆徙居河南邓州提供了"官方版本"。金朝末期,国力衰微,国土缩减,其中心局促于河南及周边地区,其他地区的百姓为躲避战乱,多迁往河南,这应该是当时社会动荡导致人口流动的一个普遍场景。那么,刘整家族是否有可能是此中一员,有待进一步考证。
　　② 1213年,金卫绍王崇庆二年,同年五月改元至宁,为至宁元年,八月癸巳(二十五日),卫绍王遇弑,九月甲辰(初七),金宣宗完颜珣即位,壬子(十五日),金国改元贞祐。
　　③ 衣川强:《刘整的叛乱》,第178页。

失守以后，蒙古军进驻饶峰关（今陕西石泉县西北饶峰岭），并由金州（今陕西安康）向东进发。金哀宗发布谕旨称："南渡二十年，所在之民，破田宅，鬻妻子，竭肝脑以养军。今兵至不能逆战，止以自护，京城纵存，何以为国，天下其谓我何？朕思之熟矣，存与亡有天命，惟不负吾民可也。"随即命诸将屯军襄、邓地区。① 正大八年十二月，金朝将领"合达、蒲阿率诸军入邓州，杨沃衍、陈和尚、武仙皆引兵来会，出屯顺阳。戊辰，大元兵渡汉江而北，丙子，毕渡。合达、蒲阿将兵御于禹山之前。大元兵分道趋汴京，京城戒严。是夜二鼓，合达、蒲阿引军还邓州。大元兵蹑其后，尽获其辎重"。② 其中，顺阳为今河南淅川县李官桥镇南五公里的顺阳村。金朝将领以邓州为据点防御蒙古军对都城的威胁，此时邓州仍为金朝所控制。

再来看南宋方面，刘整入宋之初在荆湖制置使孟珙麾下效力："金乱，入宋，隶荆湖制置使孟珙麾下。"③蒙古与南宋结成联盟共同灭金，孟珙率宋军进攻金朝首都汴京。《宋史·孟珙传》载，1233 年（宋绍定六年，蒙古太宗五年），"大元将那颜倴盏（即塔察儿）追金主完颜守绪，逼蔡，檄珙戍鄂，讨金唐、邓行省武仙"。④ 1233 年，孟珙首先征讨金将武仙。武仙时治金朝的"唐邓行省"，与武天锡和邓州守将移剌瑗相互策应，准备共同抵御宋蒙联军。武天锡原本为"邓之农夫，乘乱聚众二十万为边患"。⑤ 孟珙率军与其战，最终大获全胜，武天锡也被孟珙斩首。可见，作为邓州人的金将武天锡自发组织了一支 20 万人的军队，而刘整也是邓州人，1233 年他刚好 20 岁。刘整很有可能参加了武天锡的军队，因其刚刚参军，加之年纪尚轻，故多半应是一名军中小卒。而其参军的时间当在 1233 年发生此次战役之前或更早些大概二三年前后，但绝不会太早，因为年纪过小的话，是无法行军作战的。此次战役武天锡战败，孟珙"获首五千级，俘其将士四百余

① 《金史》卷一七《哀宗本纪上》，第 384 页。
② 《金史》卷一七《哀宗本纪上》，第 384 页。
③ 《元史》卷一六一《刘整传》，第 3785 页。
④ 《宋史》卷四一二《孟珙传》，第 12370 页。
⑤ 《宋史》卷四一二《孟珙传》，第 12370 页。

人,户十二万二十有奇"。① 如果刘整参加了武天锡的军队,那么他很可能是在被俘的四百余将士之列。这是目前对刘整可能由金入宋途径的猜测之一种。因再无更多依据,故暂备一说。

金亡前后,孟珙曾在金朝统治区大规模招降金朝将士。在邓州,"(移剌)瑗遣其部曲马天章奉书请降,得县五,镇二十二,官吏一百九十三,马军千五百,步军万四千,户三万五千三百,口十二万五千五百五十三",几乎与此同时,"金顺阳令李英以县降,申州安抚张林以州降",②孟珙又"招中原精锐百战之士万五千余人,分屯(澕)[汉]北樊城、新野、唐、邓间"。③ 孟珙之所以有此系列举动,是因为南宋欲借灭金的大好时机收复中原失地,因此派遣孟珙在金朝核心统治区如此部署。

唐邓地区在蒙、金、宋三方对峙时期具有重要的战略地位,从成吉思汗去世之前的攻金方略中可窥见一斑:

> 金精兵在潼关,南据连山,北限大河,难以遽破。若假道于宋,宋、金世仇,必能许我,则下兵唐、邓,直捣大梁。金急,必征兵潼关。然以数万之众,千里赴援,人马疲弊,虽至弗能战,破之必矣。④

刘整的家乡邓州,在南宋初年还曾一度具有成为高宗赵构驻跸之所的可能性。当时,高宗赵构发布了一则手诏:"京师未可往,当巡幸东南,为避狄之计,来春还阙,令三省、枢密院条具合行事件。"⑤当时的执政黄潜善、汪伯彦等人均有意主张跟随高宗巡幸东南。唯独李纲表示了反对。他认为,

---

① 《宋史》卷四一二《孟珙传》,第12370页。
② 《宋史》卷四一二《孟珙传》,第12371页。
③ 《宋史》卷四一二《孟珙传》,第12374页。中华书局点校本《宋史》校勘记对"澕北"作了考订:"按宋代无澕北地名,樊城、新野、唐、邓均在汉水以北,刘克庄《后村先生大全集》卷一四三《孟珙神道碑》作'汉水',疑是。"(第12391页)笔者以为,正文不应句读为"澕北、樊城、新野……","澕北""樊城"之间的顿号宜删。
④ 《元史》卷一《太祖本纪》,第25页。
⑤ 李心传编撰,胡坤点校:《建炎以来系年要录》卷七"建炎元年七月乙巳"条,北京:中华书局,2013年,第209页。

当前"惟邓(州)为可以备车驾之时巡"，①他的理由是：

> 自古中兴之主，起于西北，则足以据中原而有东南；起于东南，则不
> 足以复中原而有西北。盖天下之精兵、健马，皆出于西北，委而弃之，岂
> 惟金人乘间以扰关辅，盗贼且将蜂起，跨州连邑。陛下虽欲还阙且不可
> 得，况治兵胜敌以迎还二圣哉？夫江之险不如河，而南人轻脆，遇敌则
> 溃，南方城壁，又非北方之比。陛下必以建康为安，臣窃以为过矣。为
> 今之计，纵未能行上策，当暂幸襄、邓，以系天下之心。夫襄、邓之地，西
> 邻川陕，可以召兵；北近京畿，可以进援；南通巴蜀，可以取货财；东达江
> 淮，可以运谷粟。山川险固，民物淳厚，愿为今冬驻跸之计。俟两河就
> 绪，即还汴都。策无出于此者！②

高宗听闻此言之后，收回了巡幸东南的手诏，命李纲与执政黄潜善商议
此事。不久，李纲又与黄潜善进言：

> 今乘舟顺流而适东南，固甚安便。但一去，中原势难复还。夫中原安
> 则东南安，失中原则东南岂能必其无事？一失几会，形势削弱，将士之心
> 离散，变故不测，且有后艰，欲保一隅，恐亦未易，臣诚不敢任此责。③

李纲对高宗进言之后，高宗于是决定同意巡幸南阳，并以观文殿学士范
致虚知邓州，开始在南阳"修城池、治宫室"。④ 南阳当时归属邓州辖境，李
纲认为，邓州既有山高城宽、民风淳固的优势，又兼顾西召陕兵、北援京畿、
南取巴蜀财货、东输江淮谷粟的便利。这是当时对襄阳、邓州一带战略地位

---

① 李纲撰，王瑞明点校：《李纲全集》卷六三《议巡幸第一劄子》，长沙：岳麓书社，2004年，第
672页。
② 《建炎以来系年要录》卷七"建炎元年七月乙巳"条，第209—210页。
③ 《建炎以来系年要录》卷七"建炎元年七月乙巳"条，第210页。
④ 《建炎以来系年要录》卷七"建炎元年七月乙巳"条，第210页。

的研判。可见,刘整幼时所生活地区正是当时多方势力割据争夺之地,这对于其个人经历、眼界和从军都产生了一定的影响。

在金、宋、蒙古诸政权并立期间,尤其是金亡前后,钩沉刘整早年事迹,可以看到以刘整为典型的北方将领在社会动荡之际的生活境遇,而这种境遇对其后的人生有着深远的影响,也是时代的缩影。

第二节　入仕京湖统帅孟珙麾下

刘整于金末入宋,至 1261 年降元,在南宋长达二十多年。仕宋后期,刘整先后与蒙古军多次作战,文献记载较零散且很少,现据有关史料对其仕宋抗蒙事迹进行梳理。《元史·刘整传》对其事迹叙述有确切时间的是从中统二年(1261)降附蒙古开始,此前的叙事如下:

> 金乱,入宋,隶荆湖制置使孟珙麾下。珙攻金信阳,整为前锋,夜纵骁勇十二人,渡堑登城,袭擒其守,还报。珙大惊,以为唐李存孝率十八骑拔洛阳,今整所将更寡,而取信阳,乃书其旗曰赛存孝。累迁潼川十五军州安抚使,知泸州军州事。①

这份记载过于简略,很难知晓更多细节。对刘整仕宋期间事迹进行考订梳理,能够对刘整其人履历、命运遭际以及思想观念作较为全面的了解,从而更有助于认识宋元易代和灭宋战争的时代背景下,个人命运的抉择及其降蒙以后的诸种表现和政治境遇。

一、赵方父子"除掉刘整"故事辨析

刘整入宋之后,"隶荆湖制置使孟珙麾下"。② 屠寄《蒙兀儿史记》在叙

① 《元史》卷一六〇《刘整传》,第 3785 页。
② 《元史》卷一六一《刘整传》,第 3785 页。

述刘整事迹的时候,增加了一段内容:

> 隶京湖制置使赵方麾下。方临卒,谓其子葵曰:"刘整才气,非汝曹所能驭,宜杀之,勿留为后日患。"葵心未然之。①

《蒙兀儿史记》传文的前后内容基本沿袭《元史》,只多此一条。此外,柯劭忞《新元史》"刘整传"中也有这一段:

> 隶京湖制置使赵方麾下。方临卒,谓其子葵曰:"整才气,汝辈不能用,宜杀之,勿留为异日患。"葵不听。②

这条材料应当源于揭傒斯《题昔剌使宋图后》:

> 整本制置使赵方麾下一小校耳,拔之行伍之中,用以为将。方将死,语其子葵曰:"刘整真将才也,然汝不能用。我死,汝必杀之,不杀必为国患。"方死,葵不忍杀,竟以泸州叛,元遂用其策以灭宋,亦天也。③

《蒙兀儿史记》《新元史》的叙述与《题昔剌使宋图后》基本无异,仅文辞稍有改动,如《题昔剌使宋图后》中的"然汝不能用"一句,被改为"非汝曹所能驭"(《蒙兀儿史记》)、"汝辈不能用"(《新元史》),证明二书利用了《题昔剌使宋图后》一文。

然而赵方去世于南宋宁宗嘉定十四年(1221)八月,其时蒙古方面尚为成吉思汗时期(即元太祖十六年)。赵方去世之时,正担任京湖制置大使。④虽然赵方的辖区符合刘整活动范围,但刘整生于 1213 年,则 1221 年赵方去

---

① 《蒙兀儿史记》卷八二《刘整传》,第 538 页。
② 柯劭忞《新元史》卷一七七《刘整传》,第 727 页。
③ 揭傒斯:《揭文安公全集》卷一四《题昔剌使宋图后》,《四部丛刊》集部初编影印乌程蒋氏密韵楼藏孔荭谷抄本。
④ 佚名:《宋史全文》卷三〇《宋宁宗三》,汪圣铎点校,北京:中华书局,2016 年,第 2587 页。

世之时刘整才年仅九岁(周岁为八岁)。据揭傒斯所述,身为一方军事统帅的赵方临死前对其子指示,一定要杀掉这个"九岁的小校",这不符合常理。九岁孩童参军的可能性极小,即便已在军中,也只能做一些简单的杂役和后勤,这类工作绝不可能显露什么"军事才能",也不至于达到被军队统帅猜忌杀掉的地步。这一点衣川强也已指出。① 另外,上文我们推知刘整应当是在二十岁左右入宋,从时间上来说,在此之前的 1221 年,刘整应当还在金朝统治区生活。

揭傒斯这篇题跋本为颂扬作为使臣出使南宋的"昔剌"②其人,提到刘整是为了说明南宋的灭亡与刘整、贾似道等人关系密切。这段资料的来源不明,无法考证。衣川强认为:"如果将赵方换成李曾伯,史实上的矛盾就可以得到解决,如果换成孟珙,虽无史料依据,但也是有可能的。"③这个判断甚为合理。不论赵方、李曾伯还是孟珙,均存在如下可能:一、荆湖制置使(或赵方,或李曾伯、孟珙)对刘整产生嫉贤妒能或防备之心;二、反过来看,或许正是因为刘整的确是军中良将,才气过人,非常人可比,以致多遭人嫉妒;三、这或许也反映了刘整在由金入宋之后,其"北人"的身份不见容于南宋君臣。

赵方之子赵葵是较早与蒙古交锋的南宋将领,他曾于绍定、端平年间担任京西、河北制置使。1230 年"(二月)庚戌,诏……赵葵起复,依前知滁州、节制本州屯戍军马"。④ 1231 年底,李全造反,赵范、赵葵奉命镇压,于翌年

---

① 衣川强:《刘整的叛乱》。

② 《题昔剌使宋图后》是揭傒斯给《国信副使昔剌使宋图》所作的题跋。《元史》卷一六九中有"贾昔剌",但在《贾昔剌传》中未载其出使南宋的事迹。"国信副使"应当是国信使郝经的副手,共同出使南宋。郝经的副手有"副使刘人杰""命山东淮南行省李公于楚州通国信,而命经等充国信使、副,奉国书以往"等语(《郝文忠公陵川集》卷三七《宿州与宋国三省枢密院书》,北京图书馆古籍珍本丛刊影印正德二年刊本;张进德、田同旭编年校笺本,北京:人民文学出版社,2018 年,第 988 页),《宿州再与三省枢密院书》中有"副使何道宁"。与国信使郝经出使南宋事迹相关内容中,未见"昔剌"之名。《元史》卷四《世祖本纪一》第 65 页有"(中统元年四月)丁未,以翰林侍读学士郝经为国信使,翰林待制何源、礼部郎中刘人杰副之,使于宋"。"何源"当为文集中的"副使何道宁"。因此,作为国信副使的昔剌仍有待考订。

③ 衣川强:《刘整的叛乱》。

④ 《宋史》卷四一《理宗本纪一》,第 792 页。

平定:"(绍定)四年(1231)春正月……壬寅,赵范、赵葵等诛李全于新塘,诏各进两秩,余推恩有差。"①赵范、赵葵平叛之后均获有封赏:"夏四月戊辰,赵范、赵葵并进中大夫、右文殿修撰,赐紫章服、金带。……赵范权兵部侍郎、淮东安抚副使、知扬州兼江淮制司参谋官;赵葵换福州观察使、右骁卫大将军、淮东提刑、知滁州兼大使司参议官。"②绍定六年(1233)二月丁丑,又以赵范为工部侍郎兼中书门下省检正公事,赵葵秘书监兼侍讲,余天锡礼部侍郎兼侍读。③ 十一月癸亥,又"进赵葵兵部侍郎、淮东制置使兼知扬州。……丙寅,权工部尚书赵范言:'宣和海上之盟,厥初甚坚,迄以取祸,其事不可不鉴。'帝嘉纳之。丁卯,诏赵葵任责防御。……己巳,赵葵入见,帝问以金事,对曰:'今国家兵力未赡,姑从和议,俟根本既壮,雪二帝之耻,以复中原。'"④端平元年(1234)八月乙亥,南宋朝廷任命赵葵为"京河制置使、知应天府、南京留守"。⑤ 九月庚子,赵范依旧担任"京西、湖北安抚制置大使,知襄阳府"。⑥ 南宋在京湖一带频繁部署将帅、调动军队,其目的是趁金亡之际收复北方失地,但随后在"复西京"的军事行动中失败。通观赵葵履历,可知其主要活动在江淮地区,而刘整显然是在金朝河南、南宋京湖一带活动,因此只有"荆(或"京")湖制置使"才是刘整的上司。

1245年(蒙古脱列哥那称制四年,南宋淳祐五年)秋:

> 后(脱列哥那)命马步军都元帅察罕等率骑三万与张柔掠淮西,攻寿州,拔之,遂攻泗州、盱眙及扬州。宋制置赵蔡(葵)请和,乃还。⑦

---

① 《宋史》卷四一《理宗本纪一》,第794页。
② 《宋史》卷四一《理宗本纪一》,第794页。
③ 《宋史》卷四一《理宗本纪一》,第797页。
④ 《宋史》卷四一《理宗本纪一》,第799页。
⑤ 《宋史》卷四一《理宗本纪一》,第803页。
⑥ 《宋史》卷四一《理宗本纪一》,第803页。
⑦ 《元史》卷二《太宗本纪》,第38页。"宋制置赵蔡",中华书局1976年点校本校勘记(第41页)考证:"宋制置赵蔡按宋史,宋理宗时各制置使无'赵蔡'其人;宋史卷四一、四二、四三理宗纪及卷四一七赵葵传,赵葵于绍定、端平年间曾任淮东、京河制置使。类编改'蔡'为'葵',疑是。"

可知,赵葵此时在淮西一带作战,而同年刘整在攻打河南南阳一带的镇平、广阳:

> 九月甲辰,京湖制置司言:"刘整等率精锐,以云梯四面登镇平县城,入城巷战,焚城中仓库、糇粮、器甲,路将武胜等四人死之;略广阳,焚列屯、砦栅、庐舍凡二十余所;还抵灵山,又力战有功。"诏整官两转,同行蔡贵等二百二十人各官一转。①

此次战役,身为南宋将领的刘整率军攻取镇平县城,又攻掠广阳,均获战功。镇平,今河南省南阳市下辖县,金朝时始置县。广阳,今河南省南阳市方城县广阳镇。刘整获得战功以后,与其同行将领蔡贵等人均得到升赏。此次参战将士受封赏的记载,《宋史·理宗本纪》亦有记载:

> 夏四月戊子,京湖制司言:"钤辖王云等袭邓州镇平县灵山,战顺阳铁撅峪,皆有劳效,野战数十合,云等六人被重创死,路钤于江一军力战。"诏:"王云赠三秩,仍官其二子为承信郎,王宽、王立、田秀、董亮、董玉各加赠恤,于江等各转一官资。"②

据此可知,刘整也不会是在赵葵手下任职。因此,赵方之子赵葵亦与刘整几无关联。

二、刘整入仕孟珙麾下

根据《宋史·孟珙传》所载孟珙③履历,嘉定十四年(1221)孟珙刚刚进入赵方麾下:"入谒制置使赵方,一见奇之,辟光化尉,转进武

---

① 《宋史》卷四三《理宗本纪三》,第833页。
② 《宋史》卷四三《理宗本纪三》,第832页。
③ 孟珙是南宋末年非常重要的一位将领,专门对孟珙生平进行研究的主要是黄宽重《孟珙年谱》,收入《南宋史研究集》,台北:新文丰出版有限公司,1985年。

校尉。"①孟珙的父亲孟宗政也在赵方麾下为将。《元史·刘整传》载刘整入宋以后即"隶荆湖制置使孟珙麾下",可见此时已经是 1234 年以后的事情了。

绍定四年(1231)二月,孟珙受任"从义郎、京西路分,枣阳军驻扎"。②第二年正月,南宋又任命孟珙为京西路兵马钤辖,仍驻扎枣阳军。③ 绍定六年(1233)十月,南宋派遣史嵩之驻守襄阳,做好了与蒙古联合出兵灭金的准备。④ 十一月,南宋派遣"襄阳太尉江海、襄阳帅孟珙,以兵四万人至蔡州灭金。兵驻城南,帅臣史嵩之运粮十万给南北军"。⑤ 端平元年正月,孟珙率军先于蒙古进至蔡州城下并迅速展开进攻,金朝皇帝自知守城不住,于是传位给后主,自缢而死,后主很快也被乱军所杀,金朝宣告灭亡。史嵩之只是临时在襄阳置司,端平元年冬金亡以后,"以赵范为京湖制置使,镇襄阳",⑥时间在"九月庚子"。⑦ 端平二年(1235)正月,孟珙驻扎黄州并入朝觐见:"端平二年……丙辰,诏主管侍卫马军孟珙黄州驻札,措置边防。丁巳,孟珙入见。"⑧

金亡以后,南宋破坏宋蒙联盟,发动端平入洛之役,开启蒙宋战争序幕。于是,南宋开始加强与蒙古接壤地带的军事布防。嘉熙元年(1237)三月,孟珙任"忠州团练使、知江陵府、京西湖北安抚副使"。⑨ 翌年二月,孟珙又任

---

① 《宋史》卷四一二《孟珙传》,第 12369 页。
② 《宋史》卷四一《理宗本纪一》,第 794 页。
③ 《宋史》卷四一《理宗本纪一》,第 795 页。
④ 《宋季三朝政要》卷一"理宗癸巳绍定六年十月"条:"史嵩之为京湖制置使,置司襄阳。"王瑞来笺证,北京:中华书局,2010 年,第 67 页。《宋史》卷四一《理宗本纪一》载史嵩之置司襄阳在六月丁酉。
⑤ 《宋季三朝政要》卷一"理宗癸巳绍定六年十一月"条,第 67 页。据王瑞来笺证,孟珙此时应为"枣阳帅"而非"襄阳帅",所据资料有《汝南遗事》《大金国志》《钱塘遗事》《宋史·理宗本纪》等。
⑥ 《宋季三朝政要》卷一"理宗甲午端平元年"条,第 77 页。
⑦ 《宋史》卷四一《理宗本纪一》,第 803 页:"九月庚子,赵范依旧京西、湖北安抚制置大使,知襄阳府。"
⑧ 《宋史》卷四二《理宗本纪二》,第 807 页。
⑨ 《宋史》卷四二《理宗本纪二》,第 813 页。卷四一二《孟珙传》(第 12375 页)记载稍详:"嘉熙元年,封随县男,擢高州刺史,忠州团练使兼知江陵府、京西湖北安抚副使。未几,授鄂州诸军都统制。"

"京湖安抚制置副使,置司松滋县"。① 至嘉熙四年(1240)二月,孟珙又任为
"四川宣抚使兼知夔州,节制归、峡、鼎、澧州军马",②同时仍兼任京湖安抚
制置使。③ 淳祐二年(1242)十一月,孟珙又任"检校少保,依前宁武军节度
使、京湖安抚制置大使、夔路策应大使,进封汉东郡开国公"。④ 直至淳祐六
年(1246)九月癸酉,孟珙去世。⑤ 可见,孟珙作为京湖制置(大)使(最初为
京西湖北安抚副使、京湖安抚制置副使)的时间是从嘉熙元年(1237)三月
到淳祐六年(1246)九月去世的这十年期间。衣川强《刘整的叛乱》一文将
孟珙担任京湖制置使(或副使)的时间定在嘉熙元年到四年,这是不准确
的。他没有注意到孟珙在嘉熙四年被任命为"四川宣抚使"之时仍兼任
"荆湖制置使",这一点《宋史·孟珙传》和刘克庄《孟少保神道碑》均记载
明确。《元史·刘整传》中所载孟珙官职名为"荆湖制置使"。"京湖"为京
西南路、荆湖南路、荆湖北路的合称,而"荆湖"则是基于"荆湖北路""荆湖
南路"等固定路级建制称呼,继而造成在个别时候取代"京湖"的习惯性
误写。

　　根据《元史·刘整传》"金乱,入宋,隶荆湖制置使孟珙麾下"的记载,刘
整跟从作为"荆(京)湖制置使"的孟珙,在其麾下效力时间应该是嘉熙元年
到淳祐六年之间。1245 年(南宋淳祐五年)刘整等率兵攻打镇平县城,也是
在京湖制置司的指挥之下,亦可证明这一点。《元史》传记是事后追述且记
载粗略,如果从更宽泛的视野理解这条史料,也不排除刘整在金朝灭亡之前
就来到孟珙麾下效力,至少在 1234 年的前夕,刘整已近二十岁,加入孟珙的
攻金部队是有可能的。那么,刘整是如何来到孟珙麾下效力的呢?《宋史·
孟珙传》载:孟珙自幼就跟从父亲孟宗政从军,孟宗政曾经在唐、邓一带大规

---

　　① 《宋史》卷四二《理宗本纪二》,第 816 页。卷四一二《孟珙传》(第 12376 页)记载稍详:"二
年春……未几,授枢密副都承旨、京西湖北路安抚制置副使兼督视行府参谋官。"
　　② 《宋史》卷四二《理宗本纪二》,第 819 页。
　　③ 《宋史》卷四一二《孟珙传》,第 12377 页。刘克庄著,辛更儒笺校:《刘克庄集笺校》卷一四
三《神道碑·孟少保》,北京:中华书局,2011 年,第 5685 页。
　　④ 《刘克庄集笺校》卷一四三《神道碑·孟少保》,第 5686 页。
　　⑤ 《刘克庄集笺校》卷一四三《神道碑·孟少保》,第 5687 页。

模招募军士:"初,宗政招唐、邓、蔡壮士二万余人,号'忠顺军',命江海总之,众不安,制置司以珙代海,珙分其军为三,众乃帖然。"①此举发生在绍定元年(1228)以前,十五岁的刘整本是邓州人,那么他很有可能是在这时被招募加入孟宗政、孟珙父子的军队之中。

嘉熙三年(1239)春正月,孟珙派遣的部将"曹文镛复信阳军,刘全复樊城,遂复襄阳"。②孟珙十分重视襄樊地区的战略地位:

> 取襄不难而守为难,非将士不勇也,非车马器械不精也,实在乎事力之不给尔。襄、樊为朝廷根本,今百战而得之,当加经理,如护元气,非甲兵十万,不足分守。与其抽兵于敌来之后,孰若保此全胜?上兵伐谋,此不争之争也。③

孟珙认为襄阳、樊城是"朝廷根本",对其进行防御比攻取要难得多,建议加强兵力予以防守,于是"乃置先锋军,以襄、郢归顺人隶焉"。④ 孟珙对襄樊地区的经略以及对其战略地位的分析,对正在其麾下效力的刘整具有一定影响,为其日后提出率先取襄的平宋方略以及为元朝取得襄樊之战的胜利都奠定了基础。在《宋史·孟珙传》中,随后有如下记载:

> 会谍知大元兵于襄樊随、信阳招集军民布种,积船材于邓之顺阳,乃遣张汉英出随,任义出信阳,焦进出襄,分路挠其势。遣王坚潜兵烧所积船材,又度师必因粮于蔡,遣张德、刘整分兵入蔡,火其积聚。⑤

---

① 《宋史》卷四一二《孟珙传》,第12370页。《刘克庄集笺校》卷一四三《神道碑·孟少保》亦载此事:"丁亥(1227年,南宋宝庆三年),辟京西第五副将,权神劲军统制,权管忠顺军,盖忠毅(指孟宗政)所招唐、邓、蔡三郡壮士二万余人,江海总之。众不安,制司以公代海。"(第5680页)

② 《宋史》卷四一二《孟珙传》,第12376页。

③ 《宋史》卷四一二《孟珙传》,第12376页。

④ 《宋史》卷四一二《孟珙传》,第12376页。

⑤ 《宋史》卷四一二《孟珙传》,第12377页。

《宋史·孟珙传》这条材料未明确记载时间,根据上下文,此事当发生在嘉熙三年正月孟珙收复襄樊以后至淳祐二年(1242)间。孟珙收复襄樊并派军驻守,蒙古军南下侵扰襄樊地区,并在这一带"招集军民布种""积船材"。于是孟珙一方面派遣诸将予以反击,另一方面遣将焚烧"船材"和"积聚",刘整受命与张德一同进入蔡州展开军事行动。可见,1240年前后刘整是在京湖制置使孟珙麾下效力。宋蒙联盟刚刚灭金,双方的战争也随之开启,在1234年金灭之后到1239年孟珙收复襄樊这段时间,襄樊与唐邓一带成为宋蒙胶着对峙的前沿阵地,刘整就是跟随孟珙在这一带驻守。

三、得名"赛存孝"

孟珙是南宋名将,声名远扬,时人评价他"机略沈鸷,世罕能及",① 尤其担任"荆湖制帅,善御众,得士卒心"。② 由于孟珙深得人心,才有刘整这样的猛将跟随,而"赛存孝"的美名也是从孟珙麾下之时得来:

> 珙攻金信阳,整为前锋,夜纵骁勇十二人,渡堑登城,袭擒其守,还报。珙大惊,以为唐李存孝率十八骑拔洛阳,今整所将更寡,而取信阳,乃书其旗曰赛存孝。③

多部文献记载了刘整因作战勇敢而被称为"赛存孝"的典故,而从刘整一生的军事生涯来看,他的确作战勇敢、足智多谋。信阳城,即今河南省信阳市。《元史·地理志》载:"信阳州,下。唐初为申州,又改义阳郡。宋改信阳军,端平间,兵乱地荒,凡四十余年。元至元十四年,改立信阳府,领罗山、信阳二县。十五年,改为信阳州。"④信阳在金朝末年为宋金对峙的前沿地带。金信阳城被南宋攻占的时间应该在蒙宋联盟共同灭金时期,即1234

---

① 《钱塘遗事校笺考原》卷三《孟保相》,第87页。
② 《钱塘遗事校笺考原》卷三《孟保相》,第87页。
③ 《元史》卷一六一《刘整传》,第3785—3786页。
④ 《元史》卷五九《地理志二》,第1407页。

年前后。《元史·刘整传》记载此事时是紧接"金乱，入宋"以后，据此推知刘整进攻信阳城与得名"赛存孝"应是在他入宋不久以后。刘整在孟珙麾下大显威名，为其日后的军旅生涯奠定基础。衣川强对此事作出了另一种解释：信阳城在金亡以前就已被南宋占领，检索史料未发现金亡以前有孟珙攻打金信阳城的记载，而嘉熙三年孟珙收复襄樊、进攻信阳等城是从蒙古手中夺取。当时信阳归属蒙古，因此刘整进攻的信阳城不是"金信阳城"而应是"蒙古信阳城"，《元史·刘整传》刻意地将被后来降元的刘整所攻打的信阳城按在了金朝的头上，可能是为了庇护刘整，或是基于其他多方面的原因。①

关于刘整"赛存孝"一名来源，还有另一种解释。胡昭曦、唐唯目辑录整理的《宋末四川战争史料选编》收录了北京图书馆藏明刻本《宋史全文》，内附一份《增入名儒讲义续资治通鉴宋季朝事实》资料，其"度宗"部分提到"赛存孝"：

> 北军压境，整集官吏谕以故曰："为南者立东庑，为北者立西庑"。官吏皆西立，惟户曹一人东立，杀之；与西立者二十七人归北。北人谓五代时李存孝以二十七骑归朝，故以整为赛存孝也。②

《宋末四川战争史料选编》收录的这份资料，附录于北京图书馆藏明刻本《宋史全文》之后，且注明"台湾文海影印本未附"，③作者认为"赛存孝"之名是"北人"即蒙古方面因为其率领二十七人归附蒙古的行为与李存孝相似故名之，意即这个绰号是蒙古人给起的而不是在南宋孟珙麾下所得。这

---

① 衣川强：《刘整的叛乱》。笔者以为，由于目前缺乏更多材料予以证明这一点，仍不足以断定这个推论的正确性。所谓"金信阳城"在金朝灭亡以前的史料中的确尚未见到，但不能排除金亡以前在信阳城发生过小规模战斗而《孟珙传》《孟珙神道碑》等均未载的可能，毕竟金亡前夕这一带的归属处于变动之中。对这一地区归属及与其相关的宋金战争问题，恰好与《元史·地理志》所称"端平间，兵乱地荒，凡四十余年"的表述相对应。

② 《增入名儒讲义续资治通鉴宋季朝事实》，引自胡昭曦、唐唯目《宋末四川战争史料选编》，成都：四川人民出版社，1984年，第21页。

③ 《宋末四川战争史料选编》，第21页。

与其他文献所描述的全然不同。最新出土的《刘黑马墓志铭》中记载："关河响动,怀赴如归,宋将赛存孝者,闻公之仁,引兵来归。"碑刻资料的可信度相对较高,以此铭文所称"宋将赛存孝者",可以确定刘整得名"赛存孝"是在南宋时期,而不是因为刘整反宋降蒙之举与"五代时李存孝以二十七骑归朝"类似。明清史著对刘整攻信阳城、得名"赛存孝"一事多有传颂,把刘整作战勇猛之事作为"寡能克众"的典型人物和经典战例,但其细节则稍有差别。清代陆以湉《冷庐杂识》写道:

　　刘整以十二人取金信阳城……寡足以克众,惟智勇兼备者能之。否则,行险轻进,鲜有不败者。①

彭孙贻《茗香堂史论》卷四:

　　刘整夜率骁将十二人渡堑,入信阳堡,擒其守将还。孟珙谓李存孝以十八骑拔洛阳,今整所将更寡。乃书其旗曰"赛存孝"。如此猛将,吕文德忌之,俞兴扼之,使之降元,宋之不亡何待?②

钱大昕《十驾斋养新录》写道:"刘整,号赛仁孝,见《元史》。"③但他在《恒言录》中解释"赛"字时,例举了两个人,一是"赛张飞"张惠,二是"赛存孝"刘整。④ 显然前者为误写。关于钱大昕例举的张惠,《刘元振墓志铭》中亦有提及:"整本非江南人,为将粗有声名,今居泸南重地,事势正如李全、张惠。"指的应是同一人,详见第三章。

---

① 陆以湉:《冷庐杂识》卷四《寡能克众》,崔凡芝点校,北京:中华书局,1984年,第216页。
② 彭孙贻:《茗香堂史论》卷四,清光绪十年刻碧琳琅馆丛书本。
③ 钱大昕:《十驾斋养新录·余录·下》"赛仁孝"条,引自陈文和点校《嘉定钱大昕全集》(第七册),南京:江苏古籍出版社,1997年,第603页。
④ 钱大昕:《恒言录》卷二:"赛本祭名。今世乡社赛神,以丰俭较胜负,因以赛为争胜之义。赛与胜声亦相近也。宋末张惠称'赛张飞',刘整称'赛存孝',则已见于正史矣。"引自陈文和点校《嘉定钱大昕全集》(第八册),第51页。

第三节　入仕京湖统帅李曾伯麾下

　　李曾伯与孟珙同为南宋守边的重臣,刘整曾以北人将领身份入仕李曾伯麾下。考察李曾伯对刘整的提拔任用与在其麾下的成长经历,有助于认识南宋军事防御和政局中的一些史实。《元史·刘整传》未明载刘整入川时间,只说:"累迁潼川十五军州安抚使,知泸州军州事。"①本节以孟珙去世以后主政京湖的李曾伯所保留的部分奏疏为主要史料,试图勾勒其入川前后的事迹。

　　淳祐六年(1246)九月戊午(初三日),京湖制置使孟珙病逝。② 同月戊辰(十三日),贾似道受任为"敷文阁直学士、京湖制置使、知江陵府兼夔路策应使",③接替孟珙的职位。④ 到淳祐九年(1249)三月癸未,"以贾似道为宝文阁学士、京湖安抚制置大使"。⑤ 淳祐十年(1250),南宋调整了两淮、京湖和川蜀制置使职任:

　　　　(三月)庚寅,以贾似道为端明殿学士、两淮制置大使、淮东安抚使、

　　　　知扬州;余玠龙图阁学士,职任依旧;李曾伯徽猷阁学士、京湖安抚制置

────────────

　　① 《元史》卷一六一《刘整传》,第3786页。

　　② 《宋史全文》卷三四《宋理宗四》(第2784页)载孟珙去世时间为"九月丁巳(初二日)"。刘克庄《孟珙神道碑》载孟珙"以九月戊午(初三日)终于江陵府治,年五十二"(《刘克庄集笺校》卷一四三,第5687页)。《宋史》卷四一二《孟珙传》(第12380页)载去世时间亦为"九月戊午"。卷四三《理宗本纪三》(第836页)载其去世时间为"九月癸酉(十三日)。"《孟珙神道碑》作者刘克庄曾与孟珙同僚:"克庄念端平初与公同朝,及公以马帅往戍淮右,犹及祖饯。"(第5689页)因此,刘克庄与孟珙关系密切,且为其撰写神道碑,应当会掌握足够详细、准确的信息,故孟珙卒年应为淳祐六年九月戊午(初三)。但《宋史全文》所载时间仅早一天,相差无几。

　　③ 《宋史》卷四三《理宗本纪三》,第836页。

　　④ 《宋史全文》卷三四《宋理宗四》(第2784—2785页)载孟珙去世时的职位是"检校少保、宁武军节度使、京湖安抚制置大使、夔路策应大使兼(知)江陵府。"贾似道同月受命的职位是"京湖制置使",三年后(淳祐九年三月),才被任命为"京湖安抚制置大使"。

　　⑤ 《宋史》卷四三《理宗本纪三》,第840页。《宋史全文》卷三四《宋理宗四》(第2797页)记载多"知江陵府"一句。

使、知江陵府。①

李曾伯早年在沿江制置司、两淮制置司供职,②至此正式开始主政京湖,并兼"知重庆府",③随后又加端明殿学士兼夔路策应大使。④ 宝祐二年(1254)闰六月壬午,李曾伯受任为四川宣抚使兼京湖制置大使,并且"进司夔路,诏赐曾伯同进士出身"。⑤

一、跟从李曾伯经理襄樊

在李曾伯《出师经理襄樊奏》中有刘整的事迹:

> 又虑贼知我师入岘,或肆侵轶,以乘吾虚,以掣吾肘。并选调钤路温和、刘整、马荣、孙威、董顺等,各以轻捷之卒,布置于沿边诸山险间,叶谋守将,纠率寨戍,以备不测。⑥

这份奏疏的时间是在淳祐十年(1250)担任京湖制置使以后,⑦此事亦见李曾伯在《回奏宣谕》中述及镇守京湖的往事之中:

---

① 《宋史》卷四三《理宗本纪三》,第 842 页。

② 嘉熙元年(1237)秋七月己未,"枢密院言:'大元兵自光州、信阳抵合肥,制司参议官李曾伯、庐州守臣赵胜、都统王福战守,俱有劳效。'诏曾伯等十一人各官一转"(《宋史》卷四二《理宗本纪二》,第 814 页)。淳祐三年(1243)春正月乙未,"以李曾伯为华文阁待制,依旧淮东西制置使、知扬州"(《宋史》卷四二《理宗本纪二》,第 825 页)。淳祐四年(1244)春正月,"李曾伯宝章阁直学士、依旧淮东安抚制置使、知扬州兼淮西制置使"(《宋史》卷四三《理宗本纪三》,第 829 页)。

③ 《宋史全文》卷三四《宋理宗四》,第 2801 页。

④ 《宋史》卷四二○《李曾伯传》,第 12574 页。卷四三《理宗本纪三》(第 848 页):"宝祐元年(1253)六月辛亥,以……李曾伯端明殿大学士,职任依旧。"

⑤ 《宋史》卷四四《理宗本纪四》,第 852—853 页。《宋史全文》卷三五《宋理宗五》(第 2835 页)于此处记述稍详:"诏四川事力愈单,须合荆阃乃可运掉。宜趋李曾伯进司夔路,区处规模,务要速定。"

⑥ 李曾伯:《可斋杂稿》卷一八《出师经理襄樊奏》,清初钞本,四川大学古籍整理研究所编:《宋集珍本丛刊》第 84 册,北京:线装书局,2004 年。

⑦ 李天鸣:《宋元战史》"李曾伯收复襄樊之役",第 484—496 页。

　　臣往守京湖数年之间,以征事筑,命温和破卢氏,程进捣镇平,阎忠进破商州,刘整、马荣、孙威等攻破申、裕、嵩、汝诸处,无岁不以偏师出贼境,获胜捷,立到功绩,即予以厚犒,故将士皆用命,虏亦知惮,不得以易我。其每入辄败去,盖有良将可用,有劲兵可调,有钱粮可支,且所用多北人,于地里习熟,往来亦不过一二千里间,故能成事,未尝衄也。①

　　李曾伯受命京湖制置使以后,谋划收复、经理襄樊地区。关于李曾伯收复并经理襄樊的内容,文献记载和研究著述对此介绍均较为详细。② 李曾伯布置诸"钤路"将领北上进击各地,"温和破卢氏,程进捣镇平,阎忠进破商州,刘整、马荣、孙威等攻破申、裕、嵩、汝诸处"。奏疏中在叙述诸将所出击进攻的各地以后,指出"无岁不以偏师出贼境",因此这里面提到的申州已归属蒙古控制,而1250年时,恰是蒙古占领金朝十多年以后,故这一带沿袭了金朝行政建置。《元史·地理志》载:"南阳府,唐初为宛州,而县名南阳,后州废,以县属邓州。历五代至宋皆为县。金升为申州。元至元八年,升为南阳府,以唐、邓、裕、嵩汝五州隶焉。"③据《太平寰宇记》卷一三二"信阳军"条:"乾元元年复为申州,皇朝开宝九年以户少,降为信阳军,仍并罗山、钟山二县入信阳为一县。"④《元丰九域志》卷一"信阳军"条:"唐申州,皇朝开宝九年,降义阳军。太平兴国元年,改信阳军。"⑤可知,宋代的信阳军,只在唐乾元元年(758)至北宋开宝九年(976,即太平兴国元年)时期被称为"申州",在此之后改为义阳军(信阳军),未再有"申

---

①　李曾伯:《可斋续稿后》卷七《回奏宣谕》,清初钞本,四川大学古籍整理研究所编:《宋集珍本丛刊》第84册,北京:线装书局,2004年。
②　李天鸣:《李曾伯收复襄樊之役》,《中华文化复兴月刊》1985年第5期;张静:《李曾伯年谱》,上海大学2008年硕士学位论文;段江昭:《李曾伯研究》,河北大学2009年硕士学位论文;张俊青:《南宋名臣李曾伯研究》,重庆师范大学2012年硕士学位论文;冉清:《晚宋李曾伯经理襄阳述论》,《襄阳职业技术学院学报》2021年第1期。
③　《元史》卷五九《地理志二》,第1404页。
④　乐史撰,王文楚等点校:《太平寰宇记》卷一三二"信阳军"条,北京:中华书局,2007年,第2600页。
⑤　王存等撰:《元丰九域志》卷一,丛书集成初编本。

州"之建置。而据《元史·地理志》所载,南阳在金朝时称为"申州",因此"申州"之名自唐宋至金,实属同名异地,从信阳转移到了南阳。因此,李曾伯奏疏中所称之"贼境"的申州,是今河南南阳一带。此外,卢氏为今三门峡市卢氏县,镇平为今南阳市镇平县,商州为今陕西省商州市,当时隶属于京兆府路。《元史·刘黑马传》载:"癸丑(1253),(刘黑马)从宪宗至六盘山。商州与宋接境,数为所侵,命黑马守之,宋人敛兵不敢犯";"(刘元振)随父入蜀,立成都。会商、邓间有警,命黑马往镇商、邓……"①可见,李曾伯奏疏中所提及的这些地点,申州为今河南省南阳市,裕州为今河南省方城市,嵩州为今河南省登封、禹州一带,汝州为今平顶山市汝州。从进攻地区来看,这些地点均早已为蒙古所占据,自西向东呈一道弧形分布,李曾伯派军出击,是为了牵制住自西北、正北、东北各方可能干扰收复襄樊地区的蒙古军。

关于温和,见有两条史料:一是在景定元年(1260)二月,"湖南诸将温和转左武大夫、带行遥郡刺史,李虎官三转、带行阁门宣赞,郾进带行复州团练使,各赐银绢,旌其守御之功";②二是在中统四年五月,"宋安抚高达、温和,进逼成都,(刘)整驰援之"。③ 马荣,仅见有一条史料:"淳祐十二年(1252)二月……大元兵数万攻随、郢、安、复,京西马步军副总管马荣率将士战严窦山。癸未,再战铜冶坪。"④从这两位将领的职务和驻守地点来看,马荣为"京西马步军副总管",温和为"湖南诸将",则均为京湖地区的守将。除此以外,目前尚未找到更多相关材料。

刘整此时仍在京湖制置司麾下,其职任为"钤辖",参与了李曾伯组织的收复、经理襄樊的军事行动。刘整此时尚为一名普通武将,在军中只是服从命令,执行任务。李曾伯在收复襄阳的军事行动中,刘整等人被派出主动出击,目的是扼制蒙古军队南下阻碍南宋收复襄樊地区。

---

① 《元史》卷一四九《刘黑马传》,第 3517—3518 页。
② 《宋史》卷四五《理宗本纪五》,第 872 页。
③ 《元史》卷一六一《刘整传》,第 3786 页。
④ 《宋史》卷四三《理宗本纪三》,第 845 页。

二、刘整驻守川蜀时间与赴长沙练兵未果

刘整究竟是何时如何进入川蜀的？笔者以为是在收复襄樊之后至宝祐四年（1256）之间，见李曾伯《乞宣借总管钱万等奏·贴黄》：

> 臣窃见长沙见屯万人，揆之诸阃，近比恐合置一都统。臣近观诸将中善于教练战士者曰刘整，臣拔之于小校中，去岁乃臣勉其留蜀。以北人为西将，常虑其不相下，傥蜀中可辍其出，欲望将来处以此任，使湘兵得其教练三两年，皆可为精卒。伏乞。[1]

奏疏中有"去岁乃臣勉其留蜀"一语，证明刘整在李曾伯递交这份奏疏的前一年就已经被派往川蜀驻守。李曾伯的这份奏疏，时间是在宝祐五年（1257），[2]由此可以判断，刘整是在宝祐四年进入川蜀驻守。从奏疏中还可以知道，刘整为李曾伯"拔之于小校中"，这件事似乎与揭傒斯所述"赵方麾下小校"的故事有着某种关联，或许是其故事原型。由于刘整是一位善于教练战士的"小校"，因此他将其选拔出来。李曾伯的设想是把刘整从蜀中调至长沙，用两三年的时间来训练屯驻长沙的万余湘兵，令其成为精卒。此外在这篇奏疏中，李曾伯还提到了一个贯穿本书的重要话题，即作为"北人"的刘整在南宋任职的尴尬境遇。李曾伯明确地说"以北人为西将，常虑其不相下"，可见刘整不仅在京湖，而且在川蜀也同样会陷入因"北人"身份而与所处环境"不相下"的境地，这也是刘整后来降附蒙古的一个重要因素。李曾伯在镇守南宋西南边疆之时，多用"北人"是其一贯的选拔将领、治军御边的原则，他在奏疏中把这个思想表露无遗，任用"北人"的好处最主要的就是熟悉地理，故能成事。从上文所引奏疏中所列的将领分析，温和、程进、阎忠、

---

① 李曾伯：《可斋续稿后》卷五《乞宣借总管钱万等奏·贴黄》。
② 奏疏时间可见李曾伯《可斋续稿后》卷五《回宣谕令调兵援广兼徐经略商榷》下标时间为"丁巳"，即南宋宝祐五年（1257），其后的奏疏直《缴印经略书遣官往安南奏》下标时间为"戊午"，即宝祐六年（1258）。据此可知，在这一期间的奏疏时间均为宝祐五年。

马荣和孙威等将领应当也都是北人。

李曾伯《回宣谕并问救蜀楮缴密奏》中说,在川蜀遭到蒙古大规模进攻之后,为了加强防御,李曾伯向朝廷上书处置川蜀边疆八事,即"办粮储、备器甲、择戎将、集民兵、结约诸蛮、措置诸隘、留遣援旅、推行战功",其中的"择戎将"具体内容为:"命刘整管安西,制帐亢用管保定,潘全福管庆定,常庆福管沔司兼顺庆,已申密院,乞与除授。"①可见,李曾伯在任用将领方面始终非常重视刘整,这件事情的发生应当是在宝祐四年左右,很可能就是刘整刚刚被李曾伯从京湖派驻至川蜀之际。李曾伯这次提出的军事布防,将刘整派驻安西,②亢用派驻保定,潘全福派驻庆定,常庆福派驻在沔州(今陕西略阳)、③顺庆(今四川南充),④刘整等三人所驻守的安西、保定和庆定应当均为临时修筑的城堡山砦,从后来蒙古的进攻和占领来看,这次李曾伯的布置并未持续多久,也就没有起到实质性作用。

宝祐三年(1255)三月,京湖地区的防御有了一次调整。三月,任命吴渊为京湖制置使,知江陵府。⑤ 宝祐四年(1256)正月,又任命吴渊为京湖制置使兼夔路策应使,⑥并且允其"军马急切,便宜行事"。⑦ 三月,四川宣抚制置使正式由蒲择之担任。⑧ 四月,任命李曾伯为福建安抚使。⑨ 在此前的宝祐五年(1257)正月,南宋朝廷对京湖、四川防务又一次进行较大调

---

① 李曾伯:《可斋续稿后》卷三《回宣谕并问救蜀楮缴密奏》。

② 安西,见《宋史》卷四四《理宗本纪四》(第853—854页):"宝祐二年七月壬戌,复安西堡。……十一月甲午,安西堡受攻五月,将士力战解围,居民以资粮助军实。"宝祐六年十月,驻守安西堡的将领是杨礼:"(冬十月)乙酉,诏知隆庆府杨礼守安西堡有功,官两转。"(《宋史》卷四四《理宗本纪四》,第863页)

③ 沔州,《元史》卷一五五《汪德臣传》载:"宪宗初年,蒙古城沔州",则自此为蒙古控制。

④ 顺庆,即南宋潼川府路顺庆府。根据《宋史》《元史》等记载,顺庆府原称果州,宝庆三年(1227)改为顺庆府。淳祐九年(1249),徙治青居山。宝祐六年(1258),裨将刘渊等杀掉都统段元鉴降,顺庆府自此为蒙古控制。

⑤ 《宋史》卷四四《理宗本纪四》,第855页。

⑥ 《宋史》卷四四《理宗本纪四》,第856页。

⑦ 《宋史》卷四四《理宗本纪四》,第856页。《宋史全文》(第2847页)记载稍详:"(正月)辛亥,诏:'京湖制置大使兼夔路策应使吴渊,遇军戎急切,许用便宜,如可俟报,仍旧申审。'"

⑧ 《宋史全文》卷三五《宋理宗五》,第2848页。宝祐二年(1254)闰六月,李曾伯被任命为四川宣抚使的同时,蒲择之亦受命"暂权四川制置司事。"(《宋史》卷四四《理宗本纪四》,第852页)

⑨ 《宋史》卷四四《理宗本纪四》,第857页。

整,结果是由赵葵担任京湖宣抚使、判江陵府兼夔路策应大使,吴渊仅担任参知政事,被撤销京湖地方之职,后不久去世。而短暂地担任福建安抚使的李曾伯,此次转任荆湖南路安抚使兼知潭州(今湖南长沙)。① 同年年底十二月,李曾伯改任湖南安抚使兼广南制置使,并移司静江府(今广西桂林)。② 从翌年初的记载可知,李曾伯受任广南制置使是为了处置安南事宜。③ 因此,李曾伯驻扎长沙、知潭州府的时间是从宝祐五年正月到十二月这一年,这与李曾伯奏疏中的时间记载一致,此时李曾伯驻扎在潭州。宝祐五年六月,④李曾伯上疏称欲于长沙屯驻的飞虎、武胜两军中挑选六千人,以备御广西。但是广西一带战线绵长,飞虎和武胜统军将领级别过低,仅可统领一千人的军队,无法调动三千人,故请求借调"阁门宣赞舍人、淮西总管钱万",⑤而通过后一篇奏疏中的"皆从所乞"一语可知,南宋准许了李曾伯的请求,将在合肥驻守的钱万借调至长沙。而且,李曾伯还有进一步的想法,即借调钱万前往长沙的时候,请其"仍俾量带所部二三百人以偕,庶可藉经战之淮兵,倡勇敢于湘卒,所谓一人善射,百夫决拾,非但将得其人,以之作三军之气亦一机也"。⑥ 这个想法和李曾伯在这篇奏疏所附《贴黄》中的想法是一致的。根据《贴黄》记载,李曾伯想把尚在川蜀的刘整调至长沙,使其在长沙练兵。因此,调刘整赴长沙练兵与调钱万赴长沙统兵兼请其携带淮兵赴长沙"倡勇敢于湘卒",这两件事是李曾伯在这次奏疏中一并要解决的问题,而在长沙练兵的主要目的是为了备御广

---

① 《宋史》卷四四《理宗本纪四》,第 859 页。《宋史全文》卷三五《宋理宗五》(第 2855 页)载赵葵为"京湖宣抚大使",李曾伯为"湖南安抚大使"。

② 《宋史》卷四四《理宗本纪四》,第 861 页。《宋史全文》卷三五《宋理宗五》(第 2864 页)载李曾伯为"湖南安抚大使"兼"广南制置大使"。

③ 《宋史全文》卷三五《宋理宗五》,第 2865 页:"(戊午宝祐六年正月)辛未,上曰:'印应飞报敌窥安南,有的报否?'元凤奏:'李曾伯已启行,旦夕必有报闻。安南遣兵御敌,胜负未知,然吾国之备不可不密。'"

④ 根据李曾伯《可斋续稿后》卷五《乞宣借总管钱万等奏》的下一篇奏疏《回宣谕手奏》的开篇称:"臣六月二十三日,承阁长关德亨恭传十三日申时圣旨宣谕钱万(阙)……"之语可知,《乞宣借总管钱万等奏》的上疏时间是在六月。

⑤ 李曾伯《可斋续稿后》卷五《乞宣借总管钱万等奏》。

⑥ 李曾伯《可斋续稿后》卷五《乞宣借总管钱万等奏》。

西,即所谓"今者调之戍广",因为广西一带的防守实为艰难,"自潭而桂凡一千余里,自桂而邕、邕而永平、衡山,又何啻千余里……"①这不仅需要足够的兵力,更缺乏有才能的将领,故而有此请求。

我们再来分析李曾伯所谓"去岁乃臣勉其留蜀"的刘整事迹,现在已经很清楚,所谓"去岁"指的是宝祐四年(1256)。李曾伯于宝祐二年(1254)闰六月被任命为四川宣抚使兼京湖制置使、进司夔路,直至宝祐四年四月改为福建安抚使,可推测是在宝祐四年正月至四月之间,刘整被派往川蜀。但由于史料阙载,尚不得其详。《刘整传》载刘整累迁"潼川十五军州安抚使,知泸州军州事"。在他降附蒙古之时,也是在担任这一职位的时候。宝祐四年六月甲戌,南宋将领朱禩孙被任命这一职位,负责"泸、叙、长宁边防",②刘整是否是跟随朱禩孙来到潼川泸州有待进一步证实。宝祐五年(1257)七月,南宋理宗下诏:"北人归明曾授差遣而任已满者,可令保明上闻,并与添差职任,免令待次。"程元凤说:"陛下至仁如天,兼爱南北,谨遵圣训。"③其"北人归明"者之中,刘整当属典型,南宋朝廷此诏既表明此时乃用人之际,又显示南宋朝野之中的"南""北"身份之别是如此明显,以至于皇帝"兼爱南北"也被称为圣明之举。

在《乞宣借总管钱万等奏》及"贴黄"之后的《回宣谕手奏》中,南宋朝廷对李曾伯所乞有了回复:

> 臣六月二十三日承阁长关德亨恭传十三日申时圣旨,宣谕钱万……皆从所乞。刘整见留蜀中,恐不可辍,他岂无人？可具闻奏。湖广唇齿相依,切宜与印应飞同心协济,不遗余力。臣谨恭奉,欲回奏间,二十四日又承阁长麦钦恭传十四日未初圣旨,宣谕臣所乞……充计议面谕,庙堂谓其人惨甚,用之害事,可别选奏辟。④

---

① 李曾伯《可斋续稿后》卷五《乞宣借总管钱万等奏》。
② 《宋史》卷四四《理宗本纪四》,第 857 页;《宋史全文》卷三五《宋理宗五》,第 2850 页。
③ 《宋史全文》卷三五《宋理宗五》,第 2860 页。
④ 李曾伯:《可斋续稿后》卷五《回宣谕手奏》。

虽然李曾伯上疏请求调遣驻守淮西的钱万赴长沙统兵,朝廷"皆从所乞",但调遣驻守川蜀的刘整赴长沙练兵的请求却遭到拒绝。这篇《回宣谕手奏》是朝廷对李曾伯上一篇奏疏所附"贴黄"内容的答复,非常明确地拒绝了李曾伯的请求。因有阙文,内容多有不明之处。但是,根据前文所奏内容是在谈论刘整,故"可别选奏辟"一语所指的应该就是不准许李曾伯选择刘整赴长沙练兵,命其选其他将领再向上"奏辟"。那么,所谓"其人惨甚,用之害事"就是"别选奏辟"的主要原因,这算是出自南宋官方对刘整的评价。至于为何会如此之差,恐怕与刘整的口碑、行事风格和出身等因素都有关系。李曾伯随即表明了自己的观点:

> 臣恭诵圣训,感极愚衷,仰见陛下恢天地之量以容人,揭日月之明而烛物。求士如勿及,不以人而废言,销患于未形,俾先事而叶虑。而况朝奏暮报,应之者如响。春生秋杀,付之于无心,顾臣何者,而蒙君父,丁宁申谕,委曲开晓,一至于此,臣未知将何以报圣德。臣所准睿旨,钱万已从所乞,秋防戍岭,庶藉以行。刘整难于辍移,令别选择。臣谨当遵奉,嗣具敷陈。苟非其才,未敢轻进。①

从《可斋续稿后》卷五的部分奏疏可知,李曾伯对广西边防倾注较大心力。宝祐六年十二月,李曾伯受命在湖南安抚使任上兼"广南制置使",朝廷诏书其实十一月份就已下达,②李曾伯最初不想受领"节制广南"的职责,曾多次辞任,但他最终还是听从了朝廷的安排。李曾伯在《回宣谕令勉谕吕镇抚及七甲兵等事奏》中又上疏汇报军情,第一条提到与刘整有关的军事行动:

> 一,刘整复回重庆,固科迫于北寇,未免唤回。马思明已入播州,

---

① 李曾伯:《可斋续稿后》卷五《回宣谕手奏》。
② 李曾伯:《可斋续稿后》卷五《回申军马钱粮通融事》:"今月十五日酉时准十一月六日尚书省札子恭奉,已降御笔李□□兼节制广南,任责措置备御,须至指挥。"

此则又得旧将,必能叶力。

一,湖南七甲义兵,系在郴境,名为七甲,不满五千,见于陈鞾任内唐亮所编《经理小录》连粘册页在前名曰峒丁,多省民也。嵩之尝调黄州赴援,止是六百余人,颇费赏赉。顷者自被旨团结,已节次下州县,催促应飞近欲调之戍桂,此却颇难。盖民下皆非纪律之谙,不容驻戍之远。本境非有调用,未敢起集。乃若招徕感发之,训恭遵指授,旦夕少加示犒,方不虚行。

一,广右文人所言鞑欲假道事,虽在于疑信,理当示于羁縻。陛下诏奖赐赉,圣谟处置,已足以服远人之心,昭皇明之见。其主陈日照始末,臣向年守桂,与之交邻日浅,仅闻其略,不能深知所奉闻奏,臣前者节制建司,已尝略具条画,未准回降,乞赐施行。但有科拨军费,未敢以请取自朝廷区处。①

在这篇奏疏中,李曾伯汇报了三件事,其中所称七甲兵事,《宋史·理宗本纪四》载:宝祐六年十二月辛丑,"诏李曾伯城筑关隘,训练民兵峒丁,申严防遏",②即为此事。至于广右文人所言"假道"之事,则与蒙古派军从南部向北包抄进攻南宋的所谓"斡腹之谋"有关,学界对此多有研究。③刘整返回重庆的主要原因是迫于敌人的压力,不得不将其召回。这份奏疏的内容有"勉谕吕镇抚",所指当为吕文德。宝祐五年四月,吕文德"知靖州,职任依旧",④因其在宝祐三年七月受任"知鄂州,节制鼎、澧、辰、沅、靖五州"。⑤

---

① 李曾伯:《可斋续稿后》卷五《回宣谕令勉谕吕镇抚及七甲兵等事奏》。
② 《宋史》卷四四《理宗本纪四》,第865页。
③ 新近成果主要有:石坚军:《"斡腹"考述》,《内蒙古大学学报》2008年第5期;石坚军:《蒙古与大理关系新探——以"斡腹之谋"为视角》,《北方民族大学学报》2010年第4期;石坚军:《蒙哥汗灭宋战略计划新探》,《内蒙古大学学报》2010年第4期;石坚军:《蒙古前四汗时期蒙藏关系新探——以"斡腹之谋"为视角》,《西藏大学学报》2010年第3期;石坚军、张晓非:《成吉思汗征服南宋战略计划考》,姜锡东主编:《宋史研究论丛》(第十七辑),保定:河北大学出版社,2015年;温海清:《再论蒙古进征大理国之缘起及蒙哥与忽必烈间的争斗问题——以所谓"斡腹"之谋为主线》,《中华文史论丛》2016年第1期。
④ 《宋史》卷四四《理宗本纪四》,第860页。
⑤ 《宋史》卷四四《理宗本纪四》,第855页。

宝祐六年七月，吕文德进入播州，并携带京湖制置司提供的白银万两。①

根据这份《回宣谕令勉谕吕镇抚及七甲兵等事奏》开篇自述可知，奏疏写于宝祐六年十二月份。② 此时思州、播州一带因为有"广右文人所言鞑欲假道事"而变得危机四伏，亟需加强防御，因此朝廷命"吕镇抚"于宝祐六年七月进入播州，同时命京湖给银万两予以支持。③ 检索《宋史》《宋史全文》等文献未查到马思明其人。在吕文德赴思、播以后，马思明随后进入。此条记载是说，刘整从西南思、播等地返回重庆，马思明接替刘整跟随吕文德赴思、播守御，故李曾伯称吕文德此次又得"旧将"，当指马思明。而刘整返回重庆，主要是因为蒙古方面的压力，不得不将其召回。此时已至宝祐六年（1258）年底，刘整在川蜀的事迹亦于此年见于《元史》等其他记载，下面详述。

孟珙去世以后，李曾伯主政京湖、广西等地，刘整一直在其麾下，并从京湖转驻川蜀。这一时期处于中青年阶段的刘整，是其精力最为旺盛、能力提升最为迅速的时期。京湖地区是南宋的重要防御区，是宋元战争后期胶着激烈之地，尤其是作为宋元战争关键转折点的襄樊之战就发生在此，而刘整恰恰是在京湖地区熟悉并掌握了南宋军事防御最为重要和最为关键的信

---

① 《宋史》卷四四《理宗本纪四》，第863页。此外，宝祐六年正月，有"诏枢密院编修官吕逢年诣蜀阃，趣办关隘、屯栅、粮饷、相度黄平、思、播诸处险要缓急事宜，具工役以闻"（《宋史》卷四四《理宗本纪四》，第861页）。因吕逢年职务为"枢密院编修官"，应当不是"吕镇抚"。

② 李曾伯：《可斋续稿后》卷五《回宣谕令勉谕吕镇抚及七甲兵等事奏》："臣近以辞兼节制陈渎睿聪，此月八日领十一月二十五日递恭奉诏书，不允，臣踌躇连日，竞惕微衷，惧绵谲之弗胜，将倚毗之上负正，修再牍祈赐俞音。属值风雪，初十日方再领二十七日递，恭奉二十六日圣旨宣谕伏读圣训，兼制之命切不可辞。臣退念，犬马远臣顶囊国恩，天隆地厚，力虽知其不逮，命弗敢以重违。见择十三日癸巳，祗受续具奏谢外所准圣谕。"

③ 《宋史》卷四四《理宗本纪四》，第863页。在此之前，南宋陆续加强了思、播一带的防御，如宝祐六年四月，"诏田应己思州驻扎御前忠胜军副都统制，往播州共筑关隘防御"（《宋史》卷四四《理宗本纪四》，第862页）。中华书局本《宋史全文》第2866页写作："诏思应、已特差思州驻扎御前忠胜军副都统制往播州同共修筑关隘，措置备御。"笔者认为这一处点校错误，应为"诏[田]应己[己]特差思州驻扎御前忠胜军副都统制，往播州同共修筑关隘，措置备御"，意为任命"田应己"为"思州驻扎御前忠胜军副都统制"一职。此外，查阅《宋史》卷四四《理宗本纪四》开庆元年（1259）六月癸亥，"以知播州杨文、知思州田应庚守御勤劳，诏各官一转"（第866页）。其中，从人名规律来看，"知思州田应庚"与"田应己"是否有可能为兄弟辈？

息,为其后来在灭宋战争中发挥重要作用奠定基础。李曾伯曾与贾似道同为南宋守边大臣,后亦遭"似道卒嫉之,使不竟其用云"。① 李曾伯是南宋末期具有举足轻重地位的将领。他多次任用、提拔刘整,这对于刘整积累军事经验帮助很大。当然,通过考察以刘整为代表的南宋三大防御区中的下级武官的从军和成长经历,也有助于认识南宋军事和政局以及宋元战争中的若干重要问题。

第四节　参加箭滩渡之战和云顶山之战

宪宗八年(1258,南宋宝祐六年)二月,蒙哥分兵三路进攻南宋,他自率一路进入川蜀,命忽必烈进攻鄂州,塔察儿进攻荆山(今湖北襄樊市南漳县西北)。此外,大将兀良合台从西南北上。至此,蒙古开启大规模征宋的序幕。在此前后,宋蒙之间始终存在一些小摩擦、零星战斗,尤其是川蜀地区一直是双方争夺的焦点。在蒙哥亲至四川作战之前的宝祐六年(1258)二月,四川制置使蒲择之进攻成都,蒙古守将纽璘率师将其击败:

> 戊午,(纽璘)还钓鱼山,引军欲会都元帅阿答胡等于成都。宋制置使蒲择之,遣安抚刘整、都统制段元鉴等,率众据遂宁江箭滩渡以断东路。纽璘军至不能渡,自旦至暮大战,斩首二千七百余级,遂长驱至成都。帝闻,赐金帛劳之。蒲择之命杨大渊等守剑门及灵泉山,自将四川兵取成都。②

据前所述,在宝祐六年十二月之前,刘整已经返回重庆驻守,而这次战

---

① 《宋史》卷四二〇《李曾伯传》,第 12575 页。
② 《元史》卷一二九《纽璘传》,第 3144 页。

斗发生在宝祐六年的二月,因此刘整应当是在二月之前返回重庆,随后又迅速带兵奔赴遂宁(今四川遂宁)参加战斗。在此战获胜之后,蒲择之派遣杨大渊等驻守剑门(今四川剑阁县大剑山)、灵泉山(今四川遂宁城东)。《宋史》载宝祐六年七月戊辰,"蜀郡刘整上捷,诏推恩赏"。① 这里只笼统地说刘整职务为"蜀郡",其所上之捷当是此次受蒲择之之命在遂宁江箭滩渡(今四川遂宁仁里镇古渡口)阻击纽璘。上引史料中,蒲择之派遣的将领有都统制段元鉴、安抚刘整,其中刘整的职务为"安抚"。

宝祐六年七月,《宋史全文》有"潼川帅臣朱禩孙"②之语,证明此时潼川府路仍由朱禩孙管辖。③ "潼川帅臣"全称为"潼川路安抚使兼知泸州",即《元史·刘整传》所载刘整之职"潼川十五军州安抚使,知泸州军州事"。那么,此时的"安抚刘整"很可能是"潼川路安抚副使"。但是,此时刘整没有跟随朱禩孙,而是受四川制置使蒲择之的调遣,参加对抗蒙古的战斗,而朱禩孙正在负责修筑凌霄城。④《宋史》记载,1260 年(元中统元年,宋景定元年)夏四月戊申,"以刘整知泸州兼潼川安抚副使"。⑤ 如果《宋史》所载为实,则《元史》所称"安抚"应当是事后追述。

刘整等人成功阻击蒙古军之后,蒲择之准备继续乘胜进攻,意图一举收复成都,却遭到纽璘的反击:

> 会阿答胡死,诸王阿卜干与诸将脱林带等谋曰:"今宋兵日逼,闻我帅死,必悉众来攻,其锋不可当。我军去朝庭远,待上命建大帅,然后御敌,恐无及已。不若推纽璘为长,以号令诸将,出彼不意,敌可必破。"众

---

① 《宋史》卷四四《理宗本纪四》,第 862 页。

② 《宋史全文》卷三五《宋理宗五》,第 2867 页。

③ 《宋史》卷四四《理宗本纪四》,第 857 页:"(宝祐四年)六月甲戌,朱禩孙太府寺簿、知泸州兼潼川路安抚,任责泸、叙、长宁边防。"

④ 《宋史》卷四四《理宗本纪四》,第 862 页。《宋史全文》卷三五《宋理宗五》,第 2867 页:"七月庚戌,潼川帅臣朱禩孙言:'长宁军自办钱粮,创造器具,修筑凌霄城圆备。'"

⑤ 《宋史》卷四五《理宗本纪五》,第 873 页。五月以后为元中统元年。《宋史》卷四四《理宗本纪四》,第 863 页:宝祐六年(1258)十月初一,南宋朝廷下诏称"蜀中将帅虽未克复成都,而暴露日久,战功亦多,宜与序升,其亟条具以闻",或许刘整是因为南宋朝廷的这道诏书之后得以晋升。

然之,遂推纽璘为长。纽璘率诸将大破宋军于灵泉山,乘胜追擒韩勇,斩之,蒲择之兵溃。①

随后纽璘进攻云顶山城(今四川金堂县境内),南宋"守将姚某等以众相继来降",②《元史·纽璘传》记载稍详:

> 进围云顶山城,扼宋军归路。其主将仓卒失计,遂以其众降。城中食尽,亦杀其守将以降。成都、彭、汉、怀、绵等州悉平,威、茂诸蕃亦来附。纽璘奉金银、竹箭、银销刀,遣速哥入献。帝赐黄金五十两,即军中真拜都元帅。③

《蒙兀儿史记》在"其主将"下夹注曰:"此主将为宋统制姚德。"④《元史·按竺迩传》中在叙述按竺迩之子彻理事迹时称:"宋将姚德壁云顶山,戊午(1258),大军围之。彻理率部兵由水门先登,破其壁,德降。"⑤屠寄所附注释的依据也应当是源自《按竺迩传》。"彻理"亦见于《元史·步鲁合答传》,写作"车里",即步鲁合答的父亲。⑥《步鲁合答传》在叙述其父亲车里的事迹时写道:"从都元帅纽璘攻成都,宋将刘整以重兵守云顶山,车里击败之,进围其城,整遣裨校出战,败走,追至简州斩之,杀三百余人,遂拔其城。"⑦

---

① 《元史》卷一二九《纽璘传》,第3144页。
② 《元史》卷三《宪宗本纪》,第51页。
③ 《元史》卷一二九《纽璘传》,第3144页。
④ 《蒙兀儿史记》卷六五,第465页。
⑤ 《元史》卷一二一《按竺迩传》,第2986页。在这条记载之前有"丁巳,从父攻泸州,降宋将刘整"之语。《元史》校勘记:"丁巳,从父攻泸州,降宋将刘整。"《蒙史》云:'按,据本传及世祖纪,整以中统二年辛酉降,而云丁巳者必误也。'"可知,此处所载的时间"丁巳"为1257年(南宋宝祐五年),而刘整降蒙时间为辛酉,即1261年(蒙古中统二年,南宋景定二年)。另,所述史实亦不确,《按竺迩传》中所述按竺迩的事迹中未见有"丁巳年进攻泸州"的记载,其他文献中亦未见1257年进攻泸州之事,况且刘整是主动降附,并非是被蒙古军进攻而追降。
⑥ 《元史》卷一三二《步鲁合答传》,第3207页。彻理,即《步鲁合答传》中所载步鲁合答的父亲车里,也是按竹迩之子。按竹迩即按主奴,《步鲁合答传》校勘记已指出:祖按主奴本证云:"案按主奴即按竺迩,自有传,此赘。"按竺迩传见卷一二一。车里(彻理)是赵世延的伯父。
⑦ 《元史》卷一三二《步鲁合答传》,第3207页。

在云顶山之战中,南宋守御云顶山的主将是"宋统制姚德",参与云顶山之战的速哥,其传载:"又从都元帅纽璘败宋将刘整,破云顶山城。"①可知,在 1258 年的时候,守卫云顶山的南宋将领除了姚德,还有刘整。经此一役,南宋势力退出西川,成都府南迁至嘉定(今四川乐山),蒙古进一步巩固了在川西平原的统治。②

第五节　两获军功而未得:断桥之役与泸州大捷

刘整反宋降蒙之前,他曾经在抵御蒙古的战争中赢得两次战功,一是被贾似道所称颂的断桥之役,二是泸州大捷。

一、"断桥之役"

1261 年,刘整在泸州发动叛乱的消息传至南宋朝廷,贾似道说:"整,骁将,号铁胡孙,断桥之役,曹世雄功第一,整次之。"③《宋史全文》在这段记载的后附"谥议":"奏断桥之功者,曹世雄其一,而刘整次之。"④开庆元年(1259)到景定元年(1260),先后在四川涪州和京湖鄂州有过两次"断浮桥"战役,而刘整到底参加了哪次断桥之役?

首先,我们来看 1259 年的涪州断桥之役:

> 宋兵攻涪州浮桥,部将火尼赤战陷,速哥破围出之。又以白事诸王穆哥所,复败宋军于三曹山,还至石羊,与刘整遇,复击败之。⑤

----

① 《元史》卷一三一《速哥传》,第 3181 页。这次参与了进攻云顶山之战的蒙古将领以纽璘为统帅,随军将领除了速哥,还有拜延八都鲁:"丁巳(1257),从都元帅纽邻破成都,及领兵围云顶山,下其城。"(《元史》卷一二三《拜延八都鲁传》,第 3024 页)这里时间记载错误,非"丁巳",而应为"戊午",即 1258 年。

② 陈世松等:《宋元战争史》,第 135 页。

③ 《宋史全文》卷三六《宋理宗六》,第 29043—2904 页。

④ 《宋史全文》卷三六《宋理宗六》,第 2904 页。

⑤ 《元史》卷一三一《速哥传》,第 3182 页。

以上《速哥传》记此事未详载月份,《宋史》卷四四"开庆元年正月"条载:

> 大元兵破利州、隆庆、顺庆诸郡,阆、蓬、广安守将相继纳降,又造浮梁于涪州之蔺市。①

从作战发生地点——涪州(今重庆市涪陵)来看,两处史料所记述的是同一件事。蒙古攻破利州(今四川广元)、隆庆(今四川剑阁、梓潼及江油等地)和顺庆(今四川南充)等地以后,阆(今四川阆中)、蓬(今四川蓬安)、广安(今四川广安)等地的守将纷纷投降。于是蒙古进攻下一个目标——涪州,具体举措是在涪州蔺市(今重庆涪陵蔺市镇)修造"浮梁",即《速哥传》所谓"浮桥"。② 浮桥造好以后,遭到宋军攻击。速哥的部将火尼赤也陷入了宋军的包围,速哥将其救出。速哥在将战斗情况禀告诸王穆哥以后继续进兵,在三曹山又再一次打败宋军,随后又在一个叫做"石羊"的地方打败刘整。但这仅是《元史》的记载,因为是速哥个人传记,主要记载传主的成功事迹,而《宋史全文》对此事的记载更加详细:

> (开庆元年)正月,都省言:"蜀报日急,虏犯忠、涪,浸迫夔境。"诏蒲择之、马光祖,应战守调遣照便宜指挥行。……壬戌,上曰:"北骑盘泊涪州,不可不速为驱逐之计。"……时蜀帅蒲择之以重兵攻成都不克,虏主倾国举兵南伐,破利州、隆庆、顺庆诸郡,阆、蓬、广安守将相继降北。又为浮梁于涪州之蔺市,蜀道梗绝,故有是命。……(二月)丁亥,上曰:"蜀中之警,皆因马湖江不能设备,纵其偷渡。今江之南北皆有哨骑,所以重费区处。"……三月己酉,都省言:"北兵见在涪州蔺市大渠缚

---

① 《宋史》卷四四《理宗本纪四》,第864—865页。
② 衣川强的《刘整的叛乱》写道:"开元元年正月,蒙古军在攻打合州(今四川合川)、重庆之际,为了遮断南宋通过长江派来援军的通路,所以设置了此桥。"作者依据《元史·速哥传》记载作此论述,但将"开庆元年"误为"开元元年"。

桥,及在江南作过,奸谋叵测,合行痛剿。乞立赏格以激发将士。"……
(五月)乙卯,宣司奏:"蜀江雪涨冒桥趾,吕文德等与宣司所调兵数战
皆克,攻断浮梁。"诏立功将士迁补有差。……六月甲戌,宣司奏:"吕文
德乘风顺战胜,遂入重庆。"御笔:"蜀事方殷,军力劳瘁。披坚者疲于战
斗,服业者苦于流离。间有胁从,亦非本志。兴言及此,痛在朕心。聿
新闻权,期复旧观,仍降诏抚谕。"御笔:"吕文德身先士卒,攻断桥梁。
蜀道已通,忱可嘉尚。令学士院降诏奖谕。"①

开庆元年是宪宗蒙哥亲率大军大举南征之时,几路蒙古军同时南下,川
蜀尤其成为蒙哥亲征之地,蒙古军到处攻城掠地,南宋各地或失守或降附,
危机四伏。利州、隆庆直至广安一带均为蒙古所控制,这样蒙古军就进至涪
州、忠州以北,潼川泸州和重庆马湖江一带由于防御不力,致使蒙古军进一
步深入。这场战斗的最终结果,仍然是坚守在涪州的宋军打退了蒙古的进
攻。② 随后的三月,南宋"命有司悬重赏募将士,毁蔺市浮梁"。③ 大概是在
三、四月份之间,宋军完成"攻断浮梁"的战绩。因此,"断桥之役"在开庆元
年蒙古组织的大规模征宋战争中,是南宋方面扭转战局的一个重要战役,意
义重大。参与断桥之役的将领均成为有功之人,会受到重赏。开庆元年,蒙
哥亲率大军在合州钓鱼山进攻,当年七月份去世,此时正值涪州断桥之役南
宋成功阻击蒙古军。本年是蒙古大举征宋的转折时期,涪州断桥之役与合
州钓鱼山蒙哥的去世,都是对南宋极为有利的局面,随后忽必烈在鄂州也全

---

① 《宋史全文》卷三六《宋理宗六》,第 2879—2880 页。《宋季三朝政要》(第 253 页)记载:
"攻断辽州浮桥。吕文德乘风战胜。"(北京:中华书局,2010 年,王瑞来笺证本)此条载于开庆元年
十月,与《宋史全文》《宋史》时间不同,此外《政要》载为"辽州"显然是错误的,根据"浮桥"和"吕文
德"等信息判断,应为"涪州",王瑞来笺证认为,"辽州"似为"峡州"之误,其依据是《宋史》卷四一六
《向士璧传》(第 12477 页)所载:"开庆元年,涪州危,又命士璧往援,北兵夹江为营,长数十里,阻舟
师不能进至浮桥。时朝廷自扬州移贾似道以枢密使宣抚六路,进驻峡州,檄士璧以军事付吕文德,
士璧不从,以计断桥奏捷,具言方略。"按,战斗发生地点应当是在涪州,而峡州是贾似道驻扎之地,
峡州为今湖北夷陵,所言"开庆元年,涪州危"是理解这条材料的核心,故王瑞来的判断不确,笺证文
字应改为"'辽州'应为'涪州'之误"。
② 《宋史》卷四四《理宗本纪四》,第 865 页:"(开庆元年二月)辛丑,涪州报大元兵退。"
③ 《宋史》卷四四《理宗本纪四》,第 865 页。

面撤退。

其次,我们再来看 1260 年的鄂州新生矶断桥之役:

> 会宪宗皇帝晏驾于钓鱼山,合州守王坚使阮思聪踔急流走报鄂,似道再遣京议岁币,遂许之。大元兵拔砦而北,留张杰、阎旺以偏师候湖南兵。明年正月,兵至,杰作浮梁新生矶,济师北归。似道用刘整计,攻断浮梁,杀殿兵百七十,遂上表以肃清闻。帝以其有再造功,以少傅、右丞相召入朝,百官郊劳如文彦博故事。①

新生矶②位于今湖北蕲州镇,是长江上的一处重要渡口,位于鄂州城东约 70 公里。蒙哥在合州突然去世,打乱蒙古南征计划。忽必烈在 1259 年底也从鄂州全面撤兵,但他留下张杰、阎旺率领的一支偏师驻守在鄂州以东的蕲州,等候接应西南的兀良合台军队跨江北归。1260 年正月,张杰在新生矶搭建浮梁(浮桥),接应蒙古军渡河北归,结果被贾似道采用刘整的计策,攻断浮桥,大获全胜。③ 这次在新生矶发生的断桥之役,成为贾似道率军在鄂州"击退"蒙古军的完美收官之战,使贾似道成为挽救南宋危亡的功臣,被誉为有"再造"之功,得到南宋君臣的至高礼遇。

明确将曹世雄、刘整与两次断浮桥战役联系起来的记载,见于宋元之际黄震所撰《黄氏日抄古今纪要逸编》,这份资料在记述 1259—1260 年蒙宋战事的时候,曾先后三次提到"断桥之役":

> 初,元舟之偷渡也,贾似道正董师江上,事急,尝约元和。已而,会

① 《宋史》卷四七四《贾似道传》,第 13781 页。
② 新生矶,也被称为钓鱼台,是"蕲阳八景"之一"浮玉晴沙"的所在地。
③ 西南的蒙古军虽在渡河之时受到南宋军的阻击,但仍回到了蒙古,忽必烈曾对归来的蒙古军发布了一道手诏予以鼓励,见王恽著,杨亮、钟彦飞点校《王恽全集汇校》卷八二《中堂事记》"中统二年夏四月三十日辛酉"条:"未刻,堂命恽草《宣谕大理及合剌章俾还本土手诏》,其辞有云'嘉汝等远自云南,转战千里,直渡鄂渚,以达于此,勤已至矣。今者俾尔各还本土,以遂厥性'之语,各优赐人有差。"(北京:中华书局,2013 年)

曹世雄断彼浮桥,蒙哥败于合州,愤死军中。

　　己未秋,元兵初偷渡鄂渚,似道时以督视,置司汉阳,力未及沿边上下,理宗皇帝每玺书痛责之。赖印应飞守鄂渚,上则王坚守合州,下则史岩之守江州,前则向士璧守潭州,兵势联络,威权不至旁出。又赖曹世雄断浮桥于涪州,使彼兵中断。而元主蒙哥为王坚所挫辱,愤死。……诸帅如曹世雄断桥功第一,则忌其功,贬窜杀之……初,诸将既尽,用文德私人,独曹世雄、刘整才高不肯屈。刘整与曹世雄同断桥,功成,文德深忌之。似道夺其功以归文德,贬世雄,移整泸州。又使整之仇俞兴帅蜀。整虞祸之将及也,大遗赂,庆文德生朝,乘其间,亟叛归,为元任责图江南。①

　　首先,曹世雄和刘整的功劳就是断桥之役,且作为当时执掌南宋政局的权臣贾似道,对此予以亲口承认。但是到底是哪一次"断桥之役",上述资料中要么表述模糊,要么记载不一致。目前来看,能够证明曹、刘二人参加涪州断桥之役的资料除了黄震《黄氏日抄古今纪要逸编》的明确记载之外,还有《元史·速哥传》所载"复败宋军于三曹山,还至石羊,与刘整遇,复击败之"一语,记载速哥多次率军击败宋军,其中就曾击败了刘整。但仅涉及刘整,未提曹世雄。《宋史》《宋史全文》的记载均无法证明涪州断桥之役与曹、刘二人的关系。

　　其次,鄂州新生矶断桥之役明确记载是贾似道采用了刘整的计策而获胜,而在涪州断桥之役所记载的事迹中,并无与曹、刘二人事迹有关的直接记载,目前只有《速哥传》一条史料说明刘整在涪州断桥附近与速哥有过一次遭遇战,但这亦未能明晰刘整与涪州断桥之役的确切关联。且从上面所引《宋史全文》的记载来看,涪州断桥之功全归于吕文德。《宋史全文》记载史事一般相对较为详细,但也没有提及刘整、曹世雄。

　　再次,至于有断桥之役首功的曹世雄,文献记载不多。见有宝祐二年史

---

① 黄震:《黄氏日抄古今纪要逸编》,《丛书集成初编》据知不足斋丛书本排印。

事,《宋史》载:(1254)六月甲辰,四川制司上疏称:"合州、广安军北兵入境,
王坚、曹世雄等战御有功。诏坚官两转,余各补转官资。"①《通鉴续编》对王
坚、曹世雄的记载是分开的:"(宝祐)二年二月,蒙古入东川,遂城紫金山。
紫金,蜀之要地也。蒙古侵合州,知州王坚败之。蒙古侵广德军,曹世雄败
之。"②曹世雄所驻守的广德军,为今安徽广德县,隶属于江南东路,后来曹
世雄守汉阳(今湖北武汉市汉阳)。曹世雄似未去过川蜀,而始终在京湖、江
南东路一带驻守。曹世雄应当只可能参加鄂州新生矶的断桥之役,但这与
《黄氏日抄古今纪要逸编》"曹世雄断浮桥于涪州,使彼兵中断"一语矛盾,
且后文还提到"刘整与曹世雄同断桥,功成,文德深忌之"。据《黄氏日抄古
今纪要逸编》,刘整是与曹世雄一同参加了涪州断桥之役。但是目前的资料
中,只有这一份叙述性资料持此说,且与《元史》《宋史》《宋史全文》等很难
达成叙事逻辑上的一致性,故刘整、曹世雄二人到底参加的是涪州断桥之役
还是新生矶断桥之役,抑或全部参加,目前仍难以确定。

《通鉴续编》在"(中统二年)六月,知泸州刘整叛降于蒙古"正文之后的
夹注曰:"贾似道之断浮桥败蒙古也,整及高达、曹世雄之功为多。"③"断桥
之功"指的是鄂州新生矶。《通鉴续编》卷二三"景定元年"条更为详细:

> (庚申景定元年)春二月,蒙古兀良哈歹会张杰于鄂州北还,贾似道
> 使夏贵等败其后军于新生矶。④

其后夹注详述曰:

> 张杰、阎旺作浮桥于新生矶,湖南兵至,杰等济师北还,贾似道用曹
> 世雄、刘整计,命夏贵以舟师攻断浮桥,杀殿戍卒百七十。遂匿其议和、

---

① 《宋史》卷四四《理宗本纪四》,第852页。
② 《通鉴续编》卷二三"宝祐二年"条。
③ 《通鉴续编》卷二三"景定二年"条。
④ 《通鉴续编》卷二三"景定元年"条。

称臣、纳币之事,上表言鄂围始解,江面肃清,社危而复安,实万世无疆之休。帝以似道有再造功,下诏褒美赏赉甚厚。①

陈世松认为,曹世雄、刘整二人断桥之功指的是涪州浮桥之役,由于贾似道排除异己,故将功劳归于吕文德。衣川强也认为刘整、曹世雄参加了涪州断桥之役,随后又转战至鄂州一带,继而使贾似道在新生矶断桥之役中采纳了刘整的计策。② 刘整在宝祐四年以后进入川蜀驻守,直至1260年被任命为泸州安抚使,他是否有可能在1260年正月或者1259年底转战至鄂州?衣川强对此有推测,但由于目前并没有更多佐证材料,这一点实际上很难被确凿无疑地证明。但无论如何,刘整、曹世雄二人与断桥之役关系密切,南宋遗民汪元量有诗写道:"师相平章误我朝,千秋万古恨难消。萧墙祸起非今日,不赏军功在断桥。"③汪元量把刘整与"断桥之功"联系起来,认为贾似道压制了刘整的功劳,才使得其反宋降蒙,这对于南宋来说就是"祸起萧墙"。

二、"泸州大捷"

刘整在1260年还曾为南宋立过一件军功,即"泸州大捷"。1260年九月,"守泸州刘整以功来上"。④《宋史全文》中记载稍详:

九月癸酉,上曰:"刘整泸州之捷甚伟。"似道奏:"观其所申,俘获甚众。恐此冬间势须平定。"⑤

---

① 《通鉴续编》卷二三"景定元年"条。
② 衣川强:《刘整的叛乱》。
③ 汪元量:《增订湖山类稿》卷二《古今体诗一百四十六首》"越州歌二十首·其六",孔凡礼校,北京:中华书局,1984年,第60页。
④ 《宋史》卷四五《理宗本纪五》,第875页。《宋季三朝政要》(第268页)记载简略:"泸州、涟水之捷。"王瑞来笺证:"按,据《宋史全文》卷三六所记,泸州之捷当在景定元年九月……"
⑤ 《宋史全文》卷三六《宋理宗六》,第2897—2898页。又见《宋季三朝政要》卷三"理宗庚申景定元年十月":"夔路奏捷。"(第273页)王瑞来笺证,认为此"夔路奏捷"指的就是《宋史全文》所载景定元年九月的"刘整泸州之捷"。

《元史·按竺迩传》："(按竺迩之子)彻理袭职为元帅。丁巳(宪宗七年,1257),从父攻泸州,降宋将刘整。"①本卷校勘记称:"《蒙史》云:'按整本传及世祖纪,整以中统二年辛酉降,而云丁巳者必误也。'"。按竹迩与其子彻理于1257年进攻泸州之事,应是当年与尚在仕宋之中的刘整等南宋将领和军队发生的一场战役,与宋史史料所载的"泸州大捷"有关。《癸辛杂识》载:"先是蜀将刘整号为骁勇,庚申保蜀,整之功居多。"②庚申即1260年(世祖中统元年,南宋景定二年),指的应当是"泸州大捷",即当年九月"守泸州刘整"所上之功。刘整是在中统元年四月任"知泸州兼潼川安抚副使"③的,因此这次"泸州大捷"应当发生在四月至九月之间。有关泸州大捷的史料过于简略,目前仅能作出上述初步判断和分析。

己未蒙哥亲征川蜀的战争中,刘整作为守蜀的南宋将领,参与了抵御蒙古进攻川蜀的战争,因史料不详,更多细节暂时无从考订。

---

① 《元史》卷一二一《按竺迩传》,第 2985 页。
② 周密撰:《癸辛杂识》别集下"襄阳始末"条,北京:中华书局,1988 年,第 305 页。
③ 《宋史》卷四五《理宗本纪五》,第 873 页。

第二章　刘整反宋降蒙的过程（1260—1261）

1261 年（蒙古中统二年，宋景定二年）六月，刘整率领泸州军民投附蒙古，此事震动了南宋朝野，对于宋蒙在四川地区的战局影响巨大，也是宋元关系史上的一件大事，本章对这一过程进行探讨。

第一节　蒙古方面对刘整降附的接收

专载此事的典籍有《钱塘遗事》《宋史》《元史》《癸辛杂识》等。《元史》刘黑马、刘元振父子传记①与新近公布的刘黑马、刘元振父子墓志铭文，②还

---

①　《元史》卷一四九《刘伯林[黑马、元振、元礼]传》，第 3515—3520 页。

②　《大朝故宣差都总管万户成都路经略使刘公墓志铭》（以下简称《刘黑马墓志铭》），陕西省考古研究院编著：《元代刘黑马家族墓发掘报告》，北京：文物出版社，2018 年，第 25—26 页。关于《刘黑马墓志铭》的规格和出土情况，《发掘报告》（第 24 页）写道："墓志石。1 合。置于墓室前室中部，墓室封门内。出土时志盖翻倒向上放置于志石旁。墓志青石质。志盖盝顶，底边长 76.5 厘米、宽 74.0 厘米、厚 13 厘米，顶面原应有 6 字，2 行，行 3 字，皆已被凿毁，字迹不辨。四刹阴线刻卷云四神纹，分别为右青龙、左白虎、下朱雀、上玄武。志石长方形，长 69.5 厘米、宽 65.5 厘米、厚 18.5 厘米，雕凿较粗糙，志石面阴刻楷书 31 行，行满 36 字，共计 888 字。志石面略有残损。从墓志盖四刹的形制纹饰判断，是取用唐代墓志石作为材料改制而成（图二〇、二一）。"

《大元故成都路经略使怀远大将军行军副万户刘公墓志铭》（以下简称《刘元振墓志铭》），引自陕西省考古研究院编著《元代刘黑马家族墓发掘报告》，北京：文物出版社，2018 年，第 68 页。关于《刘元振墓志铭》的规格和出土情况，《发掘报告》写道："刘元振墓志。1 方。标本 M16∶149，出土时立置于墓室砖封门外。墓志青石质。双面刻字，志盖合一，其篆书题盖面向墓道。志石（转下页注）

有此前入藏西安碑林博物馆的《冯时泰墓志铭》①均详细记载了刘元振、冯时泰等人赴泸州接收刘整降附和善后处置的过程。前人虽对刘整降附过程有所论述,但多失之简略,诸多细节均未清晰展现。本书在前贤成果基础上,利用新出土金石碑刻资料,并扩大传世文献的搜寻范围,对这一过程进行考订。

事件发生地点为泸州(今四川泸州)。当时刘整驻守在泸州,如《钱塘遗事》载"刘整以泸州降北",②《宋史·理宗本纪》载"蜀帅俞兴奏守泸州刘整率所部兵北降"③等。刘元振接收刘整,也是来到泸州城与其会面。其时泸州治所迁至神臂城,故这一切都在泸州的神臂城内外发生。宋理宗淳祐三年(1243),四川制置使余玠创制山城防御体系,委派曹致大在泸州下游六十里的神臂山修筑新城,作为泸州治所。④ 这座新城被称为"神臂城"(又称"铁泸城",俗称"老泸州城"),有学者考订在今神臂城遗址内还

(接上页注)近方形,高93.2厘米、宽92.9厘米、厚14.6厘米。盖面减地平雕,四周出框,框宽10.5厘米、中心题盖部分高49.1厘米、宽49.2厘米,其上阴刻篆书四行、行四字:'大元怀远大将军成都经略使刘公墓铭';志文面阴刻隶书39行,满行39字,共计1418字。该志石边缘略有残损,四边阴线刻忍冬纹,线条舒卷流畅,为唐代早期墓志边饰所使用的唐草纹饰典型,其上又使用阴线刻十二开光,每边三个,开光中刻有十二生肖纹,线条较为粗糙,为唐代中晚期墓志常用纹饰。由此可知,刘元振墓志石是使用了一方唐代墓志作为石料,经过二次改刻而成。"

这方墓志铭是由王磐撰、廉希宪书丹,可谓出自名家之大手笔。处理刘整降附事件,是刘元振的传记、墓志铭中的核心事件,记载篇幅最多,两份材料的内容基本一致,同出一源,刘元振去世于至元十二年七月二十九日(公历1275年8月22日),同年十一月六日下葬,则墓志铭定成文于当年,这一年距离处理刘整叛乱仅过去十四年,是目前所知的记载刘整叛乱最早的史料。

① 《大元故奉议大夫耀州知州冯公墓志铭》(以下简称《冯时泰墓志铭》),收录西安碑林博物馆编,赵力光主编《西安碑林博物馆新藏墓志汇编》,北京:线装书局,2007年,第997—999页。冯时泰卒葬时间为元至元十八年(1281)二月十九日卒,二十四日葬,墓志铭文共33行,满行36字,楷书。志石长65厘米、宽59厘米,1981年入藏西安碑林博物馆。有关《冯时泰墓志铭》的专文研究可见:杜文:《元耀州知州〈冯时泰墓志铭〉考释》,《碑林集刊》第1辑,西安:陕西人民美术出版社,2005年,第65—69页;杨洁:《再读〈元耀州知州冯时泰墓志铭〉》,《碑林集刊》第16辑,西安:三秦出版社,2010年,第62—68页。

② 《钱塘遗事校笺考原》卷四《刘整北叛》,第122页。王瑞来注:"刘整北叛,'北叛',原倒作'叛北',据正文改。"

③ 《宋史》卷四五《理宗本纪五》,第877页。

④ 《宋史》卷四三《李宗本纪三》,第830页:"(淳祐四年)五月庚戌,余玠言:'利阆城大获山、蓬州城营山,渠州城大良平,嘉定旧治,泸州城神臂山,诸城工役,次第就绪。神臂山城成,知泸州曹致大厥功可嘉,乞推赏以励其余。'"

有所谓"刘整降元石像"。①

《宋史·理宗本纪》载刘整降附时间为"景定二年秋七月甲子",即蒙古中统二年(辛酉年)七月初四,公历为1261年8月1日。《元史·刘整传》载"中统二年夏",②《世祖本纪》载"(中统二年)六月庚申(三十日)"③,即1261年7月28日。④ 除此以外,其他文献均未载具体时间。具体时间虽有差别,仅相差4天。《冯时泰墓志铭》明确记载:"(中统)二年夏六月,宋泸州安抚使刘整遣使持书诣西台请降。""西台"指陕西四川行省(初称秦蜀行省)。⑤ 可见,中统二年六月是蒙古方面得到刘整要前来降附消息的时间。

---

① 陈世松:《老泸州城"刘整降元"石像考》,收入中国蒙古史学会编《中国蒙古史学会1983年年会暨学术讨论会论文集》(云南昆明,1983年),后发表在《四川文物》1984年第4期,又收入陈世松、喻亨仁、赵永康编著《宋元之际的泸州》(修订本)。文中引用民国时期的《泸县志》记载的老泸州城遗留的一处疑为"丑化刘整降元"的石像:"老泸城石壁上,旧有石像,不知凿于何时。一大人中坐,头椎结,二人旁侍,一人伏于,若叩前见者然。世传刘整降元后,泸人丑之,凿刻降元帝状于此。旧有记,今字皆漫漶不可复识。"如若陈世松先生的考订为实,则有人认为这"是为当今全国仅见的忽必烈摩崖造像"(见赵永康、贾雨田、肖大齐、吴鹏权《论"老泸州"故城遗址的保护和开发》,本文原载泸州市繁荣发展哲学社会科学协调小组办公室、泸州市社科联《重大成果专报》2008年第2期,总第16期,后收入陈世松等编著《宋元之际的泸州(修订本)》附录十三,第232—247页)。

② 《元史》卷一六一《刘整传》,第3786页。《元史》卷一二一《按竺迩传》:"(按竺迩之子)彻理袭职为元帅。丁巳(宪宗七年,1257年),从父攻泸州,降宋将刘整。"(第2985页)《元史》校勘记曰:"丁巳从父攻泸州降宋将刘整《蒙史》云:'按整本传及世祖纪,整以中统二年辛酉降,而云丁巳者必误也。'按竹迩与其子彻理于1257年进攻泸州之事,应该是当年与尚在仕宋之中的刘整等南宋将领和军队发生的一场战役。

③ 《元史》卷四《世祖本纪一》,第71页。

④ 《昭忠录》载为"景定辛酉六月,都统知泸州刘整以泸降"(佚名《昭忠录》"黄仲文(总统)、廉节(保义郎)",墨海金壶丛书本)。《通鉴续编》卷二三"景定二年"条载:"六月,知泸州刘整叛降于蒙古"。

⑤ 《元史》卷四《世祖本纪一》,第67页:"(中统元年八月)己酉,立秦蜀行中书省,以京兆等路宣抚使廉希宪为中书省右丞,行省事。"《元史》卷九一《百官志一》(第2306页):"陕西等处行中书省。中统元年,以商挺领秦蜀五路四川行省事。"《参政商文定公》引"墓碑":"遂改宣抚司为行中书省,进廉公为右丞,公为长官行中书省事。明年(中统二年,1261),进公参知政事。"(苏天爵辑撰,姚景安点校:《元朝名臣事略》,北京:中华书局,1996年,第221页)根据李治安、薛磊《中国行政区划通史·元代卷》(上海:复旦大学出版社,2017年)的研究梳理可知,中统元年是陕西四川行省设立之始,初名秦蜀行中书省,中统三年改为陕西四川行中书省,最高长官是中书右丞廉希宪和金省商挺,治所在京兆路,即今陕西西安。《冯时泰墓志铭》沿袭了古称行尚书省、行中书省为行台之例,加以地理方位,称其为"西台"。

一、力排众议:刘氏父子决定接收刘整降附

刘黑马的父亲刘伯林归降蒙古甚早,地位较高,受到重用。其后人刘黑马、刘元振均出仕,在大蒙古国中地位较高。刘黑马跟随几任大汗南征北战,尤在灭金战争中功勋卓著。后跟从宪宗蒙哥至六盘山,处理陕西川蜀军政事务:

> 丁巳(1257),入觐,请立成都以图全蜀,帝从之。成都既立,就命管领新旧军民小大诸务,赐号也可秃立。①

蒙哥征川蜀的先锋有刘元振、纽璘。刘元振是刘黑马的儿子,跟随其父驻守川蜀,《刘元振传》载:"宪宗伐宋,驻跸钓鱼山,以元振与纽璘为先锋。"②可见,刘黑马、刘元振父子很早就成为蒙古统治者的得力干将。③

《刘元振墓志铭》载:"中统改元,诏命忠惠公充成都经略使,公(刘元振)正受都总管万户,皆佩金虎符。"④"忠惠公"即刘黑马。⑤《刘元振传》载:"中统元年,世祖即位,廉希宪、商挺奏以为成都经略使总管万户。"⑥忽必烈于1260年三月在开平府即汗位,当时廉希宪为陕西宣抚使。四月,忽

---

① 《元史》卷一四九《刘黑马传》,第3517页。
② 《元史》卷一四九《刘元振传》,第3518页。
③ 《刘黑马墓志铭》载:刘黑马家族"本耶律德光之后。金朝改耶律为移刺,又改移刺为刘姓,失其家谱,难考其详"。可见,刘黑马及其祖先很可能是契丹人,李举纲认为,墓志中记载刘黑马为契丹皇族后裔可能是一种家族在特定历史阶段面临具体境遇的需求,以及诠释血统高贵的优越感与地位显赫的合理性(李举纲:《西安南郊新出土〈刘黑马墓志〉考述》,《考古与文物》2015年第4期)。柳煦《元代汉人世侯刘黑马家族研究》(暨南大学2020年硕士学位论文)在论述这个问题的时候查到了一份方志资料,即乾隆年间所刊《宣化府志》卷十八"职官"中见有"宣德路管军万户,刘黑马,契丹人,太宗时授"(台北:学生书局影印清乾隆八年修廿二年订补重刊本,1969年)。同时柳煦《元代汉人世侯刘黑马家族研究》一文对刘黑马家族作为契丹人的可能性进行了一系列推测研究。可见,刘黑马家族为契丹人的可能性是很大的,这从其后世在元朝的崇高地位也能够证明。不过在成吉思汗时代,契丹人已经被蒙古统治者视为广义的"汉人"之一种。
④ 《刘元振墓志铭》,第68页。
⑤ 《刘元振墓志铭》(第68页):"考讳巎,河北陕西等路都总管万户、成都路经略使,谥忠惠。"《元史》卷一四九《刘黑马传》(第3518页):"累赠太傅,封秦国公,谥忠惠。"
⑥ 《元史》卷一四九《刘元振传》,第3518页。

必烈任命八春、廉希宪和商挺为陕西四川等路宣抚使，赵良弼参议司事。五月，设立十路宣抚司，并任命廉希宪为京兆等路宣抚使，其中包含四川成都等路。八月，正式设立秦蜀行中书省，以京兆等路宣抚使廉希宪为中书省右丞，行省事。可知，刘黑马父子被任命为成都路经略使应当是在廉希宪、商挺宣抚陕西四川之后，因此时间最早在四月，最晚至八月。《世祖本纪一》"中统元年六月"中谓"诛乞带不花于东川，明里火者于西川"。《刘黑马传》载："中统元年，廉希宪、商挺宣抚川、陕，时密里火者握重兵，居成都，希宪与挺虑其为变，以黑马有胆智，使乘驿矫诏竟诛之。"《本纪》"明里火者"即《刘黑马传》中的"密里火者"（Malik Khwaja），是阿里不哥的支持者，忽必烈为清后患，暗命廉希宪、商挺伺机除之，廉希宪、商挺遂指使刘黑马在成都将其铲除。至少在中统元年六月，刘黑马父子二人应当接替了密里火者驻守成都。墓志铭均未明载二人最早进入川蜀的时间，只在《刘元振墓志铭》中记述了1258年，宪宗蒙哥驻跸钓鱼山，刘元振当时与纽璘一同"自泸江南渡，入为先锋，摧坚陷阵，所向克捷"，但在战后"会有旨，振旅乃还"，或许其返"还"的地方当是成都。总之，刘氏父子在跟随蒙古大汗进驻川蜀作战之后，就一直在川蜀一带活动，直至中统元年四月（或六月）至八月间，被任命为成都路经略使和都总管万户。

考察刘黑马父子任职时间，可以明晰刘整与刘氏父子的接触时间上限，即在中统元年四月至八月。因为只有在刘黑马父子任职成都路以后，才有可能驻扎在成都，刘整也才能赴成都求援的时候与刘氏父子接洽降元事宜。因此，《刘黑马墓志铭》将刘整归附之事置于中统元年刘黑马受命成都路经略使与中统二年十二月刘黑马去世之前，①符合正史所载刘整降附时间。那么，刘整是何时与刘氏父子接洽的呢？我们先来考察接洽的过程。《刘元

---

① 关于刘黑马去世的时间，《刘黑马墓志铭》记载："中统二年（1261）冬十二月二十一日以疾薨，享年六十有三。"《元史》卷一四九《刘黑马传》载："（中统）三年，命兼成都路军民经略使。……遂卒，年六十三。"墓志铭系当时人记当时事，且铭文所载去世时间非常详细，是撰文者骆天骧根据刘黑马夫人贾氏所提供的《刘黑马行状》所写，故应当以墓志铭为准，去世时间为"中统二年（1261）冬十二月二十一日"。此外，《墓志铭》载刘黑马担任成都路经略使的时间是"中统元年"，故《刘黑马传》所记载事迹在时间编排上出现了颠倒和错讹。

振墓志铭》在叙述完刘黑马、刘元振被任命为成都路经略使、都总管万户之后,紧接着就开始叙述刘整之事:

> 中统改元,诏命忠惠公充成都经略使,公正受都总管万户,皆佩金虎符。宋泸南安抚使刘整密遣人送款,将举泸南以降。①

墓志铭的叙事模式与《刘元振传》基本相同。可见,与刘整所派遣的使者接洽是刘氏父子刚刚上任、驻守成都以后遇到的第一件大事。《刘黑马墓志铭》对刘黑马获知泸州被围、刘整求救之事用美化的笔法一笔带过:"宋将赛存孝者,闻公之仁,引兵来归。"②墓志铭文均以传主事迹为核心,故将刘整降附归为刘黑马之"仁",刘黑马确实也在这件事上发挥了很大作用。③当时,刘黑马当即决定派遣刘元振去泸州与其接应,但是其麾下诸将提出质疑,《刘元振传》:

> 刘整无故而降,不可信也。④

《刘元振墓志铭》记载稍详:

> 刘整受宋厚恩,位安抚使,当颧面之托,非有朝夕之急,无故送款,何可轻信? 万一差池,悔无及矣。⑤

---

① 《刘元振墓志铭》,第68页。
② 《刘黑马墓志铭》,第26页。
③ 《刘黑马墓志铭》载刘黑马自从进入川蜀,对川蜀的治理和管控,效果显著,归附之人很多。刘整的降附就是在其任上最显赫的政绩之一,因此《刘黑马墓志铭》赞颂道:"公自入蜀,摩抚凋残,恩涵泽濡,阖境苏息,斯不亦勇者之仁乎? 关河响动,怀赴如归,宋将赛存孝者,闻公之仁,引兵来归。"(《刘黑马墓志铭》,第25页)就在泸州被俞兴率兵围攻的时候,刘黑马已重病在身,但仍"亲督转输不辍"(《刘黑马传》,第3518页),下属纷纷劝阻刘黑马,他说:"国事方急,以此死,无憾。"(《刘黑马传》,第3518页)
④ 《元史》卷一四九《刘元振传》,第3518页。
⑤ 《刘元振墓志铭》,第68页。

麾下诸将的反应实属正常。以常理揆之,如此事起突然,对尚处于敌对状态的蒙宋双方均令人难以置信。中统二年是多事之秋,一是南宋刚刚经历了蒙古发动的大规模南征,对其造成不小的创伤和震动,而蒙哥的突然去世,又是这次征宋战争的转折点,去世地点合州与刘整驻守的泸州并不遥远;二是忽必烈返回北方,甫于中统元年三月即位,开启与在漠北同时即位的阿里不哥争夺帝位的战争,大蒙古国内部局势动荡。忽必烈设立十路宣抚司,加强对北方汉地的控制,既要利用汉地的人力、物力和财力以供应战争需要,又要安排亲信文臣武将与支持阿里不哥的势力对抗。在这个关键时期,驻守南宋川蜀军事重地的刘整突然主动降附,着实令人难以置信。但是,刘元振却对刘整给予了足够的信任:

> 宋权臣当国,赏罚无章,有功者往往以计除之,是以将士离心;且整本非南人,而居泸南重地,事势与李全何异,整此举无可疑者。①

《刘元振墓志铭》记载与《刘元振传》基本相同:

> 公独曰:"诸君之虑过矣。宋朝权臣当国,赏罚无章,诸将有功者,畏其跋扈难制,往往以计除之。整本非江南人,为将粗有声名,今居泸南重地,事势正如李全、张惠。此其送款,无可疑者。"②

对比发现两份文献基本相同,仅个别字词稍有差异,应当具有渊源关系。刘元振列出的理由,一是认为南宋政局存在问题,即排挤有功之人,失去人心;二是作为不是南人的刘整,在南宋为将必然会不受重视,就像李全和张惠一样。李全为李璮父亲,其反宋降蒙的事迹广为人知。③ 而在《刘元

---

① 《元史》卷一四九《刘元振传》,第3518页。
② 《刘元振墓志铭》,第68页。
③ 《元史》卷二〇六《叛臣·李璮传》,第4591页:"太祖十六年(1221),全叛宋,举山东州郡归附,太师、国王孛鲁承制拜全山东淮南楚州行省,而以其兄福为副元帅。太宗三年(1231),全攻宋扬州,败死。璮遂袭为益都行省,仍得专制其地。"关于李全降蒙时间,《元史》校勘记曰:(转下页注)

振传》中被删掉的"张惠"，是金朝的张惠，即前文所提之"赛张飞"，①此人与李全的事迹有些类似，在前人研究李全事迹的时候多有涉及，但《刘元振墓志铭》中亦出现此人名字，至今尚未引起学界注意。《刘元振传》删去了"张惠"，而《刘元振墓志铭》予以保留。刘元振前往泸州与刘整接洽，刘黑马亦存有戒心，临行前劝诫：

> 刘整，宋之名将，泸乃蜀之冲要，今整遽以泸降，情伪不可知，汝无为一身虑，事成则为国家之利，不成则当效死，乃其分也。②

(接上页注)"太祖十六年，全叛宋，举山东州郡归附。殿本考证云：'按，传误。以是年宋安抚使张琳来降为李全事。全之降在元太祖二十一年围益都以后。'本书卷一一九木华黎传附孛鲁传与宋史卷四七七李全传确载李全之降在太祖二十二年四月，传作'十六年'，误。"《宋史》卷四七六《叛臣中·李全传（上）》和四七七《叛臣下·李全传（下）》是记载李全事迹最为详细的资料，其中记载李全叛宋降蒙过程的内容记载："(宝庆三年)时全在围一年，食牛马及人且尽，将自食其军。初军民数十万，至是余数千矣。四月辛亥，全欲归于大元，惧众异议，乃焚香南向再拜，欲自经，而使郑衍德、田四救之，曰：'譬如为衣，有身，愁无袖耶？今北归蒙古，未必非福。'全从之，乃约降大元。大元兵入青州，承制授全山东行省。"(第 13836 页)李全去世以后，其子李璮袭职继续在山东领兵镇守，虽表面上听命于蒙古，但暗地里与南宋贸易往来。中统元年，忽必烈与阿里不哥展开争夺帝位的战争，为稳住李璮，加封其为江淮大都督，时李璮已有反意，但尚起兵未动，直至中统三年才公开谋反。故在中统元年，远在川蜀的刘黑马父子尚还能够以李璮父亲李全降附蒙古的事迹来与刘整的降附之举进行对比。李全、李璮父子一生充满传奇色彩，父子两代人先后由金入宋、由宋入蒙，后来李璮又反蒙降宋，终被忽必烈平定。被《宋史》《元史》分别列入"叛臣列传"之中，这在中国历史上似乎是绝无仅有的。而刘整的经历亦是由金入宋又入蒙古(元)的过程，与李全父子极为相似，这也难怪世人能够将两人联系在一起。有关李全、李璮父子研究的重要成果有赵俪生：《宋金元之际山东、淮海地区中的红袄忠义军》，《文史哲》1954 年第 22 期；李春圃、何林陶：《关于李全的评价问题》，《历史教学》1955 年第 6 期；周良霄：《李璮之乱与元初政治》，《元史及北方民族史研究集刊》第四期，1980 年。较晚近的成果有姜锡东：《宋金蒙之际山东杨、李系红袄军领导人及其分化考论》，《中国史研究》2015 年第 1 期；曹文瀚：《红袄军李全集团成员构成研究》，《宋史研究论丛》2019 年第 2 期。

① "赛张飞"张惠，与李全均为山东义军领袖，早年归宋，后又降金。事迹可见《宋史》卷四〇三《贾涉传》："惠，金骁将，所谓'赛张飞'者，既归宋，金人杀其妻，所部花帽军，有纪律，它军不及也。惠率诸军出战，自辰至酉，金人大败，笞哥溺死，陷失太半，细军丧者几二千。"(第 12209 页)《宋史》卷四七六《李全传(上)》："惠号'赛张飞'，燕侠士也。"(第 13818 页)1226 年，张惠等人转而叛宋入金："(正大)三年十一月己巳，宋忠义军夏全自楚州来归，楚州王义深、张惠、范成进以城降，封四人为郡王。"(《金史》卷一七《哀宗本纪上》，第 378 页)李全也有离宋之心，但不久转投蒙古。《金史》卷一一四《白华传》载："盱眙、楚州，王义深、张惠、范成进相继以城降。诏改楚州为平淮府，以全为金源郡王、平淮府都总管，张惠临淄郡王，义深东平郡王，成进胶西郡王。"(第 2504 页)因此，张惠与李全均在宋、金、蒙古三方势力之间游走，故《刘元振墓志铭》中提到刘整在"泸南重地"的局势与李全、张惠有些相像。

② 《元史》卷一四九《刘元振传》，第 3518 页。

《刘元振墓志铭》中未载这段话,而这段话的前后内容行文,《刘元振传》和《刘元振墓志铭》的内容基本一致。如若单单少了这段话,可能隐含着以下几个内容:一是《刘元振墓志铭》作者有意删掉了这段话,但删掉的原因是否可能是对刘氏父子不利? 二是《刘元振传》晚于《刘元振墓志铭》,这段话系《刘元振传》后来补入。因为选择相信刘整并前往接收要冒很大的风险,故此为表彰传主刘氏父子的勇气和胆识,亦是凸显作为父亲的刘黑马对其子的关心和担忧;三是明初《元史》仓促成书,多数传记应当是抄录元代资料,似无可能在修刘元振这类人物传记时特别留心细节,这段话也可能是传记所据元代某底本资料中已有存在。以上均为推断,有待进一步考查。

二、刘整与刘元振在泸州共抗宋军

传、墓志铭对刘元振与刘整在泸州会合的场景记载详细。《刘元振墓志铭》:

> (刘元振)遂奉命率甲卒二千直抵泸州,遣使与整相闻。整即开壁出迎,交拜马前,握手道诚款,笑语如旧知。明日,整请燕从者于城中,公释戎服,与整联辔而入。燕酣,以白金六千两、男女五百人为献。公即以金分赐将士,一钱不入己;男女择取幼者四人,余悉各还其家。①

《刘元振传》:

> 元振至泸,整开门出迎,元振弃众而先下马,与整相见,示以不疑。明日,请入城,元振释戎服,从数骑,与整联辔而入,饮燕至醉,整心服焉。献金六千两、男女五百人,元振以金分赐将士,而归还其男女。②

---

① 《刘元振墓志铭》,第68页。
② 《元史》卷一四九《刘元振传》,第3518—3519页。

这两段文字内容基本一致,行文也大体相似。首先,《刘元振墓志铭》记载刘元振率领二千士兵赶赴泸州,而《刘元振传》未载。由于刘元振所率兵力过少,导致后来泸州被围的时候,城内兵力严重不足,刘元振不得不派人潜出城外,向成都传递消息请求支援。其次,综合这两段的记载可知,二人会见之后的当天,刘元振并未入城。第二天,刘元振带领部分将士入泸州城,参加刘整为其安排的宴会。在宴会期间酒至半酣之时,刘整献上了"白金六千两"和"男女五百人"。关于"男女五百人",《刘元振墓志铭》载刘元振择取了四人,其余遣还归家,《刘元振传》只笼统地说全部遣还。《刘元振传》之所以去掉"男女择取幼者四人"之语,或是为了尽可能完美地保留住刘元振的形象。刘元振入城与刘整会合之后,经过宴饮、贡物等环节,刘整已基本取得刘元振的信任,而刘元振的姿态也让刘整有了信心。就在这时,南宋方面开始围攻泸州城:

《刘元振传》曰:

> 宋泸州主帅俞兴,率兵围泸州,昼夜急攻,自正月至五月,城几陷。①

《刘元振墓志铭》曰:

> 宋制置使俞兴、都统制老水张者,将兵五万、战舰三千余艘围泸城,昼夜急攻,百道并进,自正月至五月,城几陷者屡矣。②

《刘元振传》所述内容与《刘元振墓志铭》基本一致,但经过简化,略去细节。例如,围攻泸州城的南宋将领只提及俞兴,略去"都统制老水张";围攻泸州城的军队数量、军种和规模,略去了"兵五万"和"战舰三千余艘";围

---

① 《元史》卷一四九《刘元振传》,第 3519 页。
② 《刘元振墓志铭》,第 68 页。

攻泸州城的进攻方式略去了"百道并进";更有甚者,泸州城在被围攻之下,"城几陷"的情况是"屡矣",但《传》将"屡矣"删掉。此外,部分内容还有所改动:率军围攻泸州城的南宋将领俞兴,《刘元振传》载为"泸州主帅",《刘元振墓志铭》载为"制置使"。俞兴被任命为制置使是在中统二年四月。①如果进攻泸州城的时间是中统元年正月至五月,则此时俞兴尚未担任"制置使",可能是"制置副使"。《宋史》载:"冬十月丁丑,以俞兴为四川制置副使、知嘉定府兼成都安抚副使。"②可见,俞兴在1260年之前为"知嘉定府"。当然,《刘元振墓志铭》的事后追述不一定十分严谨。所谓"老水张"指的是张桂,因他曾长期驻守四川老鼠隘,号称"老鼠张桂",后文详述。《宋史全文》载,中统二年六月戊申(十八日),南宋理宗说:"泸南刘整之变,宜急措置。"贾似道忙回复道:"昨日已即调遣,且趣吕文德、俞兴等任责讨之。"③可见,南宋朝廷正式下令讨伐刘整是在六月,实际上俞兴等人已在此之前就开始围攻泸州。④

俞兴和张桂对泸州城的围攻时间持续较长,《刘元振墓志铭》和《刘元振传》都记载为"自正月至五月",致使泸州城多次面临陷落的危险。根据前文所述刘整派人向成都求救的时间,是在中统元年四月至八月刘氏父子受任为成都路经略使之后,随后历经商议、赴泸州城、进城接洽、宴请等事,在这个时间之后泸州城开始被围攻。以此推之,所谓"自正月至五月"这个时间是在中统二年(1261)。在泸州城被围直至解围前后的情形,《刘元振墓志铭》载:

> 左右或劝公:"事势危迫,宜有变通,且刘整本非吾人,今与俱死,何

---

① 《宋史》卷四五《理宗本纪五》,第 877 页:"(中统元年)夏四月乙未,以……俞兴保康军承宣使、四川安抚制置使。"《宋史全文》"中统元年四月"未载俞兴任四川安抚制置使。

② 《宋史》卷四四《理宗本纪四》,第 863 页。

③ 《宋史全文》卷三六《宋理宗六》,第 2903 页。

④ 《宋史》卷四五《理宗本纪五》"中统二年七月"条记载:"秋七月甲子,蜀帅俞兴等奏守泸州刘整率所部兵北降,由兴构隙致变也。至是,兴移檄讨整。"(第 877 页)两份史料记载稍有差异,《宋史全文》为六月,《宋史》为七月。

益? 不若突围而去。"公曰:"人以诚款归我,我来应接,是已受其降矣,
岂可以小有艰阻,辄为改图?"食将尽,乃杀所乘马以犒将士,募善水者
赍蜡书索援兵于成都,主帅昔力觯令侍郎张威将兵三千赴援,夜举三烽
与城中相应。犁明,公与整分道而出,直冲宋壁,与援军内外合势,宋军
腹背受敌。斩老水张于阵前,俞兴遁还,自相蹈藉,弃甲山积,遂以刘整
迁泸州归。初,城围未解,公虑整手下将校艰危之际,或生反侧,乃擅造
金银符二十余,择有功者与之,僚佐谏止,以为不可,公曰:"春秋之义,
大夫出疆有可以利国家、安社稷者,则专之。若以为罪,吾自当之,必不
以累诸君也。"及此,自陈其事。朝廷嘉其知权,不以为罪,仍赐锦衣一
袭、黄金五十两、白金一千两,诸将赐与亦各有差。①

《刘元振传》载:

　　左右劝元振曰:"事势如此,宜思变通,整本非吾人,与俱死,无益
也。"元振曰:"人以诚归我,既受其降,岂可以急而弃之。且泸之得失,
关国家利害,吾有死而已。"食将尽,杀所乘马犒将士,募善游者赍蜡书
至成都求援,又权造金银牌,分赏有功。未几,援兵至,元振与整出城合
击兴兵,大败之,斩其都统一人,兴退走。捷闻,且自陈擅造金银牌罪,
帝嘉其通于权变,赐锦衣一袭、白金五百两。入朝,又赐黄金五十两、弓
矢、鞍辔。②

　　刘元振坚持与刘整一同坚守城池,不听从随从诸将撤退的意见。他所
说"泸之得失,关国家利害"不见《刘元振墓志铭》。《刘元振传》为凸显刘元
振的"政治觉悟",站在国家立场去考虑招降刘整。《刘整传》记载"俞兴攻
泸州,整出宝器分士卒,激使战,战数十合,败之",③此语均未见于《刘元振

----

①　《刘元振墓志铭》,第 68 页。
②　《元史》卷一四九《刘元振传》,第 3519 页。
③　《元史》卷一六一《刘整传》,第 3786 页。

墓志铭》和《刘元振传》。关于刘元振在围城期间擅造金银牌的事迹，《传》
有两点，一是未说明擅造金银牌符的目的，而《刘元振墓志铭》讲明了缘由，
是因为由于泸州城被围攻之际，很容易造成原本打算跟从刘整的将士又心
生悔意，于是制造了20余副金银牌，奖给有功之人以资鼓励和稳定人心；二
是事后蒙古统治者对刘元振的奖励，《刘元振传》称"锦衣一袭、白金五百
两。入朝，又赐黄金五十两、弓矢、鞍辔"，而《刘元振墓志铭》称"锦衣一袭、
黄金五十两、白金一千两"，无论是数额还是种类，都有所不同。"锦衣一
袭"记载相同。"黄金五十两"，数额一致，但赏赐时间不同，《刘元振传》载
为入朝以后，《刘元振墓志铭》未明言；至于"白金"，《刘元振传》载为"五百
两"，而《刘元振墓志铭》载为"一千两"，相差一倍，《刘元振墓志铭》还有一
句"诸将赐与亦各有差"，说明不仅仅对刘元振实行了赏赐，对其麾下部将也
进行了赏赐。那么，是否有可能《刘元振墓志铭》少记载的"五百两"白金是
分赐给麾下诸将的呢？

三、蒙古派军救援泸州

《刘元振墓志铭》中关于主帅昔力艴派军赴援一事，《元代刘黑马家族
墓发掘报告》整理者句读为："主帅昔力艴令、侍郎张威、将兵三千赴援。"①
句读有误，应该是"主帅昔力艴令侍郎张威将兵三千赴援。"按，"昔力艴"即
为《元史》中的"失里答"。失里答其人，学界尚未有人予以关注。中统二年
冬十月，"宋兵攻泸州，刘整击败之。诏赏整银五千两、币帛二千匹。失里
答、刘元振守御有功，各赏银五百两，将士银万两、币帛千匹"。②《世祖本
纪》将泸州解围的时间置于十月份，据《冯时泰墓志铭》则最迟在七、八月
份，成都主将失里答派出的援兵就已到达泸州，与城内的刘整、刘元振里应
外合击败宋军，解围泸州城。失里答在此后不久就已去世。③ 援兵将领张

①　陕西省考古研究院编著：《元代刘黑马家族墓发掘报告》，北京：文物出版社，2018
年，第68页。
②　《元史》卷四《世祖本纪一》，第75页。
③　《元史》卷一三二《探马赤传》（第3211页）："昔力答死，行院帖赤以探马赤为万户，
领其军。"

威原本也是南宋降将："（宪宗八年）十二月壬午，都元帅纽璘攻简州，以宋降将张威率众为先锋。"①张威驻守成都，受失里答、纽璘等管辖，如中统元年五月，"诏谕成都路侍郎张威安抚元、忠、绵、资、邛、彭等州"。②

《刘元振墓志铭》所传递的信息要多于《刘元振传》，最关键的是在谈到刘整与刘元振向外求救和成都主帅昔力解（失里答）派兵救援之事，这就需要利用另一通墓志铭资料来对此事予以考订，即《冯时泰墓志铭》：

> 中统元年，用陕西等路宣抚司荐，钦受宣命，充规措军储转运副使……（中统）二年夏六月，宋泸州安抚使刘整遣使持书诣西台请降，章上未报，行省商公议欲先人尝其信否，就为抚谕，而难其选。参佐赵公以公才干，乃举应之。同列以远方重地惜其行，公曰：国之大事，愿请一往，虽死无恨。秋七月至成都，宋俞兴围泸甚急，整遣使从间道来求援，主将谩不之省，方饮酒为娱，公适在坐，为之明陈利害，廊宣忠义，遂欲与整使俱行。于是主将惶惧，即日以兵南下。八月，公至神臂山，围已释矣。③

中统元年（1260），冯时泰经陕西等路宣抚司的推荐，担任"规措军储转运副使"，是在陕西、四川一带负责转运军队粮草储备的官员。冯时泰受到参佐赵公（即赵良弼）举荐，得以受此重任参与宣谕处置刘整降附之事。④冯时泰圆满完成善后处理以后，赵良弼也因知人善任而受到奖赏。⑤冯时泰赴泸州之事不见于其他文献。七月，冯时泰从关中来到成都，却看到成都的主将对此毫不关心，还饮酒为乐。冯时泰向其陈说利害，还要与刘整所派

---

① 《元史》卷三《宪宗本纪》，第 52 页。宪宗八年十二月戊午，公元纪年为 1259 年 1 月 2 日。

② 《元史》卷四《世祖本纪一》，第 66 页。

③ 《冯时泰墓志铭》，第 998 页。

④ 赵良弼，本为女真人，《元史》卷一五九有传（第 2744 页）："（世祖忽必烈）既即位，立陕西四川宣抚司，复以廉希宪、商挺为使、副，良弼为参议。"赵良弼跟从廉希宪、商挺宣抚陕西四川以后，立即与刘黑马等人一同除掉了乞台不花和迷立火者（《刘黑马传》写作"密里火者"）。

⑤ 《冯时泰墓志铭》："行喜，劳之甚厚，亦赏赵公为知人。"

来的使者一同返回泸州救援。经过劝说,终于促使成都统帅昔力艴(失里
答)派遣将领张威作为援兵赴泸解围。

《宋史·理宗本纪》在"中统二年秋七月甲子"记载:"蜀帅俞兴奏守泸
州刘整率所部兵北降,由兴构隙致变也。至是,兴移檄讨整。"①可见,南宋
方面是在中统二年七月才收到俞兴上报的消息。《冯时泰墓志铭》称刘整遣
使向西台请降的时间是"中统二年夏六月",后面称在"秋七月"冯时泰到达
成都的时候,正是俞兴围攻泸州最危急关头。恰在此时,被围困在泸州城内
的刘整和刘元振"募善游者赍蜡书至成都求援",成都主将昔力艴(失里
答)派兵赴泸州救援。前述俞兴围攻泸州自"正月至五月"是在中统二年,
围困时间已将近半年。等到八月份冯时泰到达泸州神臂山的时候,先期到
达泸州城的成都援兵已经与泸州城内的守军在刘整和刘元振的带领下里应
外合,打败南宋军队,泸州城解围。刘整派人与蒙古及时取得联系是一个非
常明智的举动,这样他会获得与蒙古约定共同行动、内外夹攻的机会,从而
既能够让自己全身而退,还可借此攻占川蜀尤其是泸州等地部分州县作为
"见面礼",以表达投附诚意。

在这里涉及一件刘整在泸州现场的事情,诸文献虽详略有别,但大体不
出《钱塘遗事》所载:

> 北军压境,整集官吏喻以故曰:"为南者立东庑,为北者立西庑。"官
> 吏皆西立,惟户曹东立,杀之,与西立者二十八人归北。②

刘整把麾下官吏召集到大堂之内,让大家自行选择站在"东庑"和"西
庑",前者是"为南"即不接受降蒙,后者是"为北"即接受降蒙。结果,只有
户曹一人站到东庑,其他二十八人均跟从降蒙,于是户曹被杀。这个故事发
生的背景是"北军压境"。刘整在中统元年决定降附蒙古时,起初并未有南

① 《宋史》卷四五《理宗本四五》,第877页。
② 《钱塘遗事校笺考原》卷四《刘整北叛》,第122页。

宋军队进攻,蒙古方面也尚不知情,因此不可能发生在刚刚决定降附的时候。而南宋文献中往往称蒙古军为"北军",因此出现"北军压境"情形的时间只可能是中统二年七月至八月,也就是蒙古援军来到泸州城下之时。此时,刘整与刘元振应当做好了背水一战、孤注一掷的准备,整合纠集城内的军队杀出重围,最终取得成功。

《昭忠录》中提及"乞纽怜济师",①即刘整向"纽怜"寻求援兵,此"纽怜"即蒙古将领纽璘。《刘元振墓志铭》未提及"纽璘",只提到成都统帅昔力觯(失里答)。而与《昭忠录》相合的记载见于《元史·纽璘传》:中统元年(1260),忽必烈即汗位的时候,纽璘入朝接受赏赐。随后,纽璘"遣梁载立招降黎、雅、雕门、严州、偏林关诸蛮,得汉、番二万余户。未几,诏速哥分西川兵及陕西诸军属纽璘,镇秦、巩、唐兀之地"。② 这是《纽璘传》记载的纽璘在中统初年事迹,随后本《传》曰:"三年,宋将刘整以泸州降,吕文焕围之,诏以兵往援,文焕败走,遂徙泸州民于成都、潼川。"③这段记载存在明显谬误,首先是时间错误,"中统三年"应为"二年";其次是围剿刘整的南宋统帅错误,应当是吕文德而非吕文焕。不过,将刘整降附之后所带出来的泸州民户迁徙于成都、潼川之举,则是纽璘所为。中统二年八月刘整刘元振击退南宋军,但到了当年年底吕文德才把"收复泸州"的消息上报南宋朝廷,④因此在中统二年八月至年底这段时间,泸州是被刘整及蒙古方面所控制的。而在中统三年的时候,由纽璘等蒙古将领负责将泸州民户迁徙至成都、潼川等地予以安置。《刘恩传》记载了刘恩受命去招谕刘整:"宋刘整将兵守泸州,中统三年都元帅纽璘遣恩谕整降,以功易赐金符。"⑤这段记载是刘恩个人传记,所谓"中统三年"纽璘派遣刘恩赴泸州招谕刘整投降,其中"诏谕投

---

① 《昭忠录》"张桂(都统)、金文德(都统)"条。有关《昭忠录》的内容详见后文。
② 《元史》卷一二九《纽璘传》,第3145页。卷一三一《速哥传》(第3182页)载:"中统二年,赐银符,命隶纽璘军。"
③ 《元史》卷一二九《纽璘传》,第3145页。
④ 《宋史》卷四五《理宗本纪五》,第878页:"(中统二年)冬十月癸巳,吕文德言已复泸州外堡,拟对江垒石为城,以示持久之计,从之。"第880页:"(中统三年)春正月……复泸州,改为江安军,吕文德进开府仪同三司。"
⑤ 《元史》卷一六六《刘恩传》,第3896页。

降"显然不准确。从《刘恩传》可知,刘恩原为"洺之洺水人,后徙威州",洺水、威州均属河北,可见刘恩原本就是金统治区的北方人,其父亲刘辛归附蒙古,开始为蒙古效命,后跟随军队进入川蜀行军作战。中统年间,刘恩作为纽璘的部下,三年受命赴泸州之事,应当是刘整降附之后,纽璘与刘整取得联系往来沟通等事,而刘恩充当了使者,故此举受到了嘉奖。

如此,就符合了这条史料所叙述的史实,即在中统三年纽璘处置了刘整所带离的泸州民户,所谓"宋将刘整以泸州降,吕文焕围之,诏以兵往援,文焕败走,遂徙泸州民于成都、潼川"一段话所描述的是中统二年至三年期间的史事,采用了模糊处理的办法。这里面涉及的一个问题,就是《元史·纽璘传》与《昭忠录》所记载的救援泸州的蒙古将领是纽璘,而《刘元振墓志铭》所记载的是成都主将昔力觕(失里答)。前者未提及失里答,后者未提及纽璘,而《冯时泰墓志铭》则未提主将姓名,只说"主将谩之不省,方饮酒为娱",之后经过冯时泰的陈说利害,方才派兵南下。由此可知,《昭忠录》与《纽璘传》的史源似乎有所关联,但由于《刘元振墓志铭》为至元年间撰制,可信度极高,因此仍应以《墓志铭》为准。

此外,《纽璘传》还记载有另外一件耐人寻味的事情:"(中统)四年,(纽璘)为刘整所潜,征至上都,验问无状,诏释之。还至昌平,卒。"①刘整刚刚投附蒙古就诬告纽璘,诬告的具体内容不可知,为此纽璘还被忽必烈召回上都审问。《纽璘传》是为表现纽璘的"品德",即这样一个逻辑:纽璘在刘整降附蒙古并遭受南宋围攻之际,率军救援并击退宋军,救了刘整,还帮助其把泸州民户妥善安置。但是刘整恩将仇报,诬告纽璘。《传》文均有美化传主的倾向,这一点虽属正常,但如果我们把《冯时泰墓志铭》中那位"谩之不省,方饮酒为娱"的成都主将联系起来思考的话,刘整在投降以后立即诬告陷害纽璘这件事就有了合理性。我们暂时可作这样的一个假设:刘整在泸州被围困的艰难时刻,派人向成都主将求救,但是成都主将起初是不相信的,这一点在刘黑马、刘元振父子的相关记载中已非常清楚,而且救援也持

---

① 《元史》卷一二九《纽璘传》,第 3145 页。

不积极、不关心的态度,虽然最终派出了援兵,但是事后刘整通过某种途径得知了当时的情况,因此怀恨在心,遂诬告陷害以图报复。如果这个逻辑被证实,那么当时负责这件事的成都主将就是纽璘,或者当时失里答、纽璘均在成都,与冯时泰等人一同商议此事。至于成都主将"谩之不省,方饮酒为娱"的原因,则很可能源于1258年宋蒙云顶山之战。当时纽璘和刘整各为其主,二人在战争中互有胜负,是作为敌对的将领发生交集,而两年之后的1261年,刘整却要向其昔日的对手求救,纽璘作出"谩之不省"的姿态就很合理了。

那么,所有关于刘整反宋降蒙的各个时间节点的问题就都得以合理解释,综述如下。

刘整在中统元年八月以前决定投附蒙古以后,首先派人向成都的蒙古方面求救,刘氏父子决定去泸州招降,中统元年下半年来到泸州城,却在中统二年正月开始遭到南宋俞兴等率军围困直至五月,刘整与刘元振派人拿着蜡书渡水偷出泸州城去成都求救,同时又派人到陕西四川行省驻地①求救,陕西四川行省商挺等人派遣冯时泰于七月份到达成都,主将昔力艀(失里答)决定出兵救援。八月份,冯时泰到达神臂山,泸州城已解围。因此,以《宋史》《元史》为主的各类文献均写作"中统二年"("景定二年")六月至七月间,实际上这是刘整派遣使者持书信赴成都或陕西行省求救的时间,也就是说只有在这个时候,蒙古方面才知道刘整在泸州起事,准备请降。

---

① 陕西四川行省收到刘整请降的消息,有两种可能:一是刘整既派遣使者来到成都求救,又同时派使者去陕西行省求救,二是刘整只派遣使者到了成都,成都方面又派遣使者赴陕西行省上报。此外,求救使者可能去的是陕西四川行省驻地京兆路(今陕西西安),也有可能只到了利州东路兴元府(今陕西汉中)。《冯时泰墓志铭》中有"比还长安,须发尽白"一语,讲到冯时泰去泸州处理刘整降附之事,之后返回长安,而最初冯时泰是受到陕西四川行省商挺、赵良弼等的指派和推荐,才先赴成都,后至泸州。因此,通过"还"字可推测冯时泰很可能当初就是从京兆路(长安)出发的。此外,《冯时泰墓志铭》中记载的"二年夏六月,宋泸州安抚使刘整遣使持书诣西台请降"一语说明"西台"(初名秦蜀行省,后改陕西四川行中书省)是通过刘整所派遣的使者持书前来才得知此事,后边又称冯时泰"秋七月至成都,宋俞兴围泸甚急,整遣使从间道来求援",由于成都主将漠不关心,不想出兵,冯时泰对其晓以利害以后,"遂欲与整使俱行"离开成都,可见刘整所派遣的使者既有到达成都的,也有到达"西台"(实为"陕西四川行中书省")的。

四、善后处置

中统二年八月，泸州城解围。《刘元振墓志铭》只略记为"遂以刘整迁泸州归"。①《冯时泰墓志铭》记载稍详：

> 公径入泸城，示以不疑，宣言圣上宽仁、宰辅贤良，效顺投明乃其时也。整其吏民军士喜而罗拜，但恨归命之晚耳。将归，整令僚吏索良家子女赆公，公为书责之，意谓保城而降，本欲安民，今反夺人童稚以代公等馈赐之勤，是诚何心哉！翌日，签厅官四十三人，皆进士老儒，感公之义伏拜庭下，以谢不敏，公惟留诗一钜轴而已。比还长安，须发尽白。行喜，劳之甚厚，亦赏赵公为知人。②

冯时泰进入泸州城以后，迅速采取宣谕、抚慰等一系列工作，《冯时泰墓志铭》所说城内吏民军士均"喜而罗拜，但恨归命之晚耳"显然是溢美之词。不过，冯时泰廉洁奉公，坚决不收取刘整为其奉献的"良家子女"，厚待了受降的"进士老儒"。蒙古在与金朝、南宋作战攻城略地、俘掠人口的时候，经常导致儒士颠沛流离，但是仕蒙的儒家士人官员往往非常注意保护这些儒士，给其衣食物资，以维系儒家文化的续统。

作为直接处置此事的陕西四川行省官员商挺，在善后处置方面采取了一些稳定人心、稳固统治的有利举措。首先处理刘整所带来的降人："宋泸州将刘整囚我降人数百，乃来归，将谕诛之，公尽释囚之。"③亦见《元史·商挺传》："宋将刘整以泸州降，系前降宋者数百人来归，军吏请诛以戒，挺尽奏而释之。"④刘整降蒙的时候，带来了这一批"系前降宋者"数百人，这些人应当是原本归属蒙古，后投降南宋，这次又被刘整带回蒙古。在时任陕西四川

---

① 《刘元振墓志铭》，第68页。
② 《冯时泰墓志铭》，第998页。
③ 《元朝名臣事略》，第221页。
④ 《元史》卷一五九《商挺传》，第3740页。

行省右丞的廉希宪事迹书写中,亦有与此相关的记载。《平章廉文正公》引"清河元公撰神道碑":"泸州降将刘整囚我叛人数百,军吏请诛以戒,王曰:'力屈而降,岂其心哉!'奏而免之。道整入觐,手书宰臣,使整有所观感,恩浃其心,当得死力。"①同一件事,在商挺和廉希宪的个人传记中,均将其功劳归于传主(商挺"墓碑",廉希宪"神道碑"),当时廉希宪与商挺同署陕西四川行省事,应当共同处理刘整降附之事。墓碑与神道碑为凸显传主,将业绩归于己,是当时撰写名人传记的文人典型"曲笔"和"谀墓"现象。②

　　刘元振成功地处理了这件当时震动宋蒙双方朝野的大事,成为一生最大的功绩,忽必烈对其赏赐有加。泸州解围的时间是中统二年八月,结束之后刘元振"遂以刘整迁泸州归",③即刘整跟从刘元振返回成都或京兆复命。由于刘黑马在此之前已身患重病,中统二年十二月去世。刘元振在八月之后应当迅速返回了成都,以照看病榻中的父亲。刘黑马去世后,刘元振"居丧哀毁",后被起复袭职任成都经略使。④《刘元振墓志铭》末尾骈语中有三分之一的篇幅都在总结和赞颂刘元振处理此事的功勋:

　　　　敌将危疑,送款来归。众议盈庭,莫决是非。公心昭晰,照物明彻。一语既开,群言皆折。群言皆折,泸南遂平。拓土千里,奄有蛮荆。⑤

　　可见这件事对刘元振个人的影响非常深远。一方面说明刘元振成功处理此事对于个人、国家均有重要意义,另一方面也说明这件事本身就是一个不容易处理的事情,其中有很多不确定性和危险因素。以刘氏父子为代表的主张接收的官员要冒着失败的风险,失败不仅仅意味着丢官受罚,还可能会赔上性命。刘黑马家族有许多人都在川蜀长期戍守,为元朝进一步占据

---

①　《元朝名臣事略》,第 132 页。
②　陈波:《〈元史〉订补二题——兼及元人碑传的谀墓与曲笔》,南京大学元史研究室/民族与边疆研究中心主办:《元史及民族与边疆研究集刊》(第二十七辑),上海:上海古籍出版社,2014 年。
③　《刘元振墓志铭》,第 68 页。
④　《元史》卷一四九《刘元振传》载为"成都军民经略使",第 3519 页。
⑤　《刘元振墓志铭》,第 68 页。

川蜀、稳定局势做出显著的贡献。刘元振的弟弟刘元礼后来成为潼川路副都元帅,另一个弟弟刘元济担任成都路总管,即"昆弟三人参攒四川,共掌军民之政,荣耀冠一时"。① 至元十一年(1274,南宋咸淳十年),刘元振又兼任潼川南路招讨副使,②第二年在成都因病去世,享年 51 岁。关于刘氏兄弟与刘整在川蜀的继续驻守,下一章详述。

刘整降附之后由纽璘负责接收:"仍谕都元帅纽璘等使存恤其民。"③《世祖本纪》又载:"八月甲寅,命刘整招怀夔府、嘉定等处民户……仍檄宋边将还北人之留南者。"④刘整所率领的泸州军民已基本摆脱南宋包围,控制住了局面,从而开始下一步工作。他受命招抚原四川统治区的民户,同时蒙古也在以官方身份向南宋边将发布檄文,要求把留在南宋统治区的"北人"还回来。同年冬十月辛卯,陕西四川行省上言:"军务急速,若待奏报,恐失事机。"于是朝廷下诏命陕西四川行省"与都元帅纽璘会议行之"。⑤ 直至同年十月,蒙古对在接收和救援刘整的诸将进行论功行赏:"诏赏整银五千两、币帛二千匹。失里答、刘元振守御有功,各赏银五百两,将士银万两、币帛千匹。"⑥

此外,《元史·刘整传》称刘整"累迁潼川十五军州安抚使,知泸州军州事""籍泸州十五郡、户三十万入附",所谓"十五军州"或"十五郡"的来历,源自两宋时期泸州地区的建置变迁。在《刘元振墓志铭》中还有"泸南安抚使刘整""今居泸南重地"等称呼,《宋史全文》中亦有"泸南刘整之变",所谓"泸南"的说法源自北宋。宋神宗为了提高泸州的地位,在泸州设置了泸南安抚司,统一管理泸州、叙州、长宁军三郡沿边少数民族地区的事务。泸南安抚司初置于北宋元丰三年(1080)。后经多次撤并增置,至北宋宣和二年(1120),泸州守臣的职名全称是"潼川府(梓州更名)、夔州

① 《刘元振墓志铭》,第 68 页。
② 《刘元振墓志铭》,第 68 页。
③ 《元史》卷四《世祖本纪一》,第 71 页。
④ 《元史》卷四《世祖本纪一》,第 74 页。
⑤ 《元史》卷四《世祖本纪一》,第 75 页。
⑥ 《元史》卷四《世祖本纪一》,第 75 页。

兵马都钤辖、泸南沿边兵马都钤辖、泸南沿边安抚使"。泸州守臣兼任潼川府路安抚使，这是自元丰年间创置泸南沿边安抚司和政和年间泸州守臣兼带梓、夔路兵马都钤辖以来的必然结果，是泸州建置史上具有决定意义的转折。南宋乾道六年（1170），泸州守臣梁玠升任为第一任潼川府路安抚使，自此泸州管"领剑东（剑南东川，即梓州、潼川府路）一道十五州，权任益重"，这十五郡（或称十五军州）指的是梓州（今三台县潼川镇）、遂州（今遂宁市）、果州（今南充市北）、资州（今资中县重龙镇）、荣州（今荣县城关镇）、昌州（今大足县龙岗镇）、普州（今安岳县岳阳镇）、渠州（今渠县渠江镇）、合州（今重庆市合川）、叙州（今宜宾市）、泸州（今泸州市）、怀安军（今金堂县淮口镇）、广安军（今广安县浓洄镇）、富顺监（今富顺县富世镇）、长宁军（今长宁县长宁镇）。① 这十五军州有一部分在刘整降蒙之前有较大变动，有的因为蒙古进攻而迁治，如梓州（移治长宁山，宝祐六年失守）、遂州（端平三年移治蓬溪寨）、合州（淳祐三年移治钓鱼山）、渠州（宝祐三年迁治礼义城）；有的在此之前已归属蒙古，例如果州（宝祐六年失守）、资州（淳祐三年失守）、普州（淳祐元年失守，三年据险复治，宝祐以后废）、荣州（端平三年择地侨治，宝祐以后废）、怀安军（宝祐六年失守）、广安军（宝祐末年失守）。因此当刘整降蒙之时，所谓"籍泸州十五郡、户三十万入赴"的说法只是因其官职所在而作的笼统叙述，实际上泸州安抚使所管辖地域已经远远不到十五郡。

对刘整归降的成功处置，实为有利于蒙古的大好事。一方面使得忽必烈在与阿里不哥争夺帝位的斗争中，赢得更多汉地的人力、物力、财力支持；另一方面，在宋元对峙格局中，为忽必烈下一步的平宋方略提供了有利条件，宋蒙在川蜀地区形成对峙局势，南宋无法再对蒙古采取更多更大规模的军事行动，使得忽必烈能够得以一心对付漠北战事。刘整在泸州解围以后，"复遣使以宋所赐金字牙符及佩印入献，请益屯兵、厚储积为图宋计"。② 于

---

① 陈世松、喻亨仁、赵永康编著：《宋元之际的泸州》（修订版），第7—11页。
② 《元史》卷一六一《刘整传》，第3786页。

是,刘整在蒙古(元朝)开启了新的军旅生涯。

第二节　朝野震动:南宋方面对刘整降蒙的应对

　　刘整降附蒙古,对于南宋朝廷和川蜀地方来说,不啻为一次沉重打击,可谓是朝野震动。南宋最初得知消息,是由四川制置使俞兴向朝廷上报,同时发布檄文"讨整",不过这是景定二年(1261)六月的事情。实际上在此之前,至少俞兴已经率军围攻泸州,力图控制局面。本节重点讨论南宋对刘整降蒙的应对过程。其中,有俞兴、张桂、金文德、王达等领军将领奔赴现场,直接参与对刘整的军事打击和围攻,还有一些文臣官吏受到刘整的胁迫。

　　在这个过程中,有相当一部分文臣武将宁可战败被杀或主动选择自杀,也绝不跟从刘整反宋。拒绝投降且以死抗争的"忠义之士",被史家写进了标榜和宣扬忠义的史书中。南宋遗民所撰《昭忠录》收集、描述了在宋金、宋元战争中的"忠臣""义士",清代四库馆臣对这部文献的评价曰:

　　　　所记皆南宋末年忠节事迹,故以昭忠名篇。自绍定辛卯元兵克马岭堡总管田璲等死节,迄于国亡殉义之陆秀夫、文天祥、谢枋得等,凡一百三十人,详其词义,盖宋遗民入元者之所作也。每条先列姓名、官爵于前,而纪其死难事实于后,其文间有详略,而大都确实可据。……此本乃旧传抄帙,文字亦间有讹脱,而大略尚可考见。谨著之于录,庶一代忠臣义士未发之幽潜复得以彰显于世,且俾读宋史者亦可藉以考见其疏略焉。①

---

① 佚名:《昭忠录》卷首附"钦定四库全书提要",墨海金壶丛书本。

这部由人元以后的南宋遗民所作的专题文献,收录了一些与刘整降附有关的人物,如黄仲文、廉节、许彪孙(祖)、张桂、金文德等,他们均因奉行忠义、抵抗到底,坚决不与刘整合作而被杀或自杀。通过这些人物事迹,我们能够从另一个侧面对刘整反宋降蒙的过程获得进一步认识,尤其有助于对细节的认识和梳理。本节的论述展示了在王朝更迭浪潮中,身处其中的南宋文臣武将在面临重大变故之时是如何作出抉择的。

一、俞兴率军围攻泸州城失败

据前述,刘元振进入泸州城以后,以制置使俞兴、都统制老水张为首的南宋军队将泸州城包围,实施长达半年的围攻。"制置使俞兴"即时任四川制置使的俞兴。都统制老水张,全名张桂,外号"老鼠张桂",或许因发音讹为"老水张桂""老水张",张桂在此次围攻泸州的战役中阵亡,关于此人尚未引起学界关注。其时,成都方面的蒙古统帅失里答派出以张威为首领的援军,于中统二年八月之前到达泸州城,刘整和刘元振在城内与在城外的张威里应外合,共同夹击围攻泸州城的宋军,最终攻破宋军,"斩老水张于阵前",①俞兴率残军逃跑,自此泸州解围。张桂是如何阵亡的,《刘元振墓志铭》未有详载,《宋史·忠义传》中保留一条史料:

> 整既降,遂引兵袭都统张桂营,桂及统制金文德战死。纳溪曹赣合门死之。②

《刘克庄集笺校》的笺校者在"张桂"条"笺注"中引用了这条材料,但将其句读改为:"整既降,遂引兵袭都统张桂营,桂及统制金文德战死纳溪。曹赣阁门死之。"③笺校者认为张桂与金文德在纳溪(今四川泸州纳溪区)战死,而非《宋史》点校者所理解的"曹赣"是纳溪人,但笺校者未在笺注文中

---

① 《刘元振墓志铭》,第68页。
② 《宋史》卷四四九《忠义四·许彪孙》,第13241页。
③ 刘克庄:《刘克庄集笺校》卷六七《外制》,辛更儒笺校,北京:中华书局,2011年,第3144页。

作出任何改动说明。关于纳溪,《宋史》载:"南渡后,增县一:纳溪。皇祐三年(1051),纳溪口置砦。绍定五年(1232),升为县。"①纳溪,为今泸州市纳溪区,北宋时期置纳溪寨,南宋时期设置纳溪县。根据《刘元振墓志铭》记载,张桂是与俞兴一同围攻泸州城,在刘整和刘元振得到成都派来的援兵之后,与援兵里应外合杀出泸州城,击败宋军,所以张桂阵亡的现场应当是在泸州城外,而不是纳溪。南宋朝廷对同时战死的另一位将领金文德封赠的诏令中有"环高城而攻,忠存讨逆;凿凶门而出,义不求生"②之语,从中可知金文德也是与张桂一同进攻了泸州城。因此,张桂和金文德都是在泸州城外阵亡,而非在纳溪,故应当是"纳溪曹赣阖门死之"为是。③ 曹赣的全家被杀,具体情况不明。纳溪当时为泸州下辖一县,但这句话只能表明曹赣为纳溪人,不能说明曹赣是在泸州城内还是在纳溪县全家被杀。由于当时南宋的镇压和刘整的突围主要发生在泸州神臂城内,因此曹赣应当也是在城内或城外附近被杀。

《昭忠录》记载稍详:

> 制置俞兴、都统张桂、金文德等收复兵逼城,整出兵江山,大战败走,逐北至城门,仅得入,气息垂绝。兴弗知,不能乘胜夺门,乃以日暮收兵。明日整乘城拒守,乞纽怜济师乘。④ 兴复围城,城中势甚穷促,而元兵来援。八月摘围城兵。命都统屯达晨往迎敌。逮午,复摘东门。围城卒往助,易他卒补缺。更替未定间,整登城见而悟,亟命勇士从暗门突东围,始惟百十卒,继乃大至,冲兴师大溃,兴得小舟奔南岸黄市,还重庆。达闻败亦遁,附马尾渡江,士卒拥溺者十八九,流尸蔽江而下。惟桂、文德力战不敌,死之。桂尝守老鼠隘,军中号曰"老鼠张桂",誓取整。一日,整令呼曰:"吾今日放猫捕矣。"桂以气吞整不戒,果遇害。事

---

① 《宋史》卷八九《地理志五》,第2218页。
② 《刘克庄集笺校》卷六七《外制》,第3144页。
③ 《(嘉庆)大清一统志》卷四一二(四部丛刊续编景旧钞本)"人物"载:"曹赣,纳谿人。刘整降于元,赣合门死之。"可见,后出文献都以曹赣为纳溪人。
④ "师乘"不可解,疑多一"乘"字。

闻,赠桂容州观察使,文德复州团练使。①

　　《宋史》和《昭忠录》的这两段内容恰好互补。刘整在击破围城的南宋军队以后,主动向张桂军营发动袭击。战斗发生之后,张桂与金文德一同战死,因此《昭忠录》将二人的事迹一同作了记述。老鼠隘是由都统张桂来驻守,故被称为"老鼠张桂"。② 但尚不知张桂驻守老鼠隘的时间,张桂奉命镇压刘整阵亡,此时他还被称作老水张、老鼠张桂,作为四川制置使的俞兴将正在戍守老鼠隘的张桂调遣至泸州。南宋朝廷封赠张桂为容州观察使,③通过刘克庄文集的记载,可知张桂阵亡之前的官职是"金州驻扎御前诸军都统制兼知叙州",故《刘元振墓志铭》中简称其为"都统制老水张"。金州(今陕西安康)归属利州路,但在宝祐六年(1258)之前,金州已为蒙古占据,④故张桂不可能在金州驻扎,因张桂还"兼知叙州",故应在叙州(四川宜宾)驻扎,那么张桂所驻扎的老鼠隘应当也在叙州境内。叙州隶属于潼川府路,刘整此时为潼川安抚使(或安抚副使),因此张桂是其下属,在军事上需听其调遣。叙州位于泸州上游,直线距离不足一百公里,调遣张桂赴泸州围城甚为便利。

―――――――――――

　　① 《昭忠录》"张桂(都统)、金文德(都统)"条。赵景良《忠义集》卷三有张桂、金文德事迹,文首收录有刘麟瑞《昭忠逸咏》诗曰:"已献金汤又返锋,师奔山市甲犹衰。鼠曾守隘机潜伏,猿欲投林计已穷。祭虆有灵嗟二将,死绥无愧慨孤忠。度泸露布谁人笔,漫诧当时制帅功。"(四库全书本)

　　② 张桂所戍守的老鼠隘,在南宋时期是川蜀地区比较重要的关隘,《宋史》中出现老鼠隘是在宝祐四年(1256):"五月丁未,诏申严老鼠隘防戍。"(第857页)。此时驻守老鼠隘的将领应当就是张桂。老鼠隘记载亦见《宋史全文》卷三五《宋理宗五》(第2849—2850页):"(五月)乙巳,上谕辅臣:'边备合加申严。'槐奏:'蒲择之谓见措置泸、叙之上盐井,设险以待之,仍以鬼国为虑。此事不可吝费,使之大作规模,或趣调以助其力。'元凤奏:'若令播州以兵助罗鬼,制司以兵助播州,亦似可行。'上曰:'更令制司从长区处。'上谕辅臣:'邕、宜之备,不可不加严。老鼠隘毕竟如何? 合于此三两月便定规模。'槐奏:'当以圣旨催促,今惟有尽力,人事而已。'"此事件与《宋史》所载为同一件事,但《宋史全文》更为详细。

　　③ 《刘克庄集笺校》卷六七《外制·右武大夫阁门宣赞舍人特除金州驻扎御前诸军都统制兼知叙州张桂特赠容州观察使》,第3143页。

　　④ 《元史》卷四《宪宗本纪》(第51页):"(宪宗八年)夏四月,丰州千户郭燧奏请续签军千人修治金州,徙之。"蒙古在1258年四月对金州实行修治,可证在此之前金州已为蒙古所控制。李昌宪:《中国行政区划通史·宋西夏卷》(第二版),上海:复旦大学出版社,2017年,第566页。

以下为南宋朝廷给阵亡的张桂、金文德封赠的制词。首先是张桂:

> 右武大夫阁门宣赞舍人特除金州驻扎御前诸军都统制兼知叙州张桂特赠容州观察使

> 声罪致讨,勇于祭纛之行;杀身成仁,壮矣死绥之节。追怀英概,加峻愍章。具官某,躬秉戎韬,气吞叛垒。危机文急,甘效命于颜行;大势不支,犹握拳而血战。妖氛未溃于塞外,将星忽陨于营中。边候亟闻,朕怀震悼。爰涉廉车之秩,以为幽坏之光。噫,李陵之罪通天,恶名遗臭;张巡之鬼厉贼,忠骨犹香。可。①

其次是金文德:

> 武翼大夫阁门宣赞舍人特除重庆府驻扎御前保定诸军都统制金文德特赠复州团练使

> 环高城而攻,忠存讨逆;凿凶门而出,义不求生。尔勇冠诸军,誓枭叛将。赤心卫上,以国土报之;白刃在前,曰男儿死耳。力已穷而斗愈急,骨可朽而名不埋。俾陟遥团,以光幽壤。噫,马革裹尸之志,岂不壮哉?豹死留皮之言,复何憾矣!可。②

从封赠制词中,我们能够窥知二人阵亡的过程,称张桂"大势不支,犹握拳而血战",称金文德"力已穷而斗愈急",可知二人均是在刘整与援军里应

---

① 《刘克庄集笺校》卷六七《外制》,第 3143 页。按,本卷外制,起景定二年十二月,迄三年二月,中书舍人任内所撰。可知,这份制词是在刘整叛乱的中统二年(景定二年)年底或者第二年年初起草完成。

② 《刘克庄集笺校》卷六七《外制》,第 3144—3145 页。按,本卷外制,起景定二年十二月,迄三年二月,中书舍人任内所撰。可知,这份制词是在刘整叛乱的中统二年(南宋景定二年)年底或者第二年年初起草完成。

外合反攻之后,制置使俞兴已率军溃逃,二人尚在苦苦支撑,力战不支而死。原本是为了彰显张桂、金文德的忠义壮烈之举,但是《昭忠录》也因此无意中记录下来一个详细的泸州城攻防战场面,可补《刘元振墓志铭》所载"主帅昔力觯令侍郎张威将兵三千赴援,夜举三烽与城中相应。犁明,公与整分道而出,直冲宋壁,与援军内外合势,宋军腹背受敌"之阙略。先是俞兴、张桂、金文德率军与刘整在泸州城外展开激战,刘整战败退回城内,但俞兴并不知道刘整受创程度,故因为天色已晚而收兵。第二天,刘整继续据城坚守以待援兵,很快援兵到来。到了八月份,在泸州城外的围攻战斗非常激烈。援兵击溃南宋围城军队,待到控制了东门以后,南宋军立即调遣围城士兵前往救助,这时被困在城内的刘整率军从城内的暗门突破东边的包围,里应外合击溃了围城的南宋军。

根据考古调查,能确认的泸州神臂城城门共 5 座(神臂门、内西门、外西门、东门、小南门)。其中,东门的复杂防御体系堪为"诸城之冠"。从神臂城自身的防守来说,东门外最缺乏地理条件,其左、右便于上下江岸,门外直通陆路,缺乏高峻的崖壁可资利用。因此,东门外不仅面临着来自陆路和两侧水路登陆而来的三路敌人,还无险可守。修建神臂城的曹致大,在构筑东门防御体系时修建有主城墙、东门、东门内瓮城、东门耳城、护城池、敌台、墩台等一系列设施,构成一套高低错落、火力交叉的多层次立体防御体系。① 因此,尽管东门的防御体系复杂而完备,南宋围城军队依然选择从东门突破进攻,而正是由于东门易攻难守,蒙古援兵与城内的刘整里应外合,夹击东门处的南宋围城军,才得以击败宋军。突围的关键在于刘整率军从城内的暗道(暗门)突出,与城外援兵合击,从而解围。关于神臂城的"暗门",有学者进行过考订调查:

　　暗门(连通城内城外的秘密坑道)。共 3 处,为城内与城外的地下通道,当地人称"蛮子洞"。洞口在 20 世纪 50 年代堵塞。其中两处位于"一字城"西北约 400 米的瓦厂,门(洞口)高约 1 米;另一处在城北

---

① 蒋晓春、林邱:《宋代泸州神臂城城防体系分析》,《中国国家博物馆馆刊》2017 年第 9 期。

纱帽岩下,洞口高0.6米,宽0.45米。①

在今日神臂城外东南方向的大江岸边,还可看见一垒长堤,尽头处有一座圆形石堡,当地百姓称之为"万人坟","传说这里便是当年宋军残部退到江边,无路可走,惨遭蒙古军屠杀后的墓葬。此说虽不足凭信,但从江对岸就是宋军基地黄氏坝看,这一垒石筑长堤之处,无疑是当年宋军残部最后搏斗的古战场。因为长堤旁即是古城的校场坝"。②《昭忠录》中所载俞兴乘小舟奔逃的"南岸黄市",学者也有考订即黄氏坝(今合江县大桥镇长江村),喻亨仁先生对此地有详细调查,认为此地是合江县治所在,后来吕文德收复泸州城的时候曾言"已复泸州外堡,拟即对江垒石为城,以示持久之计",③这个在江对岸"垒石为城"的地点也是黄氏坝(黄市)。黄氏坝的军事地理意义非常重要,要进攻神臂城(泸州州治)必先占黄氏坝,而要守住神臂城也必先占黄氏坝。黄氏坝是泸州神臂城的前沿阵地和外围城堡。④

八月,蒙古援兵击溃围城的南宋军之后,俞兴命令一位叫做"都统屯达"的将领前往迎敌。这位"都统屯达"并未扭转战局,因为他早晨受命迎敌,等到中午不仅没有阻止援军的进攻,反而被援军将泸州城东门的南宋围城兵击溃。南宋军彻底溃败以后,这位都统"闻败亦遁,附马尾渡江,土卒拥溺者十八九,流尸蔽江而下",狼狈至极,与《刘元振墓志铭》所描述的"自相蹈藉,弃甲山积"如出一辙。这位"都统屯达"是何人学界并未引起注意,也未有过讨论。刘克庄所撰制词中,有一位叫做王达的将军参与了围攻讨伐刘

---

① 赵永康等:《论"老泸州"故城遗址的保护和开发》,收入陈世松等编著《宋元之际的泸州(修订本)》附录十三,第232—247页。最新的考古调查还有蒋晓春、林邱:《泸州神臂城宋代城防设施调查简报》,《西华师范大学学报》2017年第4期;蒋晓春、林邱:《宋代泸州神臂城城防体系分析》,《中国国家博物馆馆刊》2017年第9期。最新的调查基本肯定了早期调查成果和认识,并称据当地村民介绍,城外的地洞很深,与城内相通,内有石梯、石桌。可惜现已崩塌堵塞,无法进入。

② 陈世松等编著:《宋元之际的泸州》,第75页。

③ 《宋史》卷四五《理宗本纪》。

④ 详见合江县志办公室喻亨仁《关于宋末元初合江县治的考察》(胡昭曦、唐唯目:《宋末战争史料选编》,成都:四川人民出版社,1984年,第693页),此文又收入《宋元之际的泸州》附录八,第200—203页。

整的战斗，并在战后受到南宋嘉奖：

> 　　武功郎带行阁门宣赞舍人重庆府驻扎御前诸军都统制王达为泸城
> 战捷特授□州刺史依旧带行阁门宣赞舍人

> 　　去岁贼将据泸，我师环而攻之。尔在诸将中劳绩尤著，遥刺阁职，
> 一日并命。夫事会宁有终极，而将相宁有种哉？勉立隽功，予有醲
> 赏。可。①

　　王达受封是在景定三年，则"去岁贼将据泸"指景定二年刘整泸州之事。他原本的职位是"重庆府驻扎御前诸军都统制"，应当与金文德同为重庆府下辖军官。王达在景定二年参与了俞兴、张桂围攻泸州城的战斗，由于各版本刘克庄文集关于王达嘉奖授予的刺史官职所属州郡名称缺失，不得其详。检《宋史》卷四六《度宗本纪一》"咸淳六年（1273）四月"条，有"丁未，诏忠州潜藩已升咸淳府，刺史王达改授高州刺史"②之语，可知王达在咸淳九年之前为忠州刺史。忠州为今重庆忠县，后由于度宗潜邸于此，度宗即位以后，忠州改为咸淳府，则王达可能在景定三年被嘉奖担任"忠州刺史"。《昭忠录》所记载的"屯达"与王达均为"都统制"，且都参与了"围剿"泸州刘整的军事行动。因此可知，《昭忠录》将"王达"误作"屯达"。但这位"屯达"（王达）并未如封赏其诏令中所称的"劳绩尤著"。根据《昭忠录》的描述，他恰恰没有获得战功，还吃了败仗，最后为了保命落荒而逃，逃跑的时候不顾士兵的性命，极尽败将之态，③这一点可从下面这条材料得到证明：

> 　　（景定三年，1262）十月丁卯，吕文德言遣将校御敌，多逗留不进，且

----

　　①　《刘克庄集笺校》卷六九《外制》，第3212页。按，本卷外制，起景定三年四月，迄是年五月，中书舍人任内所撰。

　　②　《宋史》卷四六《度宗本纪一》，第913页。

　　③　李天鸣《宋元战史》（第858页）在叙述刘整叛乱、俞兴军被击败的过程中，引用赵景良《忠义集》及其中所引之《昭忠逸咏》的资料，直接使用"王达"一名。

奏功失实,具姓名上闻。诏:吕文焕、王达、赵真削两秩,马塈、王甫削一
秩,余贬降有差。①

因为是吕文德上奏,又在刘整降蒙的翌年,故其所奏"逗留不进""奏功失
实"的诸将,均曾参与了围攻刘整的军事任务,这一点与另外两处信息有所关
联:一是里面提到这次受到惩罚的将领中有王达,根据《昭忠录》对"屯达"(王
达)事迹可知,他在战斗中差强人意的表现远比"逗留不进"要严重得多,且据
刘克庄制词,王达在景定三年四五月间因"泸城战捷""劳绩尤著"而受到封
赏,符合"奏功失实"之举;二是受惩罚的将领还有吕文焕,联想到在前述《元
史·纽璘传》中记载刘整"以泸州降"之时,南宋方面是"吕文焕围之"。吕文
德在景定三年十月"具姓名上闻"的失职将领中有吕文焕,证明吕文焕参与了
"围剿"泸州城的军事行动,这就与《纽璘传》的记载达成一致。由于南宋组织
的"围剿"失败,与其相关的将领相应地都会受到惩罚。当然,受到惩罚最为
严厉的乃是俞兴。景定三年秋七月戊寅,南宋侍御史范纯父言:"前四川制置
使俞兴,妒功启戎,罢任镌秩,罚轻,迄更褫夺,以纾众怒。"②理宗予以同意。
由此可知,俞兴在景定二年八月围剿失败、临阵逃脱以后早已受到惩罚,但是
侍御史范纯父认为"罚轻",还要加重惩罚以平众怒。于是在景定四年
(1263)二月,"诏俞兴往岁失陷泸城,更削一秩"。③

此外,参加此次"围剿"的还有一位叫做同鼎的南宋将领。《刘克庄集
笺校》卷七〇"外制"④中记载同鼎因为"戍泸及援重庆"有功,故转其为"右

---

① 《宋史》卷四五《理宗本纪五》,第882—883页。
② 《宋史》卷四五《理宗本纪五》,第881—882页。俞兴是在景定二年四月受任"四川安抚制置
使",至八月壬辰,吕文德"兼四川宣抚使",而俞兴八月惨败于泸州城外,据《昭忠录》"兴师大溃,兴得
小舟奔南岸黄市,还重庆"可知,俞兴围剿失败以后逃归重庆。《宋史全文》"景定二年八月"条中有一
段宋理宗和贾似道关于俞兴围剿泸州失败的对话:"上曰:'蜀事可虑,朕甚为之不安。'似道奏:'俞兴
攻取泸城,坏于垂得,致轸圣虑。臣累疏自请一行,捐躯不辞,或可上宽忧顾。'上曰:'丞相所请,备见
忠忱。但廊庙事体至重,岂宜轻动?'又奏:'若文德入蜀,则荆湖与江面关系尤重,臣不容不往。'上又
曰:'此未可轻。'"(第2905页)
③ 《宋史》卷四五《理宗本纪五》,第884页。
④ 关于本卷撰写时间,按:本卷外制,起景定三年五月,迄是月,中书舍人任内所撰。那么可以
明确,这条制词是在景定三年五月所撰,与其他赴泸州的南宋将领的封赠制词撰写时间大体一致。

武大夫,升带右屯卫大将军,依旧任",同鼎原职为"武功大夫、忠州刺史、左屯卫将军、京湖制置大使司计议官。"至于同鼎"戍泸"详情曰:

> 赴援解围,虽元戎之方略;摧锋陷阵,亦群帅之忠勤。具官某,昨者戍泸,勇于捍塞。倍道趋古渝之急,挺身居诸将之先。①

从"赴援解围""勇于捍塞"可知,同鼎确实参加了"围剿"刘整行动。他虽然是"京湖制置大使司"的计议官,但其原职中还有"忠州刺史",因此他很可能在忠州(重庆忠县)驻守,故便于率军赴泸州。因为他此次受到封赏的功劳除了"戍泸"还有"援重庆",因此可知他一定在重庆、泸州一带驻扎。此人事迹记载较少,不得其详。

通过《刘元振墓志铭》的记载,我们知道在景定二年八月泸州城已解围,俞兴率领围城宋军撤退。《宋史》载,八月壬辰(初二日),吕文德兼任四川宣抚使,②是南宋朝廷对其委以重任,以处理刘整之事。③ 当年十月癸巳(初

---

① 《刘克庄集笺校》卷七〇"外制",第 3266 页。笺校者作注:"同",《四部丛刊》本作"周",误。"笺注":题,同鼎,洪咨夔《平斋集》卷一六有"归顺人同鼎武翼郎王闻显武翼大夫呼延实来伯友修武郎制"。李曾伯《可斋杂稿续稿》卷四《催区处援夔兵奏》有"淳祐七年调兵二千五百人,差都统同鼎总统入蜀"语。李曾伯所记载的同鼎入蜀事,奏疏标题亦为"援夔",夔当为夔路,即重庆。其事与封赠诏令所称"援重庆"事相同,但时间不合,淳祐七年为 1247 年,而"戍泸"之事在景定二年(1261),第二年(景定三年)因其功而封赠。

② 《宋史》卷四五《理宗本纪五》,第 878 页。景定二年四月丙申,"吕文德超授太尉、京湖安抚制置屯田使、夔路策应使兼知鄂州",随后同月"壬寅,吕文德兼湖广总领财赋"。可见,在吕文德受命担任四川宣抚使之前,他的身份是"赐少傅保康军节度使、安抚大使、屯田使、知鄂州、兼侍卫马军指挥使、湖广总领、兼夔路策应使",但他曾经上疏辞免,南宋朝廷不允。制词全文保留在刘克庄的文集之中:"赐少傅保康军节度使安抚大使屯田使知鄂州兼侍卫马军指挥使湖广总领兼夔路策应使吕文德再上奏辞免特授太尉升大使职事恩命不允诏":"敕文德:功高者赏厚,任重者礼隆。卿筑险而思播之守坚,燔梁而渝合之围解,其功可谓高矣。建旗鼓,开幕府,以镇楚援蜀,其任可谓重矣。縻以好爵,非厚也。陟其使名,非隆也。朕方以上流付卿,宜恭君命,宜讨军实,宜以英、卫、李、郭勋业自勉。若夫崇尚辞异,若儒生修饰边幅之为者,岂所望于大将哉?"(《刘克庄集笺校》卷五五"内制",第 2688 页)按,《刘克庄集笺校》卷五五《内制》"答诏"部分,"起淳祐十一年(一二五一)辛亥,迄景定二年(一二六一)辛酉,两当内制时所撰"。从其所列吕文德官职,知其在景定二年四月壬寅至八月壬辰之间。这一点笺校者辛更儒已在"笺注"指出。从"吕文德再上奏辞免特授太尉升大使职事"可知这次辞免的是"升大使职事",则应当是"四川宣抚使",而且吕文德这已经是第二次"上奏辞免"。

③ 《宋史全文》卷三六《宋理宗六》"景定二年九月"条曰:"壬午,诏出封桩库楮币一百万、银三万两付四川宣抚司。"(第 2906 页)这是在八月份任命吕文德为四川宣抚使以后,吕文德入蜀收复泸州期间,南宋朝廷对四川宣抚司的物资支持。

四)，吕文德上报称已经收"复泸州外堡，拟即对江垒石为城，以示持久之计"。① 可知，刘整在八月份获得解围以后，应当继续驻守泸州。

二、吕文德攻占泸州城

俞兴围城失败以后，南宋又派遣吕文德收复泸州。刘整与刘元振、失里答曾共同与吕文德展开激战："（十月）甲辰，宋兵攻泸州，刘整击败之。诏赏整银五千两、币帛二千匹。失里答、刘元振守御有功，各赏银五百两，将士银万两、币帛千匹。"②所谓"刘整击败之"显然是因其继续驻扎并守御泸州，南宋军队在吕文德的率领下继续进攻泸州，因此刘整奋力击退，双方展开激烈争夺。其中，有功之臣还有失里答和刘元振，他们的功劳是"守御"，刘元振在泸州与刘整共同抵抗南宋进攻可以得到合理解释，但是失里答时为成都主帅，并未有明确记载此时也在泸州，目前可知的八月份从成都来到泸州的蒙古援军主帅是张威，因此失里答是否也在泸州不得而知。陈世松认为这是刘整投附事件引发"战事的第二阶段"。③

十一月，南宋紧接着安排刘雄飞担任四川安抚制置副使："十一月己未朔，刘雄飞和州防御使、枢密副都承旨、四川安抚制置副使兼知重庆府、四川总领、夔路转运使。"④景定三年（1262）正月，南宋宣告收复泸州，并改名为

---

① 《宋史》卷四五《理宗本纪五》，第 878 页。神臂城的外层防线由多个"外堡"构成堡垒群，有东北四十五里的盘山寨、北十五里的珍珠堡、西北十五里的暗溪寨、西北角的宝子寨、城南江中的大中坝水寨、江对面的黄市（氏）坝等。前文已述，陈世松等先生考证，认为吕文德"收复"的"泸州外堡"和"垒石为城"是在神臂城对岸的黄氏坝。有关神臂城外堡遗迹的调查，亦见蒋晓春、林邱：《泸州神臂城宋代城防设施调查简报》，《西华师范大学学报》2017 年第 4 期；蒋晓春、林邱：《宋代泸州神臂城城防体系分析》，《中国国家博物馆馆刊》2017 年第 9 期。蒋晓春等学者经过详细系统地调查之后，对神臂城外堡的整体防御进行了总结："大中坝位于城南江中，面积广阔，地势平坦，东端地势高敞，无水患之虞，是理想的驻军之地，既可在此布置水军，又可与神臂山守军夹击由水道而来的敌军。长江和大中坝水寨捍卫着神臂城的北、西、南三面水路，其余外堡位于陆地，分布在长江两侧，距离不等，既可监视并节节抵御水路来敌，又控扼着神臂城的东面陆路，同时可与神臂城守军夹击敌军，可谓一举多得。"（蒋晓春、林邱：《宋代泸州神臂城城防体系分析》）

② 《元史》卷四《世祖本纪一》，第 75 页。

③ 陈世松等编著：《宋元之际的泸州》（修订本），第 75 页。

④ 《宋史》卷四五《理宗本纪五》，第 879 页。

江安军,吕文德受到连续加官晋爵的嘉奖。① 刘整以泸州降蒙,对南宋不啻
为一次地震式打击,收复泸州之举本为弥补损失之行为,但吕文德却因此而
加官晋爵、恩宠日盛。其实,刘整降蒙与吕文德难脱干系,后文详述。总之,
吕文德的崛起与刘整的命运有着很大关联。

　　泸州再次为南宋占领,刘整及其降附军民与蒙古援兵均应在此前不久
撤离。泸州改名为江安军,②直至南宋灭亡前夕的德祐元年(1275),守臣梅
应春投降,至此泸州彻底归属元朝。刘整到底带走了多少军马、百姓?仅见
《钱塘遗事》保留"遂领麾下亲兵数千人,投北献策"③一语,具体不详。衣川
强认为刘整不可能带领潼川十五州郡全部军民投降,据《宋史·许彪孙传》
"召彪孙草降文,以潼川一道为献"之语分析,最初刘整应当是准备将整个潼
川地区都献与蒙古,即《元史》所载"潼川十五州、户三十万",实际上他仅是
带领泸州一城军民投降。④

---

　　①　《宋史》卷四五《理宗本纪五》,第880页。《宋史全文》卷三六《宋理宗六》将吕文德受"开府
仪同三司"之事记为"景定三年二月壬寅":"吕文德于宣蜀道,克复泸城,可授开府仪同三司。"(第
2909—2910页)《刘克庄集笺校》卷五六"内制"(第2743页)有"赐太尉保康军节度使吕文德辞免除开
府仪同三司职任依旧恩命不允诏":"敕文德:自吾有狄患,而尔有智勇,自奋于兵间,周旋三边,大小百
战。昔援蜀,今复泸,其功尤伟。调卒转饷,皆宣威幕府自任,不以烦朝廷。使人人皆如尔之忠忱体
国,朕岂有忧此虏哉?使相之拜,良不为过焉。而来奏方谦谦然,为诸将叙劳,尤见不矜功伐能之意。
昔人比战胜于猎,归功于发踪指示者。今猎者各分所获,尔欲辞发踪指示之赏,可乎?所辞宜不允。"
再有《刘克庄集笺校》卷五七"内制"(第2751页)亦有"赐太尉保康军节度使京湖安抚制置兼屯田大
使四川宣抚使兼知鄂州兼马军都指挥使湖广总领吕文德上奏辞免除开府仪同三司恩命不允诏":"敕
文德:复泸州之役,卿功第一。巽函初上,谕卿勿辞。前诏未至,遽腾再疏。谦谦然有冯异、贾复之风,
非以高爵为荣者。然赏不逾时,《武志》也。令出惟行,君命也。卿乌得而执一至之见乎?昔李靖、郭
子仪,唐之名将,皆富贵寿考,然则天相卿之耆庞福艾必矣,又何恩宠逾分之虑?"可见,在南宋朝廷看
来,吕文德收复泸州之功甚伟,此次其所受开府仪同三司之恩赏,与此有直接关系。
　　②　《宋史全文》卷三六《宋理宗六》(第2909页)载:"(景定三年正月)都省言:'逆整以泸叛,
宣制两阃奉行天讨,已遂收复。'诏奖谕,寻改泸州为江安军。"所谓"宣制两阃"指的是四川宣抚司和
四川制置司(或四川安抚制置司)。《宋史》卷八九《地理志五》(第2218页):"景定二年,刘整以城
归大元,后复取之,改江安州。"查《宋史》,泸州最初改名为江安军,首见称其江安州,是在咸淳元年
(1265)十月庚辰,但不知何时改称"江安州"。咸淳七年六月癸巳亦有"江安州"之称呼。泸州最后
为元朝所占领已到至元十二年(南宋德祐元年,1275):"六月戊午,知泸州梅应春以城降。"(《宋史》
卷四七《瀛国公本纪》,第931页)那么,咸淳七年以后江安军或复名泸州。见李昌宪《中国行政区划
通史·宋西夏卷》(第二版),上海:复旦大学出版社,2017年,第559页。
　　③　《癸辛杂识》别集下"襄阳始末"条,第306页。
　　④　衣川强:《刘整的叛乱》。

景定三年四至五月，①在刘克庄文集保留下来的一份制词中，我们看到南宋朝廷对收复泸州以后采取的一些措施以及对刘整的评价：

> 李与赵、与栻并升直华文阁。与赵潼川提刑、提举兼运判，与栻成都路提刑提举，并权四川制参。

> 自蜀有狄难，而识者预言其乱先定，至此而泸叛平，虏之整居于内者皆去。虽天道福华而祸夷，亦吾师武臣力所致尔。与赵，以西州之彦，与栻，以属籍之英，观风一道，参画大阃。宣劳既久，进职因任。尔其思载驰周咨之义，勿置四方而不问。赞拓里撑表之策，勿使外邪之再入。则参井之墟，有高枕之渐。朕宽顾忧，尔为能臣矣。可。②

"蜀有狄难"指的是蒙哥亲征，"泸叛平"指的是吕文德收复泸州。"虏之整居于内者皆去"一语，笺校者认为"语句难通"。③ 笔者以为，据上下文推测，刘整被认为是与蒙古"沆瀣一气"，成为蒙古一方的将领，被归为"狄""虏"行列，故将蒙古进攻四川称为"狄难"，刘整反宋投向蒙古，更将刘整之举一并看作是这次四川所遭受"狄难"事件的一部分。开头所言"虏之整"恰恰表明南宋已将刘整看作是蒙古（即"虏"）部将，而"居于内者"指的是泸州城内的南宋官吏，有的是甘愿跟随刘整（如后面将要论述的刘整部将沙全等人），有的是被迫跟从，因为还有一些誓死不从者，均被刘整所杀害，因此才成为被载入"史册"的忠义之士。经此一役，南宋再次控制泸州城的时候，城内的官吏出现大量空缺。南宋任命李与赵为"潼川提刑、提举兼运判"，李与栻为"成都路提刑提举，并权四川制参"，以便重新设官置署，恢复社会秩

---

① 《刘克庄集笺校》卷六九《外制》开篇写道："按，本卷外制，起景定三年四月，迄是年五月，中书舍人任内所撰"，第3209页。
② 《刘克庄集笺校》卷六九《外制·李与赵、与栻并升直华文阁。与赵潼川提刑、提举兼运判，与栻成都路提刑提举，并权四川制参》，第3221页。笺校者辛更儒注："与栻"，其前疑阙一"赵"字（第3222页）。
③ 《刘克庄集笺校》卷六九"外制"，第3222页。

序,稳固地方统治。

从"虽天道福华而祸夷,亦吾师武臣力所致尔"句可以看出,宋理宗对此次泸州"平叛"表现出了极大的乐观态度,文中所谓"福华",恰与贾似道门客廖莹中、翁应龙等人所作《福华编》①正相呼应。在对局势的判断上,南宋朝廷可谓是达到了"君臣高度一致"的程度。

从1259年蒙古以多路南征军队大规模进攻南宋以来,在南宋君臣(尤指宋理宗和贾似道)看来,南宋取得了一个又一个的"胜利",诸如鄂州击退忽必烈、蒙古大汗蒙哥死于合州城下、涪州断桥之役、新生矶断桥之役、白鹿矶击败蒙古军以及收复泸州等。从1259年到1262年底的三年之内,南宋

---

①　廖莹中也恰在此时"除大理寺丞",《刘克庄集笺校》卷六八"外制·廖莹中除大理寺丞"(第3177—3178页)保留了除授制词:

　　自古大幕府多奇才,汉、魏则班固、王粲、陈琳、阮瑀,晋则阮修、孟嘉、孙楚、袁宏,唐则石洪、温造、杜甫、杜牧,本朝则强至、谢绛、尹洙、李之仪之流,皆以文墨议论,望崇此府。尔镡津名族,代有异人。载笔从戎车之后,辙环三边。愈风之檄,贺捷之表,多出其手,可谓之奇才矣。寺监之属丞为高选,而棘丞尤高。肆以命尔,益养资望,以对甄擢。可。

本卷首称,这一卷内容起景定三年三月,迄是年四月,中书舍人任内所撰,故任命廖莹中的时间明确,即景定三年(1262)三四月间。廖莹中撰《福华编》当是在此之前。《宋史》卷四七四《贾似道传》(第13782页)载:"明年,大元世祖皇帝登极,遣翰林侍读学士、国信使郝经等持书申好息兵,且征岁币。似道方使廖莹中辈撰《福华编》称颂勋功,通国皆不知所谓和也……除太师、平章军国重事,一月三赴经筵,三日一朝,赴中书堂治事。赐第葛岭,使迎养其中。吏抱文书就第署,大小朝政,一切决于馆客廖莹中、堂吏翁应龙,宰执充位署纸尾而已。"田汝成辑撰《西湖游览志余》卷五《佞幸盘荒》载:"会宪宗崩,似道请和,元人许之,兵解,遂上表以肃清闻。帝以其有再造功,宠用日盛,似道乃使门客廖莹中、翁应龙等撰《福华编》,以纪鄂功。"(刘雄、尹晓宁点校本,上海:上海古籍出版社,2018年,第58页)可见,所谓"廖莹中辈"还包括翁应龙,二人一道成为贾似道的"左膀右臂"。《福华编》编撰于鄂州之役之后,据这两段史料所载,则是在中统元年(1260,南宋景定元年)。董师谦对此感叹道:"酿成亡国恨,一部福华编。"(董师谦《钱塘怀古》,厉鹗《宋诗纪事》卷七六,上海:上海古籍出版社,1983年,第1949页)《福华编》遂成为代表南宋末年政治生态的一个符号,既是以贾似道和南宋皇帝为首的权力核心所努力追求的政治目标,又成为士大夫极力营造的一个虚假的政治理想,或称为一个自我麻痹、自我陶醉的政治气氛。关于《福华编》的问题,可参考黄寅《"非鄞则婺"论——南宋后期政治研究之一》(武汉大学中国传统文化研究中心主办:《人文论丛》2003年卷,武汉:武汉大学出版社,2003年),文章把南宋后期三朝政坛格局的演变概括为"非鄞则婺""小元祐""福华编"三个阶段,"非鄞则婺"是鄞(四明)人与婺人联合主政时期;"小元祐"是指朱学"正人"在朝廷扮演重要角色时期;"福华编"指贾似道主政时期。还有肖崇林、廖寅《〈福华编〉:南宋末年贾似道执政时代述论》(《宋史研究论丛》第十四辑),文章把"福华"作为贾似道执政时代的整体特征和内涵作了系统的论述。

在最为重要的京湖、川蜀战区基本上抵住了蒙古的进攻。刘整反宋降蒙虽给南宋带来不小打击，但并未导致城池大面积丢失，同时江淮地区又接到李璮反蒙降宋的"好"消息。这一切都预示着"福华"时代的到来，或许在宋理宗和贾似道的眼里，这是属于他们的"最好的时代"吧？

第三节 刘整反宋降蒙期间泸州宋臣的反抗

张桂、金文德是与俞兴一同前来镇压却在战斗中阵亡的将领，除此以外还有一些人是在泸州城内被刘整武力胁迫、威逼利诱之下不屈而死，主要有黄仲文、廉节、许彪孙（祖）等。本节通过考察这些人物的事迹，进一步补充叙述刘整降附过程中的一些细节。

一、黄仲文与廉节拒降被杀

首先我们来看《昭忠录》所载的"黄仲文、廉节"事迹：

> 景定辛酉六月，都统知泸州刘整以泸降，北人称整曰赛存孝。翼日，即除湖北副总管，总统援蜀诸军。黄仲文有众三千戍泸，众欲乘未定夺舟东走，整诳之曰：以俞兴兵故投拜，与公无伤也，事定当厚礼遣①公。翼日，整乃分散其兵，诱使降。仲文大骂不屈，整杀之。保义郎廉节，奉制檄籴麦于泸，不降遇害。事闻，仲文赠武显郎，除致仕恩泽外，更与一子恩泽，节赠忠训郎，与一子进武校尉。②

黄仲文被委任为湖北副总管，负责统领增援川蜀的军队。此时，黄仲文

---

① "遣"，疑为"遗"之误。

② 《昭忠录》"黄仲文（总统）、廉节（保义郎）"条。熊燕军在《南宋佚名〈昭忠录〉疑事辨析》（《元史及民族与边疆研究集刊》第二十五辑）一文中对这一条作了辨析："即除"后缺"黄仲文"三字。《昭忠逸咏》"总统黄公（仲文）保义廉公（节）"诗后小注："武翼郎、荆湖北副总管、总统援蜀诸军黄仲文有众三千。"

率领三千士兵驻守在泸州，他们并没有跟随刘整一起反宋，而是打算趁乱乘船出走。于是，刘整声称是因为俞兴的缘故，与黄仲文无关，成功之后定当重谢。第二天，刘整分散黄仲文的兵力并迫使其投降。但黄仲文最终没有投降，大骂不屈，被刘整杀害。与黄仲文一同遇害的还有保义郎廉节，恰逢其正在泸州"奉制檄籴麦"，亦因拒不投降而被杀。黄仲文后来得到南宋封赠：

> 武翼郎荆湖北副总管统援蜀诸军黄仲文可特赠武显郎除致仕恩泽外更与一子恩泽

> 昔郦琼举合肥降虏，独乔张二大将不屈而死，庙食至今，名标史册。尔驻兵于泸，贼整献城，强以从逆。尔握拳嚼齿，骂不绝声。宁折首而不肯屈膝于虏。茶马使者为朕言其状，与乔张死节，先后相望。是可以列忠义之传，而寒乱臣贼子之胆矣。进五秩，录孤儿，英爽凛然，歆此休命。可。①

赵景良《忠义集》也记录了黄仲文、廉节的事迹，基本内容与《昭忠录》相差无几。文首收录刘麟瑞《昭忠逸咏》诗以赞颂："谁刑白马誓西园，背却宸旒弃塞垣。存孝得名嗟虎噬，郦琼失节效麋奔。父天母地君知否，婢膝奴颜子勿言。骂不绝声军又散，更无人肯为招魂。"②将郦琼与刘整对比，郦琼原为北宋宗泽麾下的将领，后来他叛宋投效了刘豫所建立的伪齐政权。伪齐政权被金朝灭亡以后，郦琼又在金朝任职。从这首诗的内容可知，其应当取材于南宋对黄仲文封赠诏书的文字。

对廉节的封赠：

> 保义郎廉节可赠忠训郎与一子进武校尉

---

① 《刘克庄集笺校》卷六九"外制"，第 3249 页。按本卷外制，起景定三年四月，迄是年五月，中书舍人任内所撰。
② 赵景良：《忠义集》卷三，四库全书本。

尔怀闻檄,籴麦于泸。整于是时,已蓄异志。增价争籴,恶其从旁
掣肘也,一旦遂甘心焉。然尔于身谋虽甚疏,于王事则甚忠矣。进秩录
孤,以劝来者。可。①

黄仲文、廉节的事迹不见于正史,仅存于《昭忠录》和刘克庄所撰制文。
廉节被刘整杀害的原因,是由于刘整"增价争籴",而廉节因为受命在泸州专
责"籴麦"事宜,刘整感到廉节从旁掣肘,于是在决定叛降以后,便对廉节起
了杀心。

二、许彪(孙)[祖]自杀

《昭忠录》载"许彪孙"事迹:

许彪孙,简州人,状元奕子也,罢郡奉祠禄,寓居泸城,人称许观使。
刘整使修降表诱之降。彪孙朝服以拜天地祖先,率一家由少而长,自绞
死。赠中奉大夫、直秘阁,除致仕恩泽外,再与一子恩泽,谥介节,
立庙。②

赵景良《忠义集》卷三也有许彪孙事迹,文首收录有刘麟瑞《昭忠逸咏》
诗:"元戎忽已化鲲鲸,少长呼来就此烹。科第昔曾夸冠世,衣冠今忍负平
生。休教秉笔修降表,乍可捐躯肯献城。壹惠已彰幽壤慰,巍巍庙貌焕高
甍。"从诗中可见后人对许彪孙的英勇事迹极尽褒奖之能。

许彪孙,本应作许彪祖。刘克庄文集的四部丛刊集部初编本、清抄翁校
本③均写作"许彪祖"。辛更儒笺校本就是以清抄翁校本为底本,以四部丛

---

① 《刘克庄集笺校》卷六九"外制",第3209页。按本卷外制,起景定三年四月,迄是年五月,
中书舍人任内所撰。

② 《昭忠录》"许彪孙(观使)"条。

③ 关于清抄翁校本,四川大学古籍整理研究所组织编撰的由线装书局2004年影印出版《宋
集珍本丛刊》,收录《后村先生大全集》翁同书校语的清抄本(简称清抄翁校本),共计三十六册,为
翁之熹捐赠,现藏北京国家图书馆。

刊集部初编收录的清抄本为主要校本。辛更儒在这条校文中以《昭忠录》写作"孙"为依据，在正文中将以清抄翁校本为底本的"许彪祖"改作"许彪孙"，①似欠妥当。《昭忠录》为南宋遗民所作，遗民多生活于南宋灭亡以后的元朝时期，成书必当晚于生活在南宋末年的刘克庄所保留的个人文集，且根据前文所引大部分文字可知，《昭忠录》部分材料与刘克庄文集所收录诏令文字有渊源关系。据目前可见史料发现，只有刘克庄《后村先生大全集》写作"许彪祖"，其他自《昭忠录》以下均写作"许彪孙"，而从所载之事迹来看，后出文献均抄录《昭忠录》《宋史·忠义传》。因此，应以最早的《后村先生大全集》为准。刘克庄为南宋中书舍人，此条制文是其亲自起草，应当不会有错。②《刘克庄集笺校》卷六八"外制"许彪祖制词：

朝散大夫前绍兴府许彪（孙）［祖］，寄居于泸，逆整诱之使降，朝服以拜天地祖先，率一家由少而长，自绞而死。可特赠中奉大夫直秘阁，除致仕恩泽外，更与一子恩泽。

朕遭时艰虞，思古忠义。卞侍中父子同罹寇锋，颜平原兄弟继陨国难。乃若阖门之守节，尤为旷世之罕闻。尔西州抡魁之家，茂陵名从之子。安榆枌而重徙，释符竹而闲居。属整不臣，胁尔从逆。一城偷生者众，十口视死如归。被发左衽为夷，忍污于贼虏；稽首再拜乃卒，不负于君亲。行路涕洟，临朝震悼。进文阶而寓直，越常格而推恩。喟然悯焉，嗟何及矣！噫，指壁下之殡，壮哉遗言；求袴中之孤，冀其有后。可。③

───────────

① 《刘克庄集笺校》，第3207页。
② 陈世松《宋元之际的泸州》根据刘克庄文集记载，使用"许彪祖"一名，认为《宋史》《昭忠录》以下均误写为"许彪孙"。熊燕军在《南宋佚名〈昭忠录〉疑事辨析》（《元史及民族与边疆研究集刊》第二十五辑）一文也指出了这个问题：许彪孙当为"许彪祖"。《宋史》卷四四九有《许彪孙传》，《昭忠逸咏》"观使许公（彪祖）"记"彪孙"为"彪祖"，刘克庄《后村集》卷六八有许就义后朝廷褒奖制书，记其为"许彪祖"，应为许彪祖。
③ 《刘克庄集笺校》卷六八"外制"，第3207页。写作时间为景定三年（1262）三四月。

许彪(孙)[祖]，简州(今四川简阳市简城镇)人，其父许奕为简州状元，是当时较有名气的士人，《宋史》有传，①其子许彪(孙)[祖]在《忠义传》：

> 许彪孙，显谟阁学士奕之子也。为四川制置司参谋官。景定二年，刘整叛，召彪孙草降文，以潼川一道为献。彪孙辞使者曰："此腕可断，此笔不可书也。"即闭门与家人俱仰药死。②

许彪祖寓居泸州，被人称为许观使。许彪祖在泸州生活，当源于其父亲许奕曾知潼川府，驻守泸州。③ 刘整曾派人请许彪祖修降表，并迫使其一同降附，但是回应他的却是许彪祖的刚烈之举，他穿好朝服以拜天地祖先，然后率领一家老小自杀而死。④ 陈世松《老泸州城"刘整降元"石像

---

① 《宋史》卷四○六《许奕传》，第12267—12271页。

② 《宋史》卷四四九《忠义四·许彪孙》，第13240页。《通鉴续编》卷二三亦载有许彪祖在刘整叛乱时的事迹，内容与其他文献基本一致："整之将叛也，命制置司参谋官许彪孙草表，彪孙不屈，合门仰药死。"张寿镛：《宋季忠义录》卷四"许彪孙(附张桂、金文德、曹赣、胡世全、庞彦海、李丁孙、唐奎瑞)"条(四明丛书本)内容取自《宋史》卷四九九《忠义四·许彪孙》的记载，抄录内容稍有差异，《宋史》"制置司参谋官"，写作"制置使参谋官"。《宋史》卷四○六《许奕传》载许奕曾"以显谟阁待制知泸州"，后"进龙图阁待制，加宝谟阁直学士、知潼川府"(第12270页)。未见有"显谟阁学士"之称。

关于许彪祖官职"制置司参谋"，熊燕军：《南宋佚名〈昭忠录〉疑事辨析》(《元史及民族与边疆研究集刊》第二十五辑)一文中也指出了这个问题；又，《宋史》本传谓其为制置司参谋，饮药死。按，许彪祖若为制置司参谋，当在重庆，不当在泸州，从"许观使"称呼看，许彪祖当时应为罢郡奉祠禄。《后村集》亦载许彪祖自绞死。

此外，《四川通志》中记载了一位名叫"许彪祖"的人："许彪祖，玉池人。绍兴间知中江，作义阡于亚松山，收暴骨无所归者，之，凡九百余家。"(《(雍正)四川通志》卷七，四库全书本)据其事迹可知，此非许奕之子许彪祖。

③ 《宋史》卷四○六《许奕传》载："奕遂卧床求补外，以显谟阁待制知泸州。……移知夔州，表辞不行，改知遂宁府。……进龙图阁待制，加宝谟阁直学士、知潼川府。初，奕之守泸，帝顾礼部尚书章颖曰：'许奕已去乎？'起居舍人真德秀侍帝前，论人才，上以骨鲠称之。"(第12269—12270页)

④ 《宋史》载"仰药"而死，《昭忠录》称"自绞"而死。检索其他相关记载，后出文献均载为"合门仰药死"，如《明一统志》载：许彪(孙)[祖]，"理宗时，泸州制置司参谋，知州刘整欲叛降元，召彪孙草降文，彪孙不从，合门饮药死。"(李贤等撰：《明一统志》卷七二《名宦》，四库全书本)《昭忠录》所载文字与刘克庄封赠制词基本一致，均写作"朝服以拜天地祖先，率一家由少而长，自绞而死"，可见《昭忠录》所录文字源自刘克庄文集，应以刘克庄文集和《昭忠录》所载为准，许彪祖一家实为自绞而死。熊燕军在《南宋佚名〈昭忠录〉疑事辨析》(《元史及民族与边疆研究集刊》第二十五辑)一文中亦予以指出。

考》一文认为在"刘整降元"石像右侧的另一尊半身石像,就叫做"许彪(孙)[祖]托孤保子图"。陈世松在泸州城当地开展了很多细致入微的调研、走访并得出结论:"据当地传闻,许彪(孙)[祖]率全家自尽前,曾将一子托付家人,命其出域逃生,以存许门后嗣。主仆二人经西门出城,来至江边,无以为渡,正准备以拌桶为舟过江,不幸被获,仍未得免一死。老泸城西北岩现有保子头(又作宝子寨,俗称保子顶)的地名,相传便是许氏主仆二人遇难之地。许彪(孙)[祖]托孤保子未成,无以为后,遂以出嫁在黄家的许彪(孙)[祖]的女儿所生之子,过继许家,从而保存许门烟火,蕃衍至今。"①

在南宋末期,由于拒不投降而行全家自杀之举者,不在少数。明代商辂纂修的《通鉴纲目续编》(计二十七卷)对刘整叛乱时逼迫许彪祖草书一事亦有记录,正文与其他文献基本一致,颇有价值者为"发明"和"广义"。"发明"曰:

> 书刘整以城降,则见彪孙未尝降也。彪孙实以仰药而死,直书死之者,所以著其不屈之节也。《纲目》一书叛降,一书死之,则其褒忠臣、贬乱贼之意可见矣,其旨严哉。②

"广义"曰:

> 刘整之叛,信有罪矣。然原其所自,亦非其本心也,乃似道迫之也。呜呼,似道驱良将以资敌人,是犹撤藩篱以延盗入室也,欲求货资之不丧得乎?③

《通鉴纲目续编》是在以朱熹的《资治通鉴纲目》为底本的基础上所编

---

① 陈世松等编著:《宋元之际的泸州》,第196页。
② 商辂:《通鉴纲目续编》卷二一,四库全书本。
③ 《通鉴纲目续编》卷二一。

撰，后世版本众多，多次改编。后世学者增加了众多的《发明》《广义》《书法》等以儒家思想为主导的对历史事件的评论、褒贬和臧否，因此受到清朝统治者的重视，几经删削、修改，保留至今的都是符合儒家传统思想的评价之语。

第三章　刘整仕元事迹(1261—1275)

　　自中统二年(1261),刘整开启在元朝的仕宦军旅生涯,直至至元十二年(1274)去世,这一时期长达 15 年。这是元朝征讨南宋最为关键的时期。期间,大蒙古国自身也实现了由草原游牧政权向中原汉地治理模式——元朝的转变。在这一转变过程中,元朝政治、经济、文化和社会等各领域的制度、阶层都发生了深刻的变化。忽必烈整合各族群、各阶层社会力量,大力任用汉人充实到各个领域。在持续进攻南宋的战争中,刘整作为从南宋投附过来的原北方汉人,不仅提出了一套完整的平宋方略,还被委以重任,参与了襄樊之战,在灭宋战争的关键环节中发挥了重大作用。但刘整未能参与最后的灭宋战争,去世于宋亡前夕。

第一节　忽必烈"赐刘整手诏"及其相关问题

　　刘整降附以后,刚刚即汗位的忽必烈为了对其安抚和鼓励,特颁赐手诏。查阅史料发现,与刘整有关的手诏共计有三份,均保留在王恽《中堂事记》之中。手诏的内容涉及对刘整刚刚降附之后有关事宜的处置、安抚等,也表现了忽必烈对归附将领的认可和鼓励,更有助于认识当时宋元对峙格局中的若干问题,同时手诏还涉及另一位南宋降将杨大渊。本节对手诏所涉及的若干问题作一辨析。

一、中统二年秋八月"赐刘整手诏"辨析

首先,第一份手诏内容如下:

> (中统二年秋八月)十四日甲辰,赐刘元帅手诏兼宣谕夔府路新附军民人等,其词曰:"且土地定其疆,固有朔南之异;而父母爱其子,曾何彼此之分。朕尝以四海为家,万方在己。凡有来宾之俗,敢忘同视之仁。近因宋国之末臣,遂致蜀川之重扰。彼军旅焉老淹于屯戍,彼民人焉力尽于转输。况值凶荒,举皆转徙。保聚山麓者,延生于岁月;潜匿泽薮者,横死于风霜。彼君有昧于天时,在朕心亦有其惭德。今兹刘整,慕我国朝。既能顺德而来,当副徯苏之望。市肆勿易,田里俾安。尔有货财,毋令劫掠。尔有禾稼,罔使践伤。诸回回通事人等逃在彼军者,许令自还为良,不属旧主。除已行下陕西行省常加存恤不使侵攘外,今降金牌五、银牌十以旌有功者。当续具姓名,颁降宣命。凡在军民,各宁处所。故兹诏示,想宜知悉。"①

《元史·世祖本纪》记载,授予刘整"行夔府路中书省兼安抚使"②的时间是中统二年六月庚申(三十日),③此时应当是刘整向陕西行省密送降款,而后又由行省转递至朝廷,忽必烈下令授予刘整此职,而此时刘整尚未摆脱俞兴对其在泸州的包围,直至八月份才得以解围。得到解围的消息之后,忽必烈发布手诏,时间是这道诏书所载的八月十四日。手诏开篇称"赐刘元帅手诏兼宣谕夔府路新附军民人等",可知宣谕的范围是在南宋"夔州府路",由蒙古方面所能控制的地区和军民人户,此时还包括有跟从刘整降附的部分军民。刘整归降以后,蒙古对归附的土地和军民人众采取了一系列宽松

---

① 王恽:《王恽全集汇校》卷八二《中堂事记·下》"中统二年八月十四日甲辰"条,杨亮、钟彦飞点校,北京:中华书局,2013 年,第 3428—3429 页。
② 《元史》卷四《世祖本纪一》,第 71 页。
③ 《刘整传》记载时间模糊,只写作"中统二年夏"(第 3786 页)。

的处置策略,以稳定军心民心,并以此招徕更多的归附军民。

手诏中提到的"诸回回通事人等逃在彼军者,许令自还为良,不属旧主"一事值得注意。所谓逃在南宋境内的"回回通事",此次又因刘整的降附再次被"裹挟"返回蒙古,忽必烈专门提出了这样的一个处置政策来对待,可见对这批人非常重视。在平定南宋期间,元朝政府将降附的南宋军队组建了新附军,对其进行召编和安置。新附军是一个总称,内中有的军队还有一些专门的称谓,计有生券军、熟券军、手号军和通事军等。通事军即由原属蒙古(元)因犯罪逃亡南宋的蒙古人、色目人、汉人等组成,有学者曾对通事和通事军进行过研究。① 通事军为数不少,故元朝政府会有专门的政策予以处置。为何叫做"通事军"呢?"因为这些人的语言与南宋人不通,即使是中原地区的汉人,也与南方人的口音有较大差异。他们在进入南宋后,与当地人沟通,大多需要通事进行翻译,而一旦他们掌握当地方言,自身也能充当通事这一角色。"②《元史·兵制一》:

> (至元十六年)五月,淮西道宣慰司官昂吉儿请招谕亡宋通事军,俾属之麾下。初,亡宋多招纳北地蒙古人为通事军,遇之甚厚,每战皆列于阵前,愿效死力。及宋亡,无所归。朝议欲编入版籍未暇也,人人疑惧,皆不自安。至是,昂吉儿请招集,列之行伍,以备征戍,从之。③

昂吉儿诏谕的就是南宋的通事军,其成分主要是"亡宋多招纳北地蒙古人"。同年十月,寿州等处招讨使李铁哥也"召募有罪亡命之人充军",并说:"使功不如使过。始南宋未平时,蒙古、诸色人等,因得罪皆亡命往依焉,今已平定,尚逃匿林薮。若释其罪而用之,必能效力,无不一当十者矣。"④《元典章》"招收私投亡宋军人"条记载,南宋灭亡以后的至元十七年

---

① 刘晓:《宋元时代的通事与通事军》,《民族研究》2008 年第 3 期;刘晓:《元代军事史三题——〈元典章〉中出现的私走小路军、保甲丁壮军与通事军》,《中国史研究》2013 年第 3 期。

② 刘晓:《宋元时代的通事与通事军》。

③ 《元史》卷九八《兵制一》,第 2517 页。

④ 《元史》卷九八《兵制一》,第 2517 页。

(1280)七月,"伯安歹、李占哥招收已前做罪过私投亡宋蒙古、回回、汉儿诸
色人等,圣旨有来。如今出来底也有,不出来底多有。乞降圣旨,委付奴婢
并李拔都儿再行招收,尽数出来底一般。"①在平定南宋过程中,元朝仍在大
力招抚因犯罪而逃至南宋境内的蒙古、回回诸色人等。忽必烈赐刘整手诏
中所提到的"回回通事"就是逃往南宋以后被南宋编入通事军的一部分人。
手诏对"回回通事"的政策是"自还为良,不属旧主",意即在返回蒙古以后
他们可以成为普通百姓,不用再归附旧主,看起来对这些人的待遇是相当宽
松了。但是通过《元典章》中有关新附军的法律规定可知,在至元十六、十七
年间前后,作为通事军被招纳之后,他仍然是作为士兵继续在新附军中为元
朝效力。有相似经历的通事人在宋元之际有许多,刘晓也把由金入宋的沙
全和刘整作为个案例举,并称"从某种意义而言,刘整也可算作是通事
人"。②

二、中统二年五月的两份手诏

在《中堂事记》"中统二年五月"部分中还有两条手诏,诏文中均有"四
川侍郎杨某"。其一"中统二年五月八日己巳"条:

　　巳刻,上御万安阁,四川杨侍郎遣其子以弓矢等物具表来献,及回,
上以手诏答之:"杨大渊省表具之,朕恪守王封,遽膺推戴,即位之始,不
遑康宁。惟尔远戍边陲,久服戎政,身外心内,来陈贺章,宜加宠答之
辞,以励忠贞之节。故兹诏示,想宜知悉"③

其二"中统二年五月十一日壬申"条:

---

　　① 《元典章》卷三四《兵部一·新附军》"招收私投亡宋军人"条,陈高华、张帆、刘晓、党宝海
点校本,中华书局、天津古籍出版社 2011 年,第 1178 页。
　　② 刘晓:《宋元时代的通事与通事军》,《民族研究》2008 年第 3 期。
　　③ 《王恽全集汇校》卷八一《中堂事记·上》,第 3375 页。

已刻,上手诏宣谕四川侍郎杨某:"勇冠诸将,名配古人。知大义之可为,籍诸城而来附。献以金带,示以诰笺。载详终始之诚,宜示褒崇之礼。可特赐虎符,充夔府路行省兼安抚勾当。更宜招怀未附,共底丕平,但桑荫不移而能立其功,虽苑土至重而朕无所惜。其赐卿某物,至可领也。"①

忽必烈赐予南宋降将手诏,仅见有杨大渊和刘整,且只有上述三条。根据王恽的记载,这两份手诏发布于中统二年五月八日和十一日,中间仅相隔两天。宪宗八年(1258)十一月丙辰,蒙古进攻大获山,杨大渊投降,"命大渊为四川侍郎,仍以其兵从",②故手诏称"四川侍郎杨某"。中统元年,忽必烈即位以后曾诏谕杨大渊,鼓励他"尚厉忠贞之节,共成康义之功"。③ 杨大渊是蒙哥在进攻四川时招降的重要将领,忽必烈中统元年即位以后,为了争取各方势力也包括南宋降附文臣武将的支持,因此诏谕杨大渊并鼓励其继续征战效力。于是,杨大渊"拜命踊跃,即遣兵进攻礼义城,掠其馈运,活总管黄文才、路钤高垣之以归"。④ 第二年秋,杨大渊又调兵出通川(今四川达州通川),"与宋将鲜恭战,获统制百继源"。⑤ 因为杨大渊连获战功,秦蜀行省上报朝廷:"秦蜀行省以大渊及青居山征南都元帅钦察麾下将校六十三人有功,言于朝。诏给虎符一、金符五、银符五十七,令论功定官,以名闻"。⑥中统二年,杨大渊派他的儿子即"阆蓬广安顺庆夔府等路都元帅"杨文粲⑦携带弓矢等贡物和表文觐见忽必烈,诏文中有"来陈贺章"之语,说明其子此次前来是上报战功,当是杨《传》所载秦蜀行省上报之战功。

李治安认为第二条手诏("五月十一日手诏")也记作"宣谕四川侍郎杨

---

① 《王恽全集汇校》卷八一《中堂事记·上》,第3375页。
② 《元史》卷三《宪宗本纪》,第52页。《元史》卷一六一《杨大渊传》(第3777页):"己未(1259)冬,拜大渊侍郎、都行省,悉以阃外之寄委付之。"本传载其1259年冬被任命为"四川侍郎"。
③ 《元史》卷一六一《杨大渊传》,第3777页。
④ 《元史》卷一六一《杨大渊传》,第3777页。
⑤ 《元史》卷一六一《杨大渊传》,第3777页。
⑥ 《元史》卷一六一《杨大渊传》,第3777页。
⑦ 《元史》卷一六一《杨大渊传》,第3779页。

某"是错误的，根据《世祖本纪一》和《刘整传》的记载分析，这条手诏所赐予的对象应当是刘整，而不是杨大渊，但李先生没有作具体分析。①

我们来看《元史·世祖本纪一》记载："嘉其来，授夔府行省，兼安抚使，赐金虎符，仍赐金银符以给其将校之有功者。"②《元史·刘整传》记载："宋泸州安抚使刘整举城降，以整行夔府路中书省兼安抚使，佩虎符。仍谕都元帅纽璘等使存恤其民。"③两条史料中所提到的两个内容与"五月十一日手诏"内容完全一致：一是授职均为"夔府行省兼安抚使"（《刘整传》写作"行夔府路中书省兼安抚使"，简称即为"夔府行省兼安抚使"）；二是"赐金虎符"，手诏亦有"赐虎符"。蒙古将领李忽兰吉在中统四年的时候曾经平叛有功，后被忽必烈"诏赐虎符"，李忽兰吉不受，并解释说："臣闻国制，将万军者佩虎符，若汪氏将万军，已佩之，臣何可复佩！"④可见，刘整、杨大渊均已成为"将万军"之将领。

杨大渊在1258年蒙古进攻四川阆州的时候降附，当时宪宗蒙哥率兵进至阆州大获城，先是派遣宋降臣王仲入城招降，但却被杨大渊杀死。于是，"宪宗怒，督诸军力攻，大渊惧，遂以城降"。⑤ 可见，杨大渊是被迫投降，而且在他投降以后，还差点因为最初拒降杀使而被蒙哥杀掉，是在汪田哥的劝阻下才得以幸免。这一情节与上述"五月十一日手诏"所称"知大义之可为，籍诸城而来附"之语不符，却与刘整籍"泸州十五军郡、户三十万"来降附是一致的。此外，五月十一日手诏中所称"勇冠诸将，名配古人"也与刘整号称"赛存孝"一致。因此，李治安的结论是正确的，"五月十一日手诏"记载错误，应为"刘整"。至于为何会出现错误，笔者以为可能与两条手诏发布时间过于相近有关。"五月十一日手诏"与上一条的时间"五月八日"中间

---

① 李治安：《忽必烈传》第七章《渡江灭赵宋 南北共一统》第二节《先图襄樊》注释①，北京：人民出版社，2004年，第219页。

② 《元史》卷四《世祖本纪一》，第71页。本纪将此事置于六月，根据王恽所保留的手诏可知，授予夔府行省兼安抚使的时间是在五月十一日，这应当是忽必烈收到陕西行省上报的刘整叛乱消息的时间。

③ 《元史》卷一六一《刘整传》，第3786页。

④ 《元史》卷一六二《李忽兰吉传》，第3793页。

⑤ 《元史》卷一六一《杨大渊传》，第3777页。

仅仅相隔两天,且两条手诏当日的发布时间也均写作"巳刻",很可能王恽连同时间和人物均记载错误所致。

既然"五月十一日手诏"赐予的是刘整,则可以确定授予刘整"夔府行省兼安抚使"的时间是中统二年五月十一日,而不是《世祖本纪》所记载的"中统二年六月庚申(三十日)"或《刘整传》所载"中统二年夏",本纪与本传均为笼统模糊的时间,指的是刘整降附和授职的这一段时间,而非确指。实际上,南宋降将杨大渊也担任过夔州路行省,《世祖本纪》中在"中统三年秋七月丙寅(十二日)"条中出现"夔州路行省杨大渊"的记载。① 同月戊寅(二十四日),原本为夔府行省的刘整"行中书省于成都、潼川两路,仍赐银万两,分给军士之失业者"。② 因此,刘整在中统二年五月十一日至三年七月二十四日期间任职夔府行省兼安抚使。如果中统二年七月"丙寅"和"戊寅"这两条记载属实,那么在此之前,杨大渊和刘整是同时兼任"夔府行省"(或"夔州路行省")。查《杨大渊传》附其侄杨文安事迹载:"戊午(1258),宪宗以兵攻大获,大渊以郡降,授侍郎、都省,文仲亦授安抚使。"③《李忽兰吉传》中亦有宪宗蒙哥称呼"杨安抚"之语,并载:"大渊遂以故官侍郎、都元帅听命。"④可知,杨大渊降附以后有多种官职称呼,有"四川侍郎""都元帅""安抚"和"都行省",其中的"都行省"或与"夔州路行省"有关。

所谓"夔府行省",即后来归属元朝的夔路(夔州路),治今重庆市奉节县。至元十四年(1277)六月,南宋涪州安抚阳立归降,受任夔路安抚使。⑤

---

① 《元史》卷五《世祖本纪二》(第 86 页):"(秋七月)丙寅,赐夔州路行省杨大渊金符十、银符十九,赏麾下将士;别给海青符二,事有急速,驰以上闻。"同见于《杨大渊传》(第 3778 页):"秋七月,诏以大元麾下将士有功,赐金符十、银符十九,别给海青符二,俾事亟则驰以闻。"《杨大渊传》未明载其何时任"夔府行省",前文所述,杨大渊在降附之初的 1258 年被称为"四川侍郎"。

② 《元史》卷五《世祖本纪二》,第 86 页。此事亦见卷一六一《刘整传》(第 3786 页):"(中统)三年,入朝,授行中书省于成都、潼川两路,赐银万两,分给军士之失业者,仍兼都元帅,立寨诸山,以扼宋兵。"本传未明载入朝时间。

③ 《元史》卷一六一《杨大渊传》,第 3779 页。

④ 《元史》卷一六二《李忽兰吉传》,第 3793 页。

⑤ 《元史》卷九《世祖本纪六》,第 190 页。《中国行政区划通史》的"宋西夏卷"(李昌宪)和"元代卷"(李治安、薛磊)对南宋夔州府路、元代夔路的建置沿革均有考订。李治安称,在至元十四年以后,"此为元夔路相关建置的开始"("元代卷",第 178 页)。

南宋夔州府路的辖地范围要大于元代夔路,刘整受任的"夔府行省"一名当源于南宋"夔州府路"。夔州府路属于宋蒙对峙争夺之地,双方所控制的范围时刻发生变动。对于蒙古来说,这一时期的主要工作就是稳定局势,分配各地将领驻守、安置和存恤归附军民等工作。例如,在刘整投附的同年八月甲寅,"诏陕西四川行省存恤归附军民。"①中统三年六月一日,南宋军进攻沧州、雅州、泸山等地,"民既降复叛,命诛其首乱者七人,余令安业"。② 李天鸣先生认为,这些受到南宋军进攻的人是已经投降的泸州民众。他们起来反抗蒙古但立即被敉平。③ 南宋时雅州隶属成都府路,宝祐六年为蒙古所占据。④ 元代雅州领泸山县,宋代称卢山。"沧州"未知所指。

忽必烈以手诏赐臣下的情况甚少,他的用意是要通过"手诏"这种特殊形式褒奖厚待南宋降将,尤其是在杨大渊这样的重要将领投降以后,要进一步取得降附宋将对元朝的效忠,以此进一步招降和瓦解南宋军将。⑤ 中统三年(1262),刘整入朝觐见,被授予"行中书省于成都、潼川两路"。⑥ 根据《刘整传》所述其事迹经历分析,中统三年这次应当是刘整第一次觐见忽必烈。从中统二年八月到中统三年底这段时间内,刘整的主要工作有三件事:一是率领从泸州出走的军民投附蒙古,纽璘负责安置;二是刘整赴上都觐见忽必烈,被授予官职;三是刘整开始在蒙古方面与众将领一同在川蜀各地驻守、征战。自从刘整在中统三年七月入朝觐见以后,他在元朝的仕宦军旅生涯由此正式开始。

第二节　相持阶段在川蜀的应援战(1262—1266)

在至元四年(1267)十一月入朝的时候,刘整向忽必烈提出了"宜先从

---

① 《元史》卷四《世祖本纪一》,第 73 页。
② 《元史》卷五《世祖本纪二》,第 85 页。
③ 李天鸣:《宋元战史》,第 878 页。
④ 《元史》卷三《宪宗本纪》,第 53 页。
⑤ 李治安:《忽必烈传》,第 217 页。
⑥ 《元史》卷一六一《刘整传》,第 3786 页。

事襄阳"的平宋方略,随后刘整开始与其他诸将进攻襄樊。在此之前的1262 年至 1266 年之间,刘整主要在川蜀驻守、征战。

这段时期的蒙宋战局总体处于相持阶段。蒙古方面正当忽必烈与阿里不哥争夺帝位,政治、经济、文化和社会等各领域处于急剧变化时期,人事更迭、风云变幻。况且由蒙哥发动的大规模征宋战争刚刚结束,尚无力再组织全面征讨。忽必烈主政以后虽未组织大规模战争,却开始在川蜀、荆襄、两淮一线作全面的战争准备,经济上发展生产、屯田耕种、储备粮草,军事上大造战船、训练水军。同时整肃军纪、开辟兵源等,这一系列举措为大举进攻襄樊,开启最后的全面战争做好了充足的准备。① 南宋方面理宗去世,度宗即位,贾似道专权,不断地排斥异己,打击以吴潜、丁大全、李曾伯等为代表的文臣武将势力。同时大行打算法、推排法、公田法等各项改革,试图挽救危局,亦有加深擅权、培植势力之目的。加之度宗无能,贾似道总揽一切,致使南宋政治生态进一步恶化。对外,南宋依然奉行消极的防御政策,在三大战区仅有规模不大的防御、进攻之举,以维持奄奄一息的政权。因此,南宋理宗朝后期和度宗一朝的社会危机空前严重,政治上吏治腐败,官员变本加厉贪污搜括。经济上财政负担沉重,军费开支巨大,国土面积缩小。军事上左右支绌,处处失利。② 加之贾似道私自扣留信使,始终成为蒙古讨伐的借口,使贾似道在外交上陷于被动。具体到川蜀地区,从蒙古方面来说分为西川和东川两个战区,西川地区南宋以嘉定为据点,意图进攻成都,双方在这一带反复拉锯、对峙;东川地区双方各自据守山城,蒙古的目标是步步为营攻占夔州,打通从重庆进至荆襄的道路,而南宋方面则以合州钓鱼山城等为主要据点拒守,双方在各处山城展开争夺。地处两川之间的潼川位置非常重要,起着连通东、西两川的政治中心重庆和成都的交通要道作用。刘整在中统三年入朝觐见以后,便驻守在潼川,建立了帅府。③ 刘整在这一时期的

---

① 陈世松等:《宋元战争史》,第 202—206 页。

② 何忠礼:《南宋全史》(二),第 236—237 页。

③ 陈世松等:《宋元战争史》,第 187—193 页。李昌宪:《中国行政区划通史·宋西夏卷》,第557 页;"《元史》卷三《宪宗纪》、《廿二史考异》卷六九言,潼川府移治长宁山,宪宗八年(宝祐六年,1258)归蒙。"

轨迹,典型地体现了宋蒙大战之后的相持阶段特点。

一、驻守潼川应援东西两川军事布局的形成

中统三年十月丙寅(十三日),蒙古将驻守在四川的东西两川都元帅府一分为二,"以帖的及刘整等为都元帅及左右副都元帅"。① 这一年对川蜀战区的划分,是基于之前蒙哥大举攻宋时的战果来调整的。1258—1260 年的战争使蒙古占据了诸多山城据点,同时接纳了杨大渊、刘整等降将,在与宋军作战中积累了丰富经验,尤其是在河流交叉、山陵路狭的四川地区。自余玠创筑山城防御体系在抵御蒙古军的过程中发挥了重大作用,尤其是合州钓鱼城下蒙哥的去世,更加证明这一点。

刘整于"(中统)三年,入朝,授行中书省于成都、潼川两路",同时"仍兼都元帅",②又因为"同列嫉整功,将谋陷之",刘整感到害怕,遂请分帅潼川,于是在七月改潼川都元帅。③ 这与《世祖本纪》所载"七月戊寅,以夔府行省刘整行中书省于成都、潼川两路"稍有出入。④ 本纪与本传同时载有"赐银万两,分给军士之失业者"一语,但本传多"仍兼都元帅,立寨诸山"一句。可见传、纪史料同源,但本纪简略,未提"同列嫉整功"和"改潼川都元帅"之事。屠寄《蒙兀儿史记》认为,所谓"嫉整功"的"同列"指的是纽璘。《刘整传》在此处增加一句:"蒙兀都元帅纽璘以整新附,一旦骤与同列恩宠且出己上,害其功,谋陷之。"夹注曰:"旧传所谓同列指纽璘也。"⑤纽璘当时驻守在四川成都,与失里答(《刘元振墓志铭》写作"昔力觯")均为成都主帅,失里答派遣张威赴泸州救援,纽璘负责在刘整解围以后安置泸州降民。第二年,刘整曾经诬陷纽璘,致使他受到忽必烈的怀疑并被征召至朝接受询问:"(中统)四年,(纽璘)为刘整所谮,征至上都,验问无状,诏释之。"⑥纽璘父祖曾

① 《元史》卷五《世祖本纪二》,第 88 页。
② 《元史》卷一六一《刘整传》,第 3786 页。
③ 《元史》卷一六一《刘整传》,第 3786 页。
④ 《元史》卷五《世祖本纪二》,第 86 页。
⑤ 《蒙兀儿史记》卷八二《刘整传》,第 538 页。
⑥ 《元史》卷一二九《纽璘传》,第 3145 页。

追随成吉思汗、太宗等东征西讨，为大汗宿卫出身，地位显赫，①以刘整的身份自然是难与其抗衡，而且还会招致蒙古统治者的不信任与不满。囿于史料阙散，无法清晰地辨明刘整与纽璘的关系，但也可作一些分析。一是在1258年蒙哥大举进攻南宋之际，纽璘与尚为南宋安抚使的刘整在遂宁江箭滩渡发生激烈战斗，刘整被纽璘打败，而且刘整同僚云顶山主将姚德也被杀，云顶山被蒙古占领，对刘整来说这是一次不小的失败。二是刘整与刘元振在泸州城被包围的时候，向成都方面求援，而成都主将"谩之不省"（《刘元振墓志铭》），只是在冯时泰的极力陈词之下才派兵救援，《冯时泰墓志铭》载成都主将为"昔力觯"（失里答），但根据纽璘的事迹可知，当时他也驻守成都，同为成都主帅，部分文献径称是纽璘派遣的援兵。因此，很可能纽璘与失里答有着同样的表现，最初不相信刘整的投降之举，不想发兵救援，事后为刘整所知，使得二人关系始终不睦。

　　刘整的同僚还有刘元礼，即刘元振的弟弟，刘黑马的儿子。《元史》有传。《刘元振墓志铭》载其为"潼川路副都元帅"，与刘元振"俱佩金虎符"。② 本传载其中统四年时任"兴元、成都等路兵马左副元帅"，至元元年（1264）担任"潼川路汉军都元帅"，③可知刘元礼是在至元元年才与刘整同僚共事于潼川。本传与墓志铭记载稍有差异，从前者看刘元礼似未担任过"潼川路副都元帅"。刘元礼在成都驻守至至元七年（1270），后因有人言刘黑马家族作为"勋旧之家，事权太重，宜稍裁抑者"，于是被改为"延安路总管"。④ 至元四年（1267），刘元振为了阻碍南宋据守嘉定对成都造成的威

----

① 纽璘为"珊竹带人"（《元史》卷一二九《纽璘传》，第3143页），《元史》卷七七《祭祀志·国俗旧礼》"射草狗"条载："每岁，十二月下旬，择日，于西镇国寺内墙下，洒扫平地，太府监供彩币，中尚监供细毡针线，武备寺供弓箭环刀，束秆草为人形一，为狗一，剪杂色彩段为之肠胃，选达官贵家之贵重者交射之。非别速、札剌尔、乃蛮、忙古台、列班、塔达、珊竹、雪泥等氏族，不得与列。射至糜烂，以羊酒祭之。祭毕，帝后及太子嫔妃并射者，各解所服衣，俾蒙古巫觋祝赞之。祝赞毕，遂以与之，名曰脱灾。国俗谓之射草狗。"（第1924—1925页）国俗旧礼中只有贵族及亲近之人才可参与的"射草狗"祭祀活动中，有资格参加的部族中就包括"珊竹带"部，由此一例可见纽璘出身之不俗。

② 《刘元振墓志铭》，第68页。

③ 《元史》卷一四九《刘伯林传[附黑马元振元礼]》，第3520页。

④ 《刘元振墓志铭》，第68页。

胁,主张修复眉州城并驻守长达五年,后应"召入朝,乞解官养母,从之"。不久,在至元九年(1272),被授予怀远大将军、延安路总管,病卒。① 所谓"乞解官养母"的起因,《墓志铭》所言有人觉得其家族权势太重,应当裁抑,故刘元礼不得不主动解官自保。《传》载至元九年授予刘元礼"怀远大将军",疑误。《刘元振墓志铭》载:"(至元)七年,会有言勋旧之家,事权太重,宜稍裁抑者。遂以例减,授公(刘元振)怀远大将军,复为行军副万户,元礼延安路总管。"因此,怀远大将军是至元七年授予刘元振的官职,而刘元礼也是至元七年被授予延安路总管,而非至元九年。在刘整转战至襄樊之前,二人应当始终在潼川共事,关系密切,当与刘整受到刘黑马、刘元振父子的极大信任、接收其降附的经历有关。

分东、西两川都元帅府中的都元帅有"帖的",此人当是《元史》卷一三二帖木儿不花的父亲帖赤:

> 父帖赤,岁乙未,同都元帅塔海绀卜将兵入蜀,并将蒙古也可明安、和少马赖及炮手诸军,攻下兴元、利、剑、成都诸郡,所降宋将小王太尉之众,悉隶麾下。中统二年,赐虎符,授西川便宜都元帅。俄进行枢密院,率诸军略定西川未下郡邑。至元元年,迁益都等路统军使,死军中。②

《速哥传》载"(至元)三年,从行院帖赤战九顶山"。③ 可知,帖赤在至元元年"迁益都等路统军使,死军中",这很难判断帖赤是在至元元年去世还是在此之后去世。但无论何时,都与速哥在至元三年还跟从"行院帖赤"在川蜀行军作战的事迹发生矛盾,或许帖赤在被任命为"益都等路统军使"之后仍在四川领军作战,只有这一种解释才可以使《速哥传》《帖木儿不花传

---

① 《元史》卷一四九《刘元振传》,第 3520 页。
② 《元史》卷一三二《帖木儿不花传附帖赤》,第 3219 页。李天鸣《宋元战史》(第 888 页)推测"帖的"与"帖赤"为同一人。
③ 《元史》卷一三一《速哥传》,第 3182 页。

附帖赤》中的叙述符合逻辑。九顶山位于今四川德阳什邡,至元三年前后四川制置使夏贵率军在潼川和成都之间的地区展开进攻,多次与蒙古潼川、西川统军将领发生战斗,帖赤作为西川都元帅(西川行院),攻略西川未下城池据点,较为合理。

帖赤早在 1235 年便开始入蜀作战,是较早进入川蜀地区的蒙古将领。成都等路于 1236 年曾经短暂地为蒙古占领,1241 年再次为蒙古所占领,当均与帖赤的战功有关。《传》称其授"西川便宜都元帅"是在中统二年,而《本纪》分东、西两川都元帅府是在中统三年十月,未知其授职时间是否早于都元帅分府。总之,帖赤(帖的)与刘整同为驻守西川、潼川等地的主要将领。那么,关于刘整的任职到底是《世祖本纪》所载"西川都元帅"或者"东川都元帅",还是《刘整传》所载"潼川都元帅"?《杨大渊传》载杨大渊为"东川都元帅",《帖木儿不花传附帖赤》载帖赤为"东川便宜都元帅",加之钦察有"征南都元帅"或"阆、蓬、广安、顺庆、夔府等路都元帅"。故此李天鸣认为,在四川的蒙古都元帅,并非只有东川和西川两个而已。因此,本纪所称刘整担任的都元帅,并不一定非要是东川和西川中的一个不可。①

杨大渊在中统三年冬入朝觐见的时候,受任为"东川都元帅",②显然这一职位是在同时期分开的东、西两川都元帅府中的"东川都元帅府"。而且,杨大渊还同时受命与征南都元帅钦察一同共事。③可知,杨大渊确定是在东川驻守。他原本驻守大获山,这一带均属东川。他在大获山、利州一带还开展屯田、购置军粮、储备军需等工作:"(中统三年十月戊辰),杨大渊乞于利州大安军以盐易军粮。"④此外,此前益兵青居山的汪惟正受命分派部分军队赴利州屯田:"(中统三年十月)庚午,敕巩昌总帅汪惟正将戍青居军还,屯田利州。"⑤钦察长期驻守青

①　李天鸣:《宋元战史》,第 888 页。
②　《元史》卷一六一《杨大渊传》,第 3778 页。
③　《元史》卷一六一《杨大渊传》,第 3778 页。
④　《元史》卷五《世祖本纪二》,第 88 页。
⑤　《元史》卷五《世祖本纪二》,第 88 页。

居山，也属东川。① 在中统三年十月东西两川都元帅府一分为二时，钦察的职务为"阆、蓬、广安、顺庆、夔府等路都元帅。"关于钦察的职务，《杨大渊传》载为"征南都元帅"。中统元年，元朝在顺庆府设立征南都元帅府，其中帖的和钦察当时均为都元帅。《元史·地理志》"顺庆路"条载："元中统元年，立征南都元帅府。至元四年，置东川路统军司，后改东川府。"可知征南都元帅府设于顺庆府，青居山（今南充高坪区青居镇）是顺庆府驻地，故钦察是在驻守青居山之时设置了征南都元帅府，顺庆府是东川的核心地带。《元史·汪良臣传》亦载："（中统）三年，授（汪良臣）阆蓬广安顺庆等路征南都元帅。"②可见"征南都元帅"当是"阆蓬广安顺庆等路征南都元帅"之简称，且并非只有一人担任，此时的钦察、汪良臣当均任此职。

钦察在十月份请求增兵驻守青居山，蒙古命"陕西行省及巩昌总帅汪惟正以兵益之"。③ 钦察所统辖的阆、蓬、顺庆、夔府等地均属东川都元帅府管控范围。此时蒙古对以青居山为核心据点的东川地区防御非常重视，中统四年（1263）初，抽调了汪忠臣、帖的和刘整麾下的部分军队交给都元帅钦察，戍守青居山：

> 春正月乙巳，敕李平阳以所部西川出征军士戍青居山，其各翼军在青居山者悉还成都。……敕总帅汪忠臣、都元帅帖的及刘整等益兵付

---

① 钦察（Qïpčaq），钦察应当是在1258—1259年跟从蒙哥进攻四川的时候，开始驻守青居山，见《元史》卷一六二《李忽兰吉传》："宪宗南征，忽兰吉掌桥道馈饷之事，有功，赐玺书。从攻苦竹隘山寨，先登，斩守将杨立，获都统张宷，招降长宁、清居、大获山、运山、龙州等寨。……己未，（李忽兰吉）与怯里马哥、扎胡打、鲁都赤、阔阔尤领蒙古、汉军二千五百略重庆。六月，总帅汪德臣没于军，命忽兰吉以其军殿后，宋兵水陆昼夜接战，皆败之，部军皆青居人，赏赉独厚，遂与蒲察都元帅守青居，治城壁，储刍粮，招纳降附，宗王穆哥承制命忽兰吉佩金符，为巩昌元帅。"（第3791—3792页）此处所称之"蒲察都元帅"就是驻守青居山的钦察，《元史》校勘记已指出，《蒙兀儿史记》改"蒲"为"钦"。蒲察是女直（女真）姓，即满族之富察，《元史》中的"蒲察"应当是"钦察"之讹误。

② 《元史》卷一五五《汪良臣传》第3654页。

③ 《元史》卷五《世祖本纪二》，第88页。

都元帅钦察,戍青居山。①

忽必烈将四川分为东川和西川两个战区。东川主要以顺庆府青居山
为核心,西川主要以成都、潼川为核心,而潼川位于东、西两川之间,从战略
和交通地位来说,是作为位于两川之间的一个连接点。刘整多在潼川驻
守,因此本传中所称"潼川都元帅"之职更符合他的实际行迹。蒙古方面
为加强防御,长期驻守,为下一步更大规模的进攻作准备,开始经营潼川
(治郪县,今四川三台县)一带的驻防和屯田等事宜。② 中统四年八月甲
寅,"命成都路运米万石饷潼川",③同时还专门"给钞付刘整",命其购买
耕牛用作屯田。至元元年(1264)八月初一,④陕西行省称:"宋新附民宜拨
地土衣粮,给其牛种,仍禁边将分匿人口。"⑤这一政策与刘整以钞买牛屯
田举措一致。同月癸亥,刘整受到封赏:"敕京兆路给赐刘整第一区、田二
十顷。"⑥为加强潼川防御,"分刘元礼等军戍潼川,命按敦将之"。⑦ 可见
在至元元年,按敦、⑧刘元礼镇守潼川,与刘整同僚。从中统四年到至元元
年,四川统军机构有所调整,四年七月壬寅有"以成都经略司隶西川行
院"⑨的记载。八月戊午,"以阿脱、商挺行枢密院于成都,凡成都、顺庆、潼

---

① 《元史》卷五《世祖本纪二》,第90页。《蒙兀儿史记》卷七《忽必烈汗纪》"中统三年十月"
有"分东、西两川都元帅府为二,以帖的、刘整为都元帅"(第81页)。《蒙兀儿史记》去掉了"等""及
左右副都元帅"等字词,显然与原意大相径庭,使人误以为东、西两川都元帅就是帖的和刘整。此
外,《世祖本纪二》在"中统四年十二月丁未朔条"又载:"以凤翔屯军、汪惟正青居等军、刁国器平阳
军,令益都元帅钦察统之,戍虎啸寨。"(第95页)又改命钦察戍守虎啸寨(虎啸城、虎相城,位于今四
川广安市前锋区护安镇),此处钦察的职务是"益都元帅",未知所据。
② 南宋的潼川府路,在中统年间为蒙古所控制的地区有潼川府(今三台县)、遂宁府(今遂宁
市)、顺庆府(今南充市北部)、资州(今资中县)、普州(今安岳县)、荣州(今荣县)、怀安军(今金堂
县淮口镇南沱江南岸)。据李昌宪《中国行政区划通史·宋西夏卷》,第556—561页。
③ 《元史》卷五《世祖本纪二》,第94页。
④ 本年原为中统五年,八月丁巳(十六日)改元至元,为至元元年。
⑤ 《元史》卷五《世祖本纪二》,第98页。
⑥ 《元史》卷五《世祖本纪二》,第94页。
⑦ 《元史》卷五《世祖本纪二》,第94页。
⑧ 《石抹狗狗传》载,狗狗的父亲乞儿,"至元二年(1265),从都元帅按敦移镇潼川"(第3906
页)。可能是石抹乞儿在至元二年才来到潼川按敦麾下。
⑨ 《元史》卷五《世祖本纪二》,第93页。

川都元帅府并听节制"。① 四川行院即四川行枢密院，与陕西四川行省同时并存，行院专门负责军饷供应，行省偏重供应军需。② 此外，从至元元年三月"诏四川行院，命阿脱专掌军政，其刑名钱谷商挺任之"一语可知，四川行院既有军事职能，也有刑名钱谷等政务职能。从上所述，四川行枢密院管辖有三个都元帅府，即"成都""顺庆"和"潼川"，可知潼川在当时是作为东川和西川之间的一个相对独立的帅府存在，刘整以及按敦、刘元礼等均属于潼川都元帅府的将领，居于东、西两川中间起到应援、联络和沟通的重要作用。李天鸣《宋元战史》对四川行院设立以后的蒙古军部署情形作了总结，诸将驻守情况如下：

（1）成都军民经略使刘元振驻成都。

（2）都元帅按敦驻潼川。

（3）潼川都元帅刘整驻潼川。

（4）潼川路汉军都元帅刘元礼（元振的弟弟）驻潼川。

（5）阆、蓬、广安、顺庆、夔府等路都元帅钦察驻青居山（顺庆）。他是四川东部蒙军的最高指挥官。

（6）巩昌等廿四路便宜都总帅汪惟正驻青居山。

（7）东川都元帅杨大渊驻大获山（阆州）。

（8）阆、蓬、广安、顺庆等路征南都元帅汪良臣驻武胜城。

（9）元帅张大悦驻运山（蓬州）。

（10）渠州路军民总帅、东夔路经略使蒲元圭驻大梁府（即原来宋朝的广安军军治大良平）。

（11）西川都元帅帖赤，驻地不详（似乎应该在成都）。他后来升任行枢密院官员，在景定五年又被调往山东，担任益都统军使。③

---

① 《元史》卷五《世祖本纪二》，第94页。

② 李治安、薛磊：《中国行政区划通史·元代卷》（第二版），第165页。

③ 成都是西川的中心，西川都元帅当驻守在成都，这一点从中统四年七月壬寅有"以成都经略司隶西川行院"、八月戊午有"以阿脱、商挺行枢密院于成都，凡成都、顺庆、潼川都元帅府并听节制"等记载均可判断。关于帖赤"调往山东，担任益都统军使"的问题，前文亦有讨论。

（12）都元帅府先锋使张庭瑞部约五千人驻虎啸山。①

二、应援战例：潼川之战与云顶山之战

这一时期，蒙古方面的主要任务除了继续进攻南宋所控制的区域，尤其是重兵驻守的诸山城以外，还大力发展屯田、加强军需、粮饷的转运和储备。陕西四川行省治下开展了一系列调整川蜀军事布防、加强军需供应、发展屯田生产增强实力等举措。蒙古将川蜀分成两个战区——西川和东川。潼川地处两川之间，起着应援沟通的作用。东川和西川每有战事，潼川将帅均需出兵应援，潼川都元帅刘整均参与其中。刘整在四川且耕且守且战，步步稳扎稳打，很好地体现了蒙古实施的救援战略，即"蒙军本身或新近所获得的据点遭受宋军攻击，而守军不足以对抗时，蒙古通常会调派援军前往救援"，②刘整降蒙之后在川蜀地区发挥了不小的作用。

至元元年，南宋方面派遣夏贵等将领进攻蒙古军驻守的虎啸城，双方展开激战。《世祖本纪》首见于至元元年六月："宋制置夏贵率兵欲攻虎啸山，敕以万户石抹乣札刺一军益钦察戍之。"③《夏贵神道碑》记载详细：

> 明年(1264，至元元年)，命公帅兵入蜀，克复成都，开蜀闸，为重庆前闸。调兵船入渠江，运渠粮至虎相城下，粮不能达。公以计命都统王甫一鼓而进，粮达渠州。方率兵船会张珏，并力攻虎相城下有日。监军呼延德乞移兵牵制潼州④人马之援成都者，公即调昝万寿、孙立等去虎相，往潼川。是岁，宋理宗崩，度宗即位。
>
> 明年(1265，至元二年)，公潜师从资江而上，舟行无人之境。出刘整不意，杀其兵将数千余人，夺其所胁驱老幼万余人，整以伤归。众皆

---

① 李天鸣：《宋元战史》，第894页。
② 李天鸣：《宋元战史》，第929页。
③ 《元史》卷五《世祖本纪二》，第97页。
④ "潼州"应为"潼川"之误。

曰："蜀被兵以来，未有此战。"①

夏贵此前在两淮驻守，至元元年首次进驻川蜀。《宋史·理宗本纪》载
"（景定五年）夏四月丁未，以夏贵为枢密都承旨、四川安抚制置使，兼知重庆
府、四川总领、夔路转运使"，②即《夏贵神道碑》中所称"开蜀阃，为重庆前阃"。
入蜀当年，夏贵向渠州运粮，当是通过渠江送至礼义城（渠州迁治之所），但在
虎啸城下被拦截，发生阻击战。于是与驻守合州的张珏③并力进攻虎啸城。夏
贵的监军呼延德建议要分兵牵制从潼川支援成都的蒙古军，昝万寿、孙立受命
离开虎啸城，转赴潼川阻击援军。第二年（至元二年），夏贵派遣军队出其不意
地打败了刘整，并使其受伤，还把刘整胁迫的原南宋百姓万余人又夺了回去。
《夏贵神道碑》自然是要称颂传主，声称"蜀被兵以来，未有此战"。关于《夏贵
神道碑》所记载的至元元年、二年的一系列战斗，有若干史料似与其相关：

> （中统）四年五月，宋安抚高达、温和率军，进逼成都，整驰援之。宋
> 兵闻赛存孝至，遁去，将捣潼川，又与整遇于锦江而败。④
>
> （至元）二年九月，宋制置夏贵率军五万犯潼川，元礼所领才数千，
> 众寡不敌，诸将登城望贵军，有惧色。元礼曰："料敌制胜，在智不在
> 力。"乃出战，屡破之，复大战蓬溪，自寅至未，胜负不决，激厉将士曰：
> "此去城百里，为敌所乘，则城不可得入，潼川非国家有矣。丈夫当以死
> 战取功名，时不可失也。"即持长刀，大呼突入阵，所向披靡，将士咸奋，
> 无一不当百，大败贵兵，斩首万余级，生擒千余人。捷奏，赐锦衣二袭、
> 白金三锭、名马一匹、金鞍辔、弓矢，召入朝，命复还潼川，立蓬溪寨。⑤

---

① 刘岳申：《申斋刘先生文集》卷八《大元开府仪同三司行中书省左丞夏公神道碑铭》，台北
藏清钞本。
② 《宋史》卷四五《理宗本纪五》，第886页。
③ 张珏于中统四年（南宋景定四年，1263）十月甲子，受命为"兴元府驻扎御前驻军都统制兼
知合州"（《宋史》卷四五《理宗本纪五》，第885页）。
④ 《元史》卷一六一《刘整传》，第3786页。
⑤ 《元史》卷一四九《刘元礼传》，第3520页。

至元元年,授蒙古汉军总管。(至元)二年,(忽都)从都元帅百家奴败宋将夏贵于怀安。①

(元至元二年,南宋咸淳元年,1265)夏四月壬寅,赏四川都统昝万寿云顶山、金堂峡之功,及其将士。②

昝万寿进攻云顶山、金堂峡,恰与《夏贵神道碑》所载"公即调昝万寿、孙立等去虎相,往潼川"相符。昝万寿率军赴潼川,进攻了潼川的云顶山、金堂峡等地。《宋元战争史》在叙述《刘元礼传》所载的夏贵率领五万军队进攻潼川的时候写道:"当时刘整应援西川未归,刘元礼仅以数千人戍守。"③显然是根据《刘元礼传》所写,但是传中并未有刘整应援西川未归的记载。《刘整传》的"宋安抚高达、温和率军,进逼成都,整驰援之"是刘整赴西川应援的事迹,但这件事在《刘整传》中记为"中统四年五月",时间不符。如果本传的时间改为至元二年,则与《夏贵神道碑》的叙述恰好吻合。或若高达、温和于中统四年五月进攻成都,而持续到至元元年昝万寿、孙立率军进攻潼川的时候,刘整仍未返回,则这几条史料的记载也能够吻合,但是这又未免时间太长。

综合零散史料发现,在夏贵率军入蜀以后发生的一系列战斗,其实际情形远比零散史料所呈现的要复杂得多。双方在潼川、西川以及渠州一带反复拉锯、胶着,互有胜负。夏贵既要向渠州礼义城运送粮食等军需物资,又要进攻潼川、怀安(今四川金堂县淮口镇)和成都等地。站在南宋方面立场的《夏贵神道碑》《宋史·度宗本纪》多描写夏贵、昝万寿的战功和刘整等人的失败,而站在蒙古方面立场的刘整、刘恩、刘元礼、忽都等传记多描写各传主的战功事迹,他们均在自己的传记中"击败"了宋将夏贵。由于史料零散,相互之间难以判断、分析并形成一个完整逻辑链条,这次"潼川之战"及与其相关的宋蒙双方具体的军事部署和详细的战斗过程,都不是很清楚。目前

———————

① 《元史》卷一三五《忽都传》,第 3278 页。胡昭曦主编《宋蒙(元)关系史》(第 282 页)在记述这次战斗的时候,错把时间写成"景定二年(1261)"。如果以南宋年号标记应当是"咸淳元年",即至元二年(1265)。
② 《宋史》卷四六《度宗本纪》,第 894 页。
③ 陈世松等:《宋元战争史》,第 192 页。

对这场战役进行过叙述的著作均较为简略,往往只根据一两种史料,没有详细全面地考订,①主要还是因为史料的缺乏,不同史料的记载侧重点不同,有详有略。至元二年底,刘整等人由于有功而获封赏:"十一月丁酉,以元帅按敦、刘整、刘元礼、钦察等将士获功,赏赉有差。"②从这条材料来看,虽然在整个战役过程中刘整等人有过失败,但终究保住了潼川等重要战略要地,南宋方面并未取得太大的突破。

至元三年(1266),夏贵继续率军进攻云顶山,在《沙全传》和《刘恩传》中有"至元三年云顶山之战"记载:

> 至元三年,整出兵云顶山,与宋将夏贵兵遇,全击杀甚众。③
> 至元三年,宋将以战船五百艘,载甲士三万人,夹江上游,先以一万人据云顶山,欲取汉州。恩率千人渡江与战,杀其将二人、士卒三千余人,溺死者不可胜计,授成都路管军副万户。④

关于至元三年的云顶山之战,应当是至元二年潼川之战的延续,夏贵所率领的南宋军队始终在潼川、成都一带进攻,从战斗结果来看,夏贵率军自至元元年进入川蜀以来,与蒙古方面互有胜负。此外,还有其他南宋军队分别在嘉定、合州、重庆、开州、达州等地与蒙古展开争夺,均互有胜负。

在至元三年的云顶山之战以后,直至至元四年十一月刘整入朝觐见,这段时间未见刘整在川蜀出兵作战的记载。至元三年六月,刘整升任为"昭武大将军、南京路宣抚使",⑤并受赐"畿内地五十顷"。⑥ 南京路是在金朝南京

---

① 陈世松等:《宋元战争史》,第 192—193 页;李天鸣:《宋元战史》,第 906—907 页;《宋蒙(元)关系史》,第 282—283 页。《宋蒙(元)关系史》认为此次潼川之战,是宋蒙双方在四川较大的一次战斗。(第 283 页)

② 《元史》卷五《世祖本纪二》,第 100 页。

③ 《元史》卷一三二《沙全传》,第 3218 页。

④ 《元史》卷一六六《刘恩传》,第 3896 页。

⑤ 《元史》卷一六一《刘整传》,第 3786 页。昭武大将军按元制是武职正三品(按金制是正四品)中衔,刘整在此前的授职只称为"都元帅",并未有明确职级,后又被封为镇国上将军和昭勇大将军。

⑥ 《元史》卷六《世祖本纪三》,第 111 页。

(汴梁城)的基础上设置,直至至元二十五年(1288),南京路改称汴梁路。之所以封赏刘整为南京路宣抚使,因刘整本为邓州穰县人,以其原本家乡封赏给他,很可能因是之故将邓州一带的属于"畿内地"的土地封赐给刘整。①

第三节　提出"宜先从事襄阳"的平宋方略

至元四年(1267)十一月乙巳,《世祖本纪》载:"南京宣慰刘整赴阙,奏攻宋方略,宜先从事襄阳。"②这是刘整第三次入朝觐见。③从其后的事迹看,他此次入朝以后就未再返回四川,而是进驻襄樊战场。因此,至元四年十一月的入朝觐见开启了刘整下一个仕宦阶段。

一、襄樊在宋元战争中的重要战略地位

襄樊地区的战略地位,前人多有论述,顾祖禹《读史方舆纪要》:

> 以天下言之,则重在襄阳……夫襄阳者,天下之腰脊也。中原有之可以并东南,东南得之亦可以图西北者也。故曰重在襄阳也……若夫襄阳者,西晋用之,则以亡吴;蒙古用之,则以亡宋。④

---

① 《元史》卷六《世祖本纪三》,(第107页)载:"(至元二年,1265)闰五月丁卯,分四亲王南京属州,郑州隶合丹,钧州隶明里,睢州隶孛罗赤,蔡州隶海都,他属县复还朝廷。"又见《元史》卷五九《地理志二》载:"至元八年(1271),令归德自为一府,割亳、徐、邳、宿四州隶之;升申州为南阳府,割裕、唐、汝、邓、嵩、卢氏行襄樊隶之。"可见在至元二年,元朝政府除了把南京路的郑州、钧州、睢州和蔡州作为诸王的食邑予以分封外,其余都归朝廷管辖。至元八年以前,南京路归属朝廷管辖的州县中包含邓州,故在至元三年,朝廷很有可能把邓州或其他州县的"畿内地"赐予刘整。至元八年(1271),刘整因围攻襄阳之战有功,所以受封赏就有"邓州田五百顷"(第137页):"(至元八年)九月甲子,赐刘整钞五百锭、邓州田五百顷,整辞,改赐民田三百户,科调如故。"

② 《元史》卷六《世祖本纪三》,第116页。《元史》点校本校勘记:"南京宣慰刘整按本书卷一六一《刘整传》,'宣慰'当作'宣抚'。本证已校。"

③ 在此之前他曾于至元三年受封为南京宣抚使,是其第二次入朝时间。下一章要谈到的《刘垓神道碑》中提及刘整至元三年携其子刘垓入朝,受到封赏。但在《元史》等文献中未有入朝记载。

④ 顾祖禹撰:《读史方舆纪要》,贺次君、施和金点校本,北京:中华书局,2005年,第3484页。

作为清代著名的地理学家,顾祖禹总结历史经验,道出了襄樊地区的重要军事战略地位。关于襄樊地区在宋元战争中军事地位的变化过程,《癸辛杂识·襄阳始末》有过详细论述:

襄阳遭端平甲午叛军之祸,悉煨于火。直至淳祐辛亥,李曾伯为江陵制帅,始行修复。时贾似道开两淮制阃,心忌其功,尝密奏于朝,谓孤垒绵远,无关屏障。至开庆透渡之际,穆陵犹忆此语,欲弃襄阳而保鄂,而似道乃谓在今则不可弃矣。①

贾似道最初并未把襄樊作为重点防御区,后来他认为形势发生变化,必须要加强防御。贾似道起初嫉妒李曾伯之军功,故刻意贬低襄樊的战略地位,以此打击异己,其行为也在一定程度上削弱了防御效果。有学者认为,襄阳地区的战略重要性是一个"日益彰显"的过程,如果蒙古方面能够在端平三年(1236)占据襄阳时采取像后来忽必烈实施的如筑城池、开屯田、修战船等一系列措施,那么"蒙元灭宋的战争将可能会提早结束",②这个分析不无道理。以理宗和贾似道为代表的南宋君臣决不会没有意识到襄樊地区的重要地位。由襄樊地区浮汉入江,继而向西连接入川通道,向东顺江而下直通临安。如果襄樊失守,川蜀、江淮被切为两段,四川成为一座孤岛,而进攻临安的军队也将瞬息而至。有学者分析,南宋末年军队总数有70余万人,以5—6万人屯驻四川,而荆襄地区屯驻12—13万人,两淮地区屯驻17—18万人。其中四川的重兵集中在川东山地,荆襄与两淮重兵由沿江进至淮汉布防,由此襄阳和樊城就有了更重要的地位。③

实际上,对于襄樊地区在宋元战争中的重要战略性,并非仅仅只有刘整认识到,在其前后还有一些人也对此提出了相似的看法,例如蒙古定宗贵由

① 《癸辛杂识·别集下》"襄阳始末"条,第305页。
② 傅骏:《端平年间京湖襄阳地区的战事》,《军事历史研究》2003年第2期。
③ 史卫民:《元代军事史》,北京:军事科学出版社,1998年,第181—182页;王曾瑜:《宋朝兵制初探》(增订本),北京:中华书局,2011年,第193—206页。

汗时期的西夏人李桢、受聘于中书粘合珪府中的隐士杜瑛以及向忽必烈上书的郝经、郭侃、史权等人。

李桢,字干臣,先祖为西夏国族,后作为质子留侍蒙古宫廷,因才能出众而得以近侍,受到太宗窝阔台的赏识,赐名"玉出干必阇赤"。李桢曾从皇子阔出攻金,一路攻下河南诸郡,后阔出命李桢赴唐、邓二州管理民事。当地由于战乱,百姓十之八九都流散各地。李桢赈恤饥寒,终令归者如市。关于襄樊战略地位,李桢曾向贵由汗进言:"襄阳乃吴、蜀之要冲,宋之喉襟,得之则可为他日取宋之基本。"①贵由汗嘉其言。"庚戌(1250),赐虎符,授襄阳军马万户。丙辰(1256),宪宗命桢率师巡哨襄樊",②可见李桢后来在襄樊地区还曾有过功勋。

杜瑛,字文玉,《元史》中被列为隐逸之士,《隐逸传》开篇讲道:"元之隐士亦多矣,如杜瑛遗执政书,暨张特立居官之政,则非徒隐者也,盖其得时则行,可隐而隐,颇有古君子之风。"③以杜瑛作为元代隐逸之士的典型代表之一。己未年,忽必烈南下鄂州前,曾召见受聘于中书粘合珪府的杜瑛。忽必烈向其"问计",他提出:"汉、唐以还,人君所恃以为国者,法与兵、食三事而已。国无法不立,人无食不生,乱无兵不守。今宋皆蔑之,殆将亡矣,兴之在圣主。若控襄樊之师,委戈下流,以捣其背,大业可定矣。"④他虽为隐士,但时刻关注时局,待机而动,故能够在忽必烈征召询问天下大计的时候,作出精辟的分析和回答。忽必烈非常高兴,"谓可大用,命从行,以疾弗果"。⑤

郝经在蒙哥久攻四川相持不下的时候,曾向忽必烈上言《东师议》,表露其攻宋方略:"如欲存养兵力,渐次以进,以图万全,则先荆后淮,先淮后江。彼之素论,谓'有荆、襄则可以保淮甸,有淮甸则可以保江南'。先是,我尝有荆、襄,有淮甸,有上流,皆自失之。今当从彼所保以为吾攻,命一军出襄、邓,直渡汉水,造舟为梁,水陆济师。以轻兵掇襄阳,绝其粮路,重兵皆趋汉

---

① 《元史》卷一二四《李桢传》,第3051页。
② 《元史》卷一二四《李桢传》,第3051页。
③ 《元史》卷一九九《隐逸传》,第4473页。
④ 《元史》卷一九九《隐逸传·杜瑛》,第4474页。
⑤ 《元史》卷一九九《隐逸传·杜瑛》,第4474页。

阳,出其不意,以伺江隙。不然,则重兵临襄阳,轻兵捷出,穿彻均、房,远叩归、峡,以应西师。"①郝经的上言虽已较为具体详细,但未能成为当时征宋的主要战略,忽必烈也未明确意识到襄樊地区的战略意义。

《元史·郭侃传》载:"世祖即位,侃上疏陈建国号、筑都城、立省台、兴学校等二十五事,及平宋之策,其略曰:'宋据东南,以吴越为家,其要地,则荆襄而已。今日之计,当先取襄阳,既克襄阳,彼扬、庐诸城,弹丸地耳,置之勿顾,而直趋临安,疾雷不及掩耳,江淮、巴蜀不攻自平。'后皆如其策。"②郭侃言"平宋之策"的时间没有明确记载,但从"世祖即位"推测,郭侃应当是在忽必烈刚刚即位的中统元年提出"先取襄阳"的战略。

《元史·史权传》记载:"至元六年,召(史权)至阙下,问以征南之策。对曰:'襄阳乃江陵之藩蔽,樊城乃襄阳之外郭,我军若先攻樊城,则襄阳不能支梧,不战自降矣。然后驻兵嘉定,耀武淮、泗,事必有济。'帝善其计。"③史权提出"先取襄阳"之议的时间是在 1269 年(元至元六年,南宋咸淳五年),晚于刘整提议的 1267 年(元至元四年,南宋咸淳三年)十一月。刘整、阿朮等将领已于 1268 年(元至元五年,南宋咸淳四年)开始围困襄阳,可见至少在 1268 年之前,忽必烈已经采纳了"先取襄阳"的平宋方略。那么史权的献策还有意义吗?仔细分析发现史权与郭侃等人的上言内容有所不同。郭侃等人所提基本是大体战略,仅仅认识到襄樊地区的战略重要性。但史权所言内容是欲取襄阳、当先攻樊城,即"先取襄阳的具体方法"。相比之下,史权的方略中不仅看到了襄阳之于南宋的重要性,还提出了先攻樊城才能占领襄阳的具体方法,当较他人更具前瞻性和可操作性,或许正是因为 1268 年刘整、阿朮等人在围困襄阳的军事行动不算顺利,忽必烈才会继续问计予以探讨。第二年,史权发现先攻樊城才可占领襄阳的军事策略。实际上,史权早在 1246 年(元定宗元年,南宋淳祐六

---

① 《元史》卷一五七《郝经传》,第 3703 页。张进德、田同旭校笺:《郝经集编年校笺》,北京:人民文学出版社,2018 年,第 826 页。

② 《元史》卷一四九《郭侃传》,第 3525 页。

③ 《元史》卷一四七《史权传》,第 3483 页。

年)就已开始率领蒙古军南下攻宋:"元年丙午……冬,权万户史权等耀兵
淮南,攻虎头关寨,拔之,进围黄州。"①可见,史权也有丰富的攻宋经验,所
以才能够根据局势的变化而提出更加具体的方略。

二、刘整提出的平宋方略内容

平宋方略的提出、被采纳和成功实施是刘整一生中非常重要的成就,
《刘整传》载:

> (至元)四年十一月,入朝,进言:"宋主弱臣悖,立国一隅,今天启
> 混一之机。臣愿效犬马劳,先攻襄阳,撤其扞蔽。"廷议沮之。整又曰:
> "自古帝王,非四海一家,不为正统。圣朝有天下十七八,何置一隅不
> 问,而自弃正统邪!"世祖曰:"朕意决矣。"②

在刘整于此次正式提出以后,忽必烈才最终下定决心攻宋,并以刘整所
提出的"宜先从事襄阳"主要方略进行实施。上述这段史料是刘整所提平宋
方略最核心的内容。刘整曾一度受到朝臣的阻止,但是他一再进言,才使得
忽必烈最后下定决心得以确立。苏天爵在《湖广行省左丞相神道碑》中加注
的《刘武敏公碑》记载了当时朝臣阻止的情形:

> 始上书策宋必平,时庭臣哗然异之,以为虚国病民,未见收其成功
> 可岁月计者,不谋一喙。而天聪独沃然,曰惟汝予同。为大兴兵如所
> 策,围襄阳,而宋宿援师十万于郢,讫不可前。③

从碑文所称"收其成功可岁月计者"表明,刘整所上的平宋方略应当远
比现有史料所保留的内容更加详细,很可能详细罗列了平宋的具体步骤,包

---

① 《元史》卷二《定宗本纪》,第39页。
② 《元史》卷一六一《刘整传》,第3786页。
③ 《元朝名臣事略》卷二《丞相楚国武定公》,第36页。

括可以"岁月计"的"平宋时间表",且非常短暂迅捷,这才招致了"庭臣哗然异之",认为是"虚国病民"、劳民伤财而"不谋一喙"。但是他的平宋方略最终得到了忽必烈的支持而得以实施。

《湖广行省左丞相神道碑》有一条至元五年刘整所提灭宋方略的内容:

> 又明年(至元五年,1268 年),故中书左丞刘武敏公拯为策:"襄阳,吾故物,由弃弗戍,使宋得窃筑为强藩。复此,浮汉入江,则宋可平。"①

《蒙兀儿史记》在刘整本传中也有这一句,插入的位置是抄录《元史·刘整传》所载刘整于至元四年十一月入朝时对忽必烈所言之语的中间,这句话不见于《元史》本传和本纪,其中所言"浮汉入江"是对《元史》所载平宋方略的补充,即攻占襄樊地区以后,顺着汉江进入长江,一路顺流东下,可直达临安。《蒙兀儿史记》写道:

> 四年十一月入朝,建言:宋主弱臣悖,立国一隅,今启混一之机。臣愿效犬马劳,先攻取襄阳,撤其扞蔽。且襄阳吾故物,往者弃而弗戍,使宋得窃筑为强藩。若复襄阳,浮汉入江,则宋可平也。②

从行文上看,屠寄显然是将《元史·刘整传》与《湖广行省左丞相神道碑》的这句话糅合在了一起,细节上稍有变动。这里体现屠寄一个观点,他认为神道碑所记载的这句话并非是"至元五年"的事,而是依据《元史·刘整传》所载至元四年十一月刘整入朝时所上言的内容之一,此论有理,这句话应当是至元四年刘整入朝时所言。因至元五年忽必烈已派遣刘整等人奔赴襄樊,而听从刘整的平宋方略并作出决策的时间就是在至元四年十一月。

---

① 苏天爵编,张金铣校点:《元文类》卷五九《湖广行省左丞相神道碑(姚燧)》,第 1193 页。这段内容亦被《元朝名臣事略》(卷二《丞相楚国武定公》,第 32 页)收录。《事略》文字与《元文类》稍有差异。"故中书左丞刘武敏公拯",前者少一"故"字,"拯"写作"整"。
② 《蒙兀儿史记》卷八二《刘整传》,第 538 页。

由于十一月已近年底,刘整的上言曾遭朝臣阻止。那么,或许也存在另一种可能性,即刘整十一月入朝觐见之时并未使忽必烈当即作出决策,而是迁延了一段时间。或许延至至元五年初,刘整又再次上书并经朝臣和忽必烈的反复商讨,才最终使得忽必烈力排众议,采纳了刘整的平宋方略。《元史》卷六《世祖本纪三年》"至元五年春正月辛丑(十九日)"条有"敕陕西五路四川行省造战舰五百艘付刘整"的记载,至少在此之前,忽必烈已采纳刘整建议并开始行动,命其先练水军。因此,刘整上言平宋方略和忽必烈作出决策的时间范围是至元四年十一月至至元五年正月辛丑(十九日)。

除了《元史》"传""纪"部分所载的平宋方略,还见于其他文献,如《钱塘遗事》"刘整北叛":

> 京湖制置吕文德复泸州。文德号为"黑炭团",整归北,上急攻缓取之书,谋取襄阳,曰:"南人惟恃一'黑炭团',可以利诱也。"乃遣使于文德,求置榷场于樊城外。文德许之。使曰:"南人无信,安丰等处榷场或为盗所掠,愿筑土墙以护货物。"文德不许,使辞去。或谓文德曰:"榷场成,我之利也。且可因以通和好。"文德以为然。迫使者不及。既而使者至,复申前议,文德遂许焉。为请于朝,开榷场于樊城外,北人筑土墙于鹿门山外,通互市,筑堡。襄帅吕文焕知被欺诳,两申制置司,为亲吏陈文彬匿之。北人又于白鹤城增筑第二堡,文焕复申制司,文德大惊,顿足曰:"误朝廷者,我也!"即请自赴援,会病卒。①

---

① 《钱塘遗事校笺考原》,第 122 页。王瑞来对"刘整叛北"条进行考原,认为此条与《宋季三朝政要》有渊源关系,见其卷三:吕文德复泸州。文德号"黑灰团",整叛,遂献言曰:"南人惟恃一黑灰团,可以利诱也。"乃遣使献玉带于文德,求置榷场于襄城外,文德许之。使曰:"南人无信,安丰等处榷场每为盗所掠,愿筑土墙以护货物。"文德不许,使辞去。或谓文德曰:"榷场成,我之利也,且可因以通和好。"文德以为然,追使者不及矣。既而使者至,复申前议,文德遂许焉,为请于朝,开榷场于樊城外。筑土墙于鹿门山。外通互市,内筑堡。文焕知被欺,凡两申制置司,为亲吏陈文彬匿之。北人又于白鹤城增筑第二堡,文焕再申方达。文德大惊,顿足曰:"误朝廷者,我也。"即自请赴援,会病卒。

上述这段引自王瑞来《宋季三朝政要笺证》(第 303—304 页)。《钱塘遗事》与《宋季三朝政要》的记述行文大体一致,只个别之处有所不同,一是关于吕文德绰号不同,前者为"黑炭团",后者为"黑灰团";二是《宋季三朝政要》未载刘整降蒙以后"上急攻缓取之书"。

《钱塘遗事》"襄阳受围":

    咸淳戊辰,北兵围襄阳。攻襄阳,刘整之计也。整,宋骁将,号"铁猢狲"。己未大兵渡江,止迁跸之议者,丞相吴潜也;尽守臣之力者,帅臣向士璧也;奏断桥之功者,曹世雄其一,而整次之。似道功赏不明,杀潜,杀士璧,杀世雄。整守泸州,惧祸及己,遂叛。献策南伐,上急攻缓取之书。东南之兵势、地势如指诸掌,进攻之计不于淮,不于湖广,不于蜀,独于襄者,盖知襄者东南之脊,无襄则不可立国。吕祉尝谓"得襄阳则可以通蜀汉而缀关辅,失襄阳则江表之业可忧"者,正此也。①

《癸辛杂识》"襄阳始末":

    (刘整)遂领麾下亲兵数千人,投北献策,谓攻蜀不若攻襄,无襄则无淮,无淮则江南可唾手下也。遂为乡导,并力筑堡、断江,为必取之计,此咸淳丙寅、丁卯岁也。②

咸淳丙寅、丁卯指的是 1266—1267 年(至元三年至四年)。刘整于中统二年(1261)降蒙,至元四年(1267)十一月文献明确记载刘整入朝,他第一次入朝是在中统三年(1262),本传记载了此次刘整入朝对其的授职、赏赐等事宜,但并没有记载第一次入朝时刘整向忽必烈上书汇报了什么。以常理揆之,刘整作为刚刚投附蒙古的南宋将领,第一次入朝觐见新主,应当会尽可能拿出"干货"以求进身之阶。通过《钱塘遗事》所

---

① 《钱塘遗事校笺考原》卷六,第 179 页。王瑞来"考原":认为本条中之议论,数句于由宋入元之罗璧《识遗》卷一〇《东南国势》可见仿佛:"得襄阳则可以通巴峡,缀关辅,失襄阳则必须保巫峡,护江陵。襄阳一失,则天下事无可言者。"

② 《癸辛杂识》别集下"襄阳始末",第 306 页。点校本对"并力筑堡,断江为必取之计"的句读不妥,应当改为"并力筑堡、断江,为必取之计"。"筑堡""断江"均为"必取之计"的内容,所以应当并列。

记载的有关刘整提出的利诱吕文德、在襄阳城外"名开榷场、暗筑城堡"的计策看来,这一计划很可能是刘整在第一次入朝的中统三年所提出。《宋元战史》《宋元战争史》《宋蒙(元)关系史》等论著均认为这一事件发生在中统四年,即刘整入朝觐见之后的第二年。查阅相关材料发现,似乎只有《宋季三朝政要》明确将这一事件置于南宋景定四年(元中统四年,1263)之内。有学者经过考订认为,元军在樊城外借互市之名修筑城堡,并非是在1263年,而是在1267年(至元四年),①笔者赞同这一观点。前文已述,刘整是在至元三年六月受任为南京路宣抚使,并且根据后文将要提到的《刘垓神道碑》记载,刘整受任为南京路宣抚使时亦曾入朝觐见。在至元三年期间,有关刘整在川蜀作战的事迹只有一条,即"至元三年,整出兵云顶山,与宋将夏贵兵遇,全击杀甚众"。②再看《钱塘遗事》"襄阳受围"条载:"整初至襄阳,与少保吕文德借地开互市。互市既置,因筑城置堡,江心起万人台,立撒星桥,以遏南兵之援。"③刘整提出的利诱吕文德、借地互市的策略非常具体细致,若想真正实施应当需要他亲自赴襄樊战场,因此筑堡之举必须是在刘整至元三年参加完四川云顶山之战,并受任为南京路宣抚使、转赴襄樊战区以后。《宋季三朝政要》等并非仅记载1263年一年中的事,而是将1261—1269年间包括刘整北叛、筑堡襄阳在内,将刘整参与的事件数年累加,汇于同一条目之下。元军筑堡不当在1263年开始,对襄樊的大规模攻略也应该在1267年起始。④

　　有关刘整提出的利诱吕文德、借口互市以筑堡的策略,在郑思肖所撰《心史》中有一段详细记述。其细节史料所据不明,姑录于此以备考。《心

---

① 洪学东:《名开榷场,实修堡垒——宋元襄樊战役元军筑堡年代考》,南京大学元史研究室/民族与边疆研究中心主办:《元史及民族与边疆研究集刊》(第三十一辑),上海:上海古籍出版社,2016年。

② 《元史》卷一三二《沙全传》,第3218页。

③ 《钱塘遗事校笺考原》,第179页。点校者句读为"因筑城置堡江心,起万人台",笔者以为应为"因筑城置堡,江心起万人台"。据后来襄樊之战的过程来看,元军在襄阳汉江中心曾修筑有高台,以围困城中的宋军,即"江心起万人台"之意。

④ 洪学东:《名开榷场,实修堡垒——宋元襄樊战役元军筑堡年代考》。

史·大义略叙》:

> 整说轼任责取江南,谓一得襄阳,则江南唾手可得。轼遂注意谋襄阳。整亦有将才,似道尝命文德俾间谍入虏,赍物赐整,密缓其仍归,赦罪复爵。整心疑而不回,但为轼谋,悠扬其答。整素知似道好玉带,轼密遣使贡玉带于文德,求转达似道。彼言:"襄阳旧有互市场,不开久矣,南北物货俱绝,轼人欲借白河之地为互市场,通南北货物。我固知官府蔽护商旅,但白河荒野,商旅各有财本,惧为盗贼所劫。轼人又欲就白河筑小小家基寨,防拓以蔽商旅。"似道纳玉带,诺其请。咸淳□年□月,轼据白河筑城,围大九里余,实非小小家基寨。襄阳守臣吕文焕达于文德,竟不答。明年,轼以重兵屯白河城,轼又筑鹿门山城,又筑万山城,又筑小堡寨十四所,又于汉江下撒星钉,又建万人敌台,脉络相应,死厄襄阳水陆路。及文德详知其故,遣援军竟莫能前。文德愤为贼计所诳,感忧病死。①

这段史料中的关键内容即筑城时间"咸淳□年□月",有学者认为筑城时间虽有缺漏,但即便为咸淳元年(1265),也与《宋季三朝政要》所系景定四年(1263)相差两年。下句"明年,轼以重兵屯白河城"应指《宋史》《元史》中1268年白河口筑城成、驻守重兵并加以扩展的事件。因而此处所缺很可能为"咸淳三年□月"(1267年某月)。②

从后来的襄樊之战可知,利诱吕文德、在襄阳城外开榷场、筑城堡是一个非常关键的环节,直接奠定了蒙古军队下一步成功长期进围襄阳、樊城的

---

① 郑思肖撰,陈福康点校:《郑思肖集》,上海:上海古籍出版社,1991年,第160页。此外,这一段史料虽然大体内容与《宋季三朝政要》类似,但也有一些内容为他书所不载,具体已为洪学东《名开榷场,实修堡垒——宋元襄樊战役元军筑堡年代考》指出:"如记载刘整北叛后,贾似道试图诱降,派吕文德遣间谍与刘整接触,这一记载是其他史料中所没有的。如记载南宋受贿者不单有吕文德,还有贾似道。贾似道向以贪鄙而恶名昭著,'素知似道好玉带'一句使人不禁联想到《宋史》中称贾似道'酷嗜宝玩','闻余玠有玉带,求之,已徇葬矣,发其冢取之'(《宋史》卷四七四《贾似道传》,第13784页)的劣迹,但又因无一旁证,无从判断其真伪。"

② 洪学东:《名开榷场,实修堡垒——宋元襄樊战役元军筑堡年代考》。

军事格局,也为最终攻占襄樊地区打好了基础。

再来看史料所提"急攻缓取之书",据《钱塘遗事》"襄阳受围"载,所谓"急攻缓取之书"似乎是紧接着其后所称"东南之兵势、地势如指诸掌,进攻之计不于淮,不于湖广,不于蜀,独于襄者,盖知襄者东南之脊,无襄则不可立国"一句,但这句话并没有表明"急"和"缓"之分。从"刘整北叛"条看,"上急攻缓取之书"一语之后紧接着的是"谋取襄阳",所以不论"急攻缓取之书"的全部内容是什么,其核心都是"谋取襄阳"。李天鸣将刘整的平宋方略总结为"平宋三策",即两个速决方案和一个持久方案:

> 所谓持久的方案,就是从四川开始经营,先攻占整个四川,四川占领了,江南也就可以平定了。所谓速决的方案,有两个,一个是从襄阳前进,另一个则是从淮河前进。从襄阳,则先攻占襄阳,然后再沿着汉水进入长江。从淮河,则先在清河和淮河的要冲——清口和桃源(今江苏泗阳县)筑城,屯驻山东的军队,然后再待机进攻。
>
> 刘整又认为先攻取襄阳是平定宋国最好的策略。他说,攻打四川,不如攻打襄阳;没有襄阳,也就没有淮河;没有淮河,江南就可以垂手可得了。①

李天鸣的这段论述引用的是袁了凡等撰《纲鉴合编》卷卅七《南宋纪》"德祐元年"条,按语引《史略》说:"刘整降北,献策取东南,谓缓取则经营自蜀而下,急则由襄、淮直进。"②这份史著成书于明代,属于后出资料。作者在综合前代史料的基础上作出自己的判断,与南宋末期的认识已有一定差距。显然李天鸣的解释也是从"急攻缓取之书"而来,速决就是急攻,缓取就是持久。他还利用了《宋史·度宗本纪》"刘整故吏罗鉴"

① 李天鸣:《宋元战史》,第949页。
② 袁了凡、王凤洲编撰:《纲鉴合编》,北京:中国书店,1985年。

的故事：

> （咸淳九年）三月庚申，四川制司言："近出师成都，刘整故吏罗鉴
> 自北复还，上整书稿一帙，有取江南二策：其一曰先取全蜀，蜀平，江南
> 可定；其二曰清口、桃源、河、淮要冲，宜先城其地，屯山东军以图进取。"
> 帝览奏，亟诏淮东制司往清口，择利城筑以备之。①

李天鸣将这个故事纳入刘整的"平宋三策"，但他也注意到后世对此事真实性的质疑："清高宗认为：罗鉴的反正归来和缴上刘整的两个方案，是个反间计；当时，元军企图从襄阳南下，因此想要宋军防备淮南和四川，而不防备京湖（傅恒《历代通鉴辑览》卷九四，清高宗批语）。不论这是不是反间计，由于淮河、西川的方案在《纲鉴合编》中也提到过，所以在襄樊战役之前，刘整也一定有淮河和四川的两个方案。"②

笔者以为这不太可能是反间计，或许与刘整和襄樊之战无关。咸淳九年（至元十年）正月，樊城已经被攻破，襄樊之战的结局已然明了。元军的战略意图此时再明显不过，完全没有必要再实施迷惑战术。罗鉴是在南宋咸淳九年三月之前不久进军成都的时候"自北复还"，可能罗鉴此前一直在成都，此次因宋军进攻成都被俘或其他原因复返宋，于是这才献出了刘整曾经的"书稿"（未成形的草稿、初稿），可能是以此作为投附之礼来减轻自己当年跟随刘整"叛逃"的罪责。这样的草书资料或为刘整早年所作，已属陈旧之物。而且刘整在至元四年入朝、至元五年率军南下进驻襄樊，至今已有五年时间，其间并未返回四川，不太可能再与罗鉴有往来，且文中也称罗鉴为刘整"故吏"。但由于此稿与刘整有关，南宋四川制置司仍不敢轻视，立即上报朝廷，宁可信其有不可信其无。与此同时，南宋立即对书稿中所叙述的计划采取了有针对性的防御措施，这也属于正常的应急反应。

---

① 《宋史》卷四六《度宗本纪》，第912页。
② 李天鸣：《宋元战史》，第953页。

第四节 训练水军与围攻襄樊

至元四年十一月刘整入朝上平宋方略后,促使忽必烈下定决心攻宋,于是便派驻军队进驻襄樊地区,宋元战争史上具有决定意义的一战——襄樊之战由此展开。刘整作为平宋方略的提出者,全程参与并主导了这场旷日持久的战役,这成为他一生中最大的军功。他于至元四年(1267)十一月入朝,至元五年(1268)七月被授予镇国上将军、都元帅,①九月率军围襄阳。襄樊之战前人研究较多,论述全面系统。本节拟以年份为阶段,专门针对史料零散记载的襄樊之战期间的刘整事迹,尤以《刘整传》及相关内容为主进行考订,以期阐明刘整在襄樊之战过程中的实际作用,并推进对襄樊之战相关史实的认识。

一、至元五年的军事行动

虽然元朝很早就认识到水军的重要性,也始终积极增强水军力量。但在决定进攻襄樊的时候,水军实力仍显得不足。刘整在至元四年十一月入朝提出平宋方略以后,第二年(1268)正月辛丑(十九日),忽必烈下令命陕西五路四川行省造战舰五百艘"付刘整",②准备建立强大的水军以围攻襄樊。至元五年算作是元朝派遣军队大规模进围襄樊的开局之年,主要的任务都是准备工作,包括将帅任命、军事部署、物资筹集、军队调拨和进驻襄樊城外实施包围等。

六月甲申,元军统帅阿术上疏说:"所领者蒙古军,若遇山水、寨栅,非汉军不可。宜令史枢率汉军协力征进。"③阿术受命准备实施包围襄樊的新战

---

① 《蒙兀儿史记》在"都元帅"前加"汉军"(第538页)。从后来刘整进攻襄樊时所统军队为汉军,并一再进封"汉军都元帅"来看,屠寄增补"汉军"有理。

② 《元史》卷六《世祖本纪三》,第117页。

③ 《元史》卷六《世祖本纪三》,第118页。卷一四七《史天倪传附史枢》载:"至元四年,宋兵围开、达诸州,以枢为左壁总帅,佩虎符,凡河南、山东、怀孟、平阳、太原、京兆、延安等军悉统之,宋兵闻之,解去。六年,高丽人金通精据珍岛以叛,讨之,岁余不下。"(第3485页)可见,史枢率汉军协力征进襄樊的时间并不长。

术,这必然需要熟悉情况的汉军尤其是水军作为主力参与其中。至元五年
(1268)七月,刘整受任为镇国上将军、都元帅,①并"与都元帅阿术同议军
事",②随后刘整"至军中",③开始长达五年的襄樊包围战。因此,也有人认
为襄樊之战是从至元五年开始:

> 至元五年,故左揆刘武敏公开用兵端于襄阳,诏集天下兵,临之制,
> 宠武敏汉军都元帅,专将其军。④

《钱塘遗事》"襄阳受围"亦载:

> 于戊辰之冬,以大兵围之,而襄日孤矣。⑤

接续上节所考,刘整继在至元三年参加完四川云顶山之战、⑥六月入朝
觐见并受任南京路宣抚使之后,转赴襄樊地区,开始实施利诱吕文德、借口
互市暗中筑堡的军事行动,取得初步成功。至元四年十一月,他从襄樊地区
入朝觐见忽必烈,提出完整的平宋方略。至元五年初,忽必烈同意派遣大军
进驻襄樊。九月至十一月,元军在阿术、刘整的率领下连续开展了一系列军

---

① 《元史》卷一六一《刘整传》,第3786页。《世祖本纪三》载:"(至元五年)秋七月丙子,诏四
川行省赛典赤自利州还京兆。立东西二川统军司,以刘整为都元帅,与都元帅阿术同议军事。"(第
119页)此处点校本句读有误,"立东西二川统军司"应当紧接上句"诏四川行省赛典赤自利州还京
兆"之语,而与下文"以刘整为都元帅……"一语无关。东西二川统军司,是统领四川地区军事征战
的管军机构。赛典赤·赡思丁于至元元年担任陕西四川行省伊始,长达十年。四川行省(应为陕西
四川行省)治所多次迁徙,利州和京兆都曾作为治所,皆因攻略南宋的需要。刘整、阿术此时已经在
襄樊地区展开大规模进攻,与陕西四川行省没有隶属关系,故刘整担任的不可能是东、西二川统军
司的"都元帅"。
② 《元史》卷六《世祖本纪三》,第119页。
③ 《元史》卷六《世祖本纪三》,第119页。元军在襄樊筑堡时间及相关细节,洪学东《名开榷
场,实修堡垒——宋元襄樊战役元军筑堡年代考》已有考订,通过梳理《元史》纪、传,《宋史》《至正
金陵新志》等资料的记载认为至元五年(1268)九月和至元六年(1269)三月分别是白河城、鹿门堡筑
成的时间,而在1267年十二月以前就有了筑堡行动。
④ 姚燧:《牧庵集》卷二一《少中大夫静江路总管王公神道碑》。
⑤ 《钱塘遗事校笺考原》,第179页。
⑥ 月份不详,但应该是在当年六月之前。

事行动：

> 九月丁巳,阿术统兵围樊城。①

> 九月,(刘整)督诸军,围襄阳,城鹿门堡及白河口,为攻取计,率兵五万,钞略沿江诸郡,皆婴城避其锐,俘人民八万。②

> 十一月庚申,宋兵自襄阳来攻沿山诸寨,阿术分诸军御之,斩获甚众,立功将士千三百四人。诏首立战功生擒敌军者,各赏银五十两,其余赏赉有差。③

二、至元六年的军事行动

本年正月,元朝派遣更多将领赶赴襄樊:

> 春正月甲戌,敕史天泽与枢密副使驸马忽剌出董师襄阳。④
> 六月癸卯,诏董文炳等率兵二万二千人南征。⑤

随着南征将领和军队规模的不断增加,围攻襄樊的战争逐渐升级,攻势渐趋激烈。《刘整传》仅有一条本年事迹:

> (至元)六年六月,擒都统唐永坚。⑥

《世祖本纪》载,七月庚申,元朝"水军千户邢德立、张志等生擒宋荆鄂都统唐永坚,赏银币有差"。⑦ 元朝攻宋水军主要由刘整训练和统领,生擒

---

① 《元史》卷六《世祖本纪三》,第119页。
② 《元史》卷一六一《刘整传》,第3786—3787页。刘整、阿术率军正式围攻襄阳的时间,《通鉴续编》卷二四亦写作"秋九月"。
③ 《元史》卷六《世祖本纪三》,第120页。
④ 《元史》卷六《世祖本纪三》,第122页。
⑤ 《元史》卷六《世祖本纪三》,第122页。
⑥ 《元史》卷一六一《刘整传》,第3786页。
⑦ 《元史》卷六《世祖本纪三》,第122页。

唐永坚的"水军千户"邢德立、张志都是其麾下的水军部属,《刘整传》将"生擒唐永坚"之功算在刘整身上是合理的。《蒙兀儿史记》写作"麾下千户邢德立、张志与宋都统唐永坚战,禽而降之"。① 唐永坚,《宋史》载其职务为"荆鄂都统制":"(咸淳)四年春正月己丑,吕文德言知襄阳府兼京西安抚副使吕文焕、荆鄂都统制唐永坚蜡书报白河口、万山、鹿门山北帅兴筑城堡,檄知郢州翟贵、两淮都统张世杰申严备御。"②此次被刘整擒住以后降蒙,至元十年曾受命前往襄阳招降吕文焕。③ 至元十二年又受命招降郢州。为保险起见,由蒙古将领率领三千军兵护送偕行。④ 元朝以降将诏谕未下州县城池和其他宋将,是其在征宋战争中的惯例。

但是,《本纪》和《传》纪事时间不同,前者为"七月庚申(十六日)",后者为"六年六月"。六、七月间,元军展开较大攻势。六月壬寅,"阿术率兵万五千人阨宋万山、射垛冈、鬼门关樵苏之路"。⑤ 对鹿门山、白河口等地的争夺在襄樊之战中非常激烈,有水战、陆战,南宋调动精兵强将集中于此。至元六年(1269)秋七月癸酉,"宋将夏贵率兵船三千至鹿门山,万户解汝楫、李庭率舟师败之,俘杀二千余人,获战舰五十艘"。⑥ 夏贵是南宋末期的重要将领,后在宋元战争的最后关头降元,成为与刘整同列的降将之一。元朝水军将领解汝楫、李庭率领水师击败夏贵,足见当时元朝水军的实力已经不弱,这均归功于刘整对水军的训练。十月,由于襄阳被元军包围,粮草不济,南宋遣军队运粮入城,却被元军截获。⑦

本年明确记载跟从刘整参加襄樊之战的将领有史弼,《元史》有传:

① 屠寄:《蒙兀儿史记》卷五八《刘整传》,第 538 页。
② 《宋史》卷四六《度宗本纪》,第 899 页。
③ 《元史》卷八《世祖本纪五》,第 147 页。
④ 《元史》卷八《世祖本纪五》,第 160 页。
⑤ 《元史》卷六《世祖本纪三》,第 122 页。
⑥ 《元史》卷六《世祖本纪三》,第 122 页。
⑦ 《元史》卷六《世祖本纪三》(第 123 页):"冬十月庚子,宋遣人馈盐、粮入襄阳,我军获之。"

中统末,授金符、管军总管,命从刘整伐宋。攻襄樊,尝出挑战,射杀二人,因横刀呼曰:"我史奉御也!"宋兵却退。①

王恽《行状》:

> 至元己巳(六年,1269),命佐帅臣刘整南伐,转战江、汉间,若鏖峨眉、掀松阳,拔樊城、下襄阳,飞渡大江,并围维扬,率内薄先登。及论功,每在诸将右,宝鞍锦服,宠赉殊渥。始自汉兵总管授金虎符、怀远大将军、行军万户,加定远、安远,升昭勇大将军、淮东大都督,改扬州达鲁花赤。②

史弼后来晋升为昭勇大将军,与刘整曾经的封号相同。昭勇大将军,为正三品武职最低衔。③ 史弼在至元六年开始跟从刘整南下征宋,几乎经历了所有刘整参与的对宋战争,其原本为蠡州博野(今河北博野县)人,他作战勇敢、功劳卓著。在襄樊之战结束以后,他继续参加征宋战争。④

三、至元七年的军事行动

至元七年史料可见的刘整事迹主要有修筑围城工事、训练水军、打造战舰以及阻击南宋元军。

一是修筑围城工事。三月,"筑实心台于汉水中流,上置弩砲,下为石囤五,以扼敌船"。⑤ 八月份,成功阻击南宋援军之后,元军在襄阳城外"复筑

---

① 《元史》卷一六二《史弼传》,第 3800 页。
② 王恽:《王恽全集汇校》卷四七《故蠡州管匠提领史府君(忠)行状》,第 2246 页。
③ 《元史》卷九一《百官志七》,第 2321 页。刘迎胜:《〈元史·百官志〉正三品资阶订误》,《历史研究》2009 年第 6 期。
④ 王恽:《王恽全集汇校》卷四七《故蠡州管匠提领史府君(忠)行状》,第 2244 页。王恽行状所载史弼祖父史忠的事迹与《史弼传》所载曾祖父史彬的事迹相同,未知孰是。史弼亦名"史塔剌浑"(《元史》卷八《世祖本纪五》,第 158 页),方龄贵认为,按蒙古语塔剌浑训"肥胖",此人盖以其身材硕壮魁梧而有塔剌浑之称号也(《〈通制条格〉人名考异》,引自方龄贵《元史丛考》,北京:民族出版社,2004 年,第 162 页)。
⑤ 《元史》卷一六一《刘整传》,第 3787 页。

外围，以遏敌援"。①

二是训练水军与打造战舰，增强水军整体作战能力。三月戊午，阿朮与刘整言："围守襄阳，必当以教水军、造战舰为先务。"②《元史·刘整传》亦载："我精兵突骑，所当者破，惟水战不如宋耳。夺彼所长，造战舰，习水军，则事济矣。"③二人一同上疏朝廷，请求支持训练水军。很快见到成效，"造战舰五千艘"，④并且"日练水军，虽雨不能出，亦画地为船而习之，得练卒七万"。⑤ 有学者对"战舰五千艘"和"练卒七万"的规模提出质疑，认为《元史》记载失实："根据《元史》，这支蒙古水师竟然有五千艘，兵员达到七万。这是有点难以置信的数字。由于一艘大约为十四人，就船而言是嫌小的。但就算如此，如果真如此一数字所示，那么参加襄阳作战兵员的大半，就是变身成了水师。"⑥至元五年正月，元朝政府命陕西四川行省拨付给刘整"战舰五百艘"。短短两年之内，战舰规模扩充十倍，增至五千艘，可见水军力量发展速度之快。

三是阻击南宋援军。九月丙寅(二十九日)，"宋将范文虎以兵船二千艘来援襄阳，阿朮、合答、刘整率兵逆战于灌子滩，杀掠千余人，获船三十艘，文虎引退"。⑦灌子滩，位于今湖北宜城市北二十里。史天泽、张弘范筑万山堡，⑧并率军驻守，

---

① 《元史》卷一六一《刘整传》，第 3787 页。卷七《世祖本纪四》载为："八月戊辰朔，筑环城以逼襄阳。"(第 130 页)

② 《元史》卷七《世祖本纪四》，第 128 页。

③ 《元史》卷一六一《刘整传》，第 3786 页。《赵天锡附赍亨传》记载："(至元)七年，(赵赍亨)借元帅刘整赴京师，命为征行千户，赐金符，及衣带鞍马。"(第 3584 页)可知，刘整在襄樊之战期间，曾经于至元七年与赵赍亨一同回京入朝，赵赍亨受到封赏。阿朮与刘整进言加强水军训练，有"诏许之"(卷七《世祖本纪四》，第 128 页)之语，而《刘整传》更有"乘驿以闻，制可。既还，造船五千艘，日练水军，虽雨不能出，亦画地为船而习之，得练卒七万"(第 3787 页)。可见，这次阿朮与刘整的进言应当是在回京入朝以后当面向忽必烈所言，因此《赵赍亨传》所载"借刘整朝京师"的时间应当是至元七年三月戊午(十九日)。

④ 《元史》卷七《世祖本纪四》，第 128 页。

⑤ 《元史》卷一六一《刘整传》，第 3787 页。

⑥ 杉山正明著，周俊宇译：《忽必烈的挑战——蒙古帝国与世界历史的大转向》，北京：社会科学文献出版社，2013 年，第 176 页。

⑦ 《元史》卷七《世祖本纪四》，第 131 页。卷一二八《阿朮传》："于是治战船，教水军，筑圜城，以逼襄阳。文虎复率舟师来救，来兴国又以兵百艘侵百丈山，前后邀击于淊滩，俱败走之，"亦见王恽《大元光禄大夫平章政事兀良氏先庙碑铭》。《阿朮传》源于王恽所撰《兀良氏先庙碑铭》。淊滩，即灌子滩。

⑧ 《宋史》卷四六《度宗本纪》："(咸淳六年十二月)己亥，大元兵筑万山城。"(第 906 页)

使得襄阳城与外面的接应救援基本隔断。南宋派遣范文虎等将领前来增援,阿术、刘整等人率军与其作战,击退了援军。

四、至元八年的军事行动

本年主要战事就是刘整等人阻击南宋二张(张贵、张顺)援助襄阳:

> 八年五月,宋帅范文虎遣都统张顺、张贵,驾轮船,馈襄阳衣甲,邀击,斩顺,独贵得入城。①

张贵、张顺救援是襄樊战役期间一次比较重要的战事,许多文献都有详略不等的记载,主要集中在《钱塘遗事》"张贵赴援"、《齐东野语》"二张援襄"、《宋稗类钞》卷一二、《癸辛杂识》"襄阳始末"、《宋季三朝政要》卷四"咸淳八年"条、《宋史》卷四六《度宗本纪》"咸淳八年"条、《宋史》卷四五〇《张贵、张顺传》、《昭忠录》"张贵、张顺"条、《宋史纪事本末》卷二七"蒙古陷襄阳"、《通鉴续编》卷二四等以及《元史》部分本纪、列传之中亦有零散记载。

第二年,进入襄阳城的张贵准备返回并已定好突围计划,因计划泄露为元军所侦知:"谍知文焕将遣张贵出城求援,乃分部战舰,缚草如牛状,傍汉水,绵亘参错,众莫测所用,九月,贵果夜出,乘轮船,顺流下走,军士觇知之,傍岸爇草牛如昼,整与阿术麾战舰,转战五十里,擒贵于柜门关,余众尽杀之。"②刘整和阿术作好了准备伏击张贵,最终将其擒杀。《阿术传》亦载,可互为参照:"(至元)九年三月,破樊城外郛,增筑重围以逼之。宋裨将张顺、张贵装军衣百船,自上流入襄阳,阿术攻之,顺死,贵仅得入城。俄乘轮船顺流东走,阿术与元帅刘整分泊战船以待,燃薪照江,两岸如昼,阿术追战至柜门关,擒贵,余众尽死。"③此次阻击二张援襄的战斗,

---

① 《元史》卷一六一《刘整传》,第 3787 页。
② 《元史》卷一六一《刘整传》,第 3787 页。
③ 《元史》卷一二八《阿术传》,第 3120 页。

许多元军将领都参与其中,刘整是其中之一。二张被《昭忠录》收入,成为
"名扬千古"的忠臣义士,这恰恰与置二人死地的南宋降将刘整形成了鲜
明对照。

　　至元八年刘整官职先后两次升任。首先是在九月,刘整升任"参知河南
行中书省事"。① 河南行省设置于至元五年十月,主要任务就是"经理"唐、
邓、蔡、息、徐、邳、邓州的屯田,最初官员只有参知政事阿里和金省姚枢二
人。② 之后,逐渐增加官员规模和为襄樊战役作后勤保障的职能,陆续增加
史天泽、忽剌出、马亨、合丹、阿里海牙等人。元朝政府在至元二十八年正式
设立河南江北行省。关于增设河南行省的理由,《元史·百官志》云:"(至
元)二十八年,以河南、江北系要冲之地,又新入版图,宜于汴梁立省以控治
之,遂署其地,统有河南十二路、七府。"③许有壬《河南省检校官持平堂记》
说:"河南省南控江淮,西揹崤函,东掖海岱,以辅承京师,中土大方面也。"④
李治安、薛磊总结河南江北行省的设立缘由,主要有"要冲之地"和"新入版
图"。⑤ 要冲之地是河南行省早在至元初年就设置的重要原因之一,这与襄
樊战役关系密切,可以说最初河南行省的始设就直接源于此,是为襄樊前线
的元军提供屯田、粮饷、兵源、物资等战略保障。同时还要在新占领土地上
建章立制,以图长久。战争年代的军政要务往往交织在一起,在河南行省设
置的时候,这一带首先是一个较大的军事管制区,元朝控制着这一区域将直
接对襄樊实施有效进攻。因此在襄樊战役胶着期间,元朝先后任命了阿里
海牙、刘整等军事将领同时担任河南行省官员。

　　其次是在十一月,刘整又受命为"统水军四万户"。⑥《蒙兀儿史记》中
删掉了"水军"二字。⑦ 所谓"水军四万户"具体不详。目前所知有如下三人

---

① 《元史》卷一六一《刘整传》,第3787页。
② 《元史》卷九一《百官志七》;《元文类》卷六〇《中书左丞姚文献公神道碑》;李治安、薛磊:
《中国行政区划通史·元代卷》(第二版),第113页。
③ 《元史》卷九一《百官志七》,第2306页。
④ 许有壬:《至正集》卷四三,台湾大学图书馆藏清宣统三年石印本。
⑤ 李治安、薛磊:《中国行政区划通史·元代卷》(第二版),第114页。
⑥ 《元史》卷一六一《刘整传》,第3787页。
⑦ 《蒙兀儿史记》卷五八《刘整传》,第538页。

在至元八年左右均为水军万户,可能在刘整麾下:一是解汝楫,为解诚之子,见《元史·解诚传》。解诚早年因伐宋有功受封为水军万户,其子解汝楫记载较为简略:"子汝楫袭,从讨李璮,平宋,累获功赏,卒,赠推忠效节功臣、资德大夫、中书右丞、上护军,追封易国公,谥忠毅。"①解汝楫袭父职为水军万户。至元六年解汝楫作为水军万户在襄阳作战。② 二是帖木儿不花,《元史·帖木儿不花传》载:"帖木儿不花,中统初入备宿卫。至元七年,授虎符,代张马哥为淄莱水军万户,将其众赴襄阳,与宋将范文虎战于灌子滩,手杀四十余人,夺其战舰,追至云胜洲,大败之。行省上其功,赐白金五十两、衣一袭、鞍辔一副。九年,授益都新军万户。"③他在至元七年担任"淄莱水军万户",率军赴襄阳作战,参与了阿术、刘整指挥的与南宋范文虎"灌子滩之战",而在至元九年改为益都新军万户,恰好在至元八年刘整统水军四万户的时候,帖木儿不花在襄樊作战。三是张荣实,《元史·张荣实传》:"中统元年,帝即位,录其勋劳,授金虎符、水军万户,仍以其子颜代为霸州七处管民万户。至元五年,从丞相阿术攻襄阳,败夏贵,擒张顺;又攻樊城,俘其二将,赏银百两及弓矢鞍勒。"④

此外,在《元史·伯颜传》中有"阿里海牙继遣张荣实、解汝楫等四翼军,舳舻相衔,直抵夏贵"⑤的记载,时为至元十一年十二月。《元史·世祖本纪五》"至元十二年三月壬辰"条中有"阿里海牙督诸翼万户及水军张荣实、解汝楫等,逐世杰于湖口之夹滩,遣郎中张鼎召世杰,世杰降"⑥的记载,其中水军有"张荣实、解汝楫等"。《元史·伯颜传》中所称的"四翼军"是否就是当时进攻襄樊的由刘整所统的"水军四万户"? 有待进一步考证。

刘整本年的升迁可能与阻击二张援襄的军事行动有关,是受到元朝政府的奖赏,除受任为河南行省参知政事以外,还受赐"钞五百锭、邓州田五百

---

①　《元史》卷一六五《解诚传》,第3870—3871页。
②　《元史》卷一五九《赵璧传》,第3749页;《元史》卷一六二《李庭传》,第3795页。
③　《元史》卷一三二《帖木儿不花传》,第3219页。
④　《元史》卷一六六《张荣实传》,第3905页。
⑤　《元史》卷一二七《伯颜传》,第3102页。
⑥　《元史》卷八《世祖本纪五》,第164页。

顷"。刘整对此辞却不受，于是朝廷又"改赐民田三百户，科调如故"。① 九年正月，刘整又"加诸翼汉军都元帅"，②即《世祖本纪》所载"总汉军"。③ 二月又命"阿朮典蒙古军，刘整、阿里海牙典汉军"，④由此形成了阿朮、刘整和阿里海牙三人统领蒙古、汉军的军事布局。

五、至元九年的军事行动

至元九年，胶着的襄樊之战开始出现显著变化。先是刘整赴襄阳城前招降吕文焕：

> 襄阳帅吕文焕登城观敌，整跃马前曰："君昧于天命，害及生灵，岂仁者之事！而又龌龊不能战，取羞于勇者，请与君决胜负。"文焕不答，伏弩中整。⑤

此事应当发生在九年三月之前，不久元军就对樊城展开猛烈攻击。三月甲戌（十六日），"蒙古都元帅阿朮、汉军都元帅刘整、阿里海牙督本军破樊城外郛，斩首二千级，生擒将领十六人，增筑重围守之"。⑥ 攻破樊城外郛，意味着樊城外围已被打破。⑦ 之后，元朝对下一步的进攻重点和方向有

① 《元史》卷七《世祖本纪四》，第137页。
② 《元史》卷一六一《刘整传》，第3787页。
③ 《元史》卷七《世祖本纪四》，第140页。
④ 《元史》卷七《世祖本纪四》，第140页。
⑤ 《元史》卷一六一《刘整传》，第3787页。《蒙兀儿史记》在"伏弩中整"后面增加"臂，以甲坚未深入"（第538页），《新元史》仅增一"臂"字。
⑥ 《元史》卷七《世祖本纪四》，第140—141页。《刘整传》记载相同："三月，破樊城外郭，斩首二千级，擒裨将十六人。"（第3787页）《蒙兀儿史记》卷八二《刘整传》将"外郭"改为"土郭"（第538页）。《蒙兀儿史记》于此处增"然樊城仍坚守不下"（第538页）。增加内容很好地补充了对战争进度的诠释，此次虽然攻打樊城取得了较大突破，但在元朝将帅中间存在着争议，即下一步如何调整进攻重点，因此才有了后续的讨论。
⑦ 《元史》卷一六六《隋世昌传》，第3893页："（至元）九年，败宋兵于鹿门山。元帅刘整筑新门，使世昌总其役，樊城出兵来争，且拒且筑，不终夜而就。整授军二百，令世昌立炮帘于樊城栏马墙外，夜大雪，城中矢石如雨，军校多死伤，达旦而炮帘立。宋人列舰江上，世昌乘风纵火，烧其船百余。樊城出兵鏖战栏马墙下，世昌流血满甲，勇气愈壮，而樊城竟破，襄阳亦下，迁武略将军。"

一个讨论:

> 时围襄阳已五年,整计樊、襄唇齿也,宜先攻樊城。樊城人以栅蔽城,斩木列置江中,贯以铁索。整言于丞相伯颜,①令善水者断木沉索,督战舰趋城下,以回回砲击之,而焚其栅。②

实际不只是刘整,还有阿里海牙、张禧等人均提出应先攻破樊城则襄阳亦随后而下的策略,但每个人的传记均将这个观点置于传主身上,如《张禧传》:

> (至元)十年,行省集诸将问破襄阳之策,禧言:"襄、樊夹汉江而城,敌人横铁锁、置木橛于水中,今断锁毁橛,以绝其援,则樊城必下。樊城下,则襄阳可图矣。"行省用其计,乃破樊城,而襄阳继降,帝遣使录诸将功,授宣武将军、水军万户,佩金虎符,丞相伯颜因命禧为水军先锋。③

《阿里海牙传》:

> 阿里海牙以为襄阳之有樊城,犹齿之有唇也,宜先攻樊城,樊城下,则襄阳可不攻而得。乃入奏。帝始报可。④

当时的元军将领基本上对这一作战方针达成了共识,即先进攻樊城,使襄阳援绝,然后拿下襄阳城,后来的战争进程基本依此进行。南宋在至元十年二月曾收到吕文焕的蜡书,称"去冬(至元九年)逆整与六安叛将,⑤一意

---

① 《蒙兀儿史记》将"伯颜"改为"阿尤",并注曰:"阿尤,旧传作丞相伯颜。按,是年伯颜尚未至襄阳。"(第539页)屠寄所改为是。
② 《元史》卷一六一《刘整传》,第3788页。
③ 《元史》卷一六五《张禧传》,第3866—3867页。
④ 《元史》卷一二八《阿里海牙传》,第3124页。
⑤ 此处有小字记作"恐是焦与",即所谓"六安叛将"可能为"焦与"。

窥江"。① 可见，刘整在本年冬天，曾经亲自去检视江面情况，以设置藩篱，隔绝襄樊之间的应援。

本年十一月，发生了一件差点断送刘整性命的事件，南宋荆湖制置李庭芝使出了一条反间计：

> 宋荆湖制置李庭芝以金印牙符，授整汉军都元帅、②卢龙军节度使，封燕郡王，为书，使永宁僧持送整所，期以间整。永宁令得之，驿以闻于朝，敕张易、姚枢杂问，适整至自军，言宋怒臣画策攻襄阳，故设此以杀臣，臣实不知。诏令整复书谓："整受命以来，惟知督厉戎兵，举垂亡孤城耳。宋若果以生灵为念，当重遣信使，请命朝廷，顾为此小数，何益于事！"③

《世祖本纪四》所载与上述大体一致：

> 宋京湖制置李庭芝为书，遣永宁僧赍金印、牙符，来授刘整卢龙军节度使，封燕郡王。僧至永宁，事觉，上闻，敕张易、姚枢杂问。适整至自军中，言："宋患臣用兵襄阳，欲以是杀臣，臣实不知。"敕令整为书复之，赏整，使还军中，诛永宁僧及其党友。④

《刘武敏公碑》也记载了此事，行文与本纪、传均有较大差别：

> 乃遣间怀伪燕郡王昌化军节度使告身、金印、牙符，声致之公，以幸吾元假手以甘心也。公奔走，待罪阙下。诏磔死间，俾中书移书让其谋国臣曰："汝礼义邦，乃今出盗贼计，诬我大臣。"大赉加公，还之于军。⑤

---

① 《癸辛杂识·别集下》"襄阳始末"，第 311 页。
② 《蒙兀儿史记》卷八二《刘整传》在此处加注："旧传'都元帅'上有'汉军'二字，宋官制无所谓'汉军'也。"（第 539 页）故《蒙兀儿史记》删掉"汉军"二字，此说有理。
③ 《元史》卷一六一《刘整传》，第 3787 页。
④ 《元史》卷七《世祖本纪四》，第 143—144 页。
⑤ 《元朝名臣事略》卷二《丞相楚国武定公》。

结果此事被永宁官员发现,告知于元朝政府。刘整入朝向张易、姚枢解释原委,才最终使得李庭芝此计没有得逞。这是战争期间双方惯用的策略,即通过各种离间手段使敌方将帅遭到当权者的怀疑,或利诱使之反水,或招降使之叛逃,这一点尤其是在南宋降将身上使用较多。① 忽必烈最后相信了刘整,认为他所言有理。这件事可以看出忽必烈在关键时刻用将不疑,明辨是非曲折,戳穿并粉碎了宋人的反间计,确保了元军对襄樊总攻的顺利举行。② 当然,这也是元朝能够平定南宋、一统全国的重要原因之一。

此外,刘整在这一年还曾经为元朝进攻川蜀出谋划策。南宋张珏戍守合州,"叛将刘整复献计,欲自青居进筑马鬃、虎顶山,扼三江口以图合",③元朝接受了刘整的建议,于是蒙古将领匣剌统军率诸翼兵开始筑城。张珏的部将"欲出兵与之争",张珏予以阻止并认为"芜菁平、母德彰城,汪帅劲兵之所聚也,吾出不意而攻之,马鬃必顾其后,不暇城矣。"④于是,张珏在嘉渠口布置疑兵,"潜师渡平阳滩攻二城,火其资粮器械,越砦七十里,焚舡场,统制周虎战死,马鬃城卒不就"。⑤

六、至元十年的军事行动

至元十年是襄樊战役的终结之年。年初樊城被攻下,襄阳城内的吕文

---

① 《元史》卷一五九《赵璧传》载:"(至元)六年,宋守臣有遣间使约降者,帝命璧诣鹿门山都元帅阿尤营密议。命璧同行汉军都元帅府事。"(第3748页)可见在襄樊之战过程中,不断有南宋派遣的间谍来元军一方"约降"。又如,中统四年春正月乙酉,"宋贾似道遣杨琳赍空名告身及蜡书、金币,诱大获山杨大渊南归。大渊部将执琳,诏诛之"(卷五《世祖本纪二》,第90页)。

② 李治安:《忽必烈传》,第225页。

③ 《宋史》卷四五一《忠义六·张珏传》,第13281页。疑"虎顶山"为"虎项山"(或写作"虎啸山""虎相城")之误。

④ 《宋史》卷四五一《忠义六·张珏传》,第13281页。"芜菁平母德、彰城"句读似不妥,应当为"芜菁平、母德彰城",且应当校正为"芜菁平、母彰德城"。查《元史》有两处关于"母章德山"的记载:一是卷六《世祖本纪三》:"(至元四年)九月乙未,总帅汪良臣请立寨于母章德山,控扼江南,以当钓鱼之冲,从之。"(《元史》卷六《世祖本纪三》,第115—116页);二是"(至元五年)三月壬申,改母章德山为定远城,武群山为武胜军"(《元史》卷六《世祖本纪三》,第118页)。《宋史》所说"汪帅劲兵之所聚也"指的就是元军统帅汪良臣,故此处"芜菁平母德、彰城"当改为"芜菁平、母彰德城",而非"母德彰城",系传抄颠倒所致。芜菁平,位于今四川武胜县南二十里旧县。

⑤ 《宋史》卷四五一《忠义六·张珏传》,第13281—13282页。

焕终于投降。在进攻樊城和襄阳城的过程中,樊城遭到屠城。① 明人柯维骐《宋史新编》改为"樊守将范天顺、牛富俱战死,整屠其城",②专门强调了是刘整实施的屠城之举。实际上攻破樊城是元军众将合力而为,屠城亦应为共同决策和共同行动,绝非刘整一人所为。在樊城被攻破之后刘整曾一力主张继续猛攻襄阳城:"刘整欲立碎其城,执文焕以快其意。"③但是,阿里海牙却并未赞同刘整的做法,而是来到襄阳城下,对吕文焕说:"君以孤军城守者数年,今飞鸟路绝,主上深嘉汝忠。若降,则尊官厚禄可必得,决不杀汝也"。④ 吕文焕犹豫不决,阿里海牙"又折矢与之誓,如是者数四,文焕感而出降"。⑤ 这段对于刘整、阿里海牙围攻襄阳城并招降吕文焕的描写,相对比较详细、具体。当然阿里海牙作为传主自然会被美化,但是刘整的行为也是情有可原的。一因刘整与吕文焕的堂兄吕文德仇怨极深。当初刘整反宋降蒙就是被吕文德等人逼迫、陷害而致走投无路。在他降附以后,还曾经做过策反吕文德之举。吕氏集团在南宋势力甚广,而吕文焕又是核心成员。吕文德此时已经去世,若要报仇只能去找吕文焕;二因吕文焕曾经在至元九年射伤前来襄阳城下挑战的刘整,或许此时刘整的伤势都还未痊愈,他想要报这一"弩"之仇;三因吕文焕坚守襄阳城长达五年,不屈不挠,力竭而降,刘整应当很清楚元朝君臣将要对待投降以后的吕文焕的态度。忽必烈在征宋过程中对南宋降将总体持善加利用的策略,这一点刘整通过自身的经历也能够体会到。吕文焕如果投降,很可能会对刘整的地位造成威胁。当然樊城受屠,刘整必定难辞其咎。

　　在最后的攻城中,刘整也使用了一种在当时非常先进的攻城武器——"回回砲":"整言于丞相伯颜,令善水者断木沉索,督战舰趋城下,以回回砲击之,而焚其栅。"⑥《元史·阿里海牙传》亦载:"会有西域人亦思马因献新

---

① 《元史》卷一六一《刘整传》,第 3788 页。
② 柯维骐:《宋史新编》。
③ 《元史》卷一二八《阿里海牙传》,第 3125 页。
④ 《元史》卷一二八《阿里海牙传》,第 3125 页。
⑤ 《元史》卷一二八《阿里海牙传》,第 3125 页。
⑥ 《元史》卷一六一《刘整传》,第 3788 页。

砲法,因以其人来军中。十年正月,为砲攻樊,破之。"①马可·波罗在他的游记中也记述了襄阳城难以攻克的场景:"现应知者,此城在蛮子地域降服以后,尚拒守者三年。大汗军队不断猛攻之,但只能围其一面,质言之,北面,盖其余三面皆有宽深之水环之,防守者赖以获得食粮及其他意欲之物。"②从这里的描述可知襄阳城攻克之难,但是马可·波罗的目的乃是引出他们的功绩,即向蒙古大汗献计使用抛石机:"能用一种器械可取此城,而迫其降。此种器械之名曰茫贡诺(Mangonneau),形甚美,而甚可怖,发机投石于城中,石甚大,所击无不摧陷。"③文中所称的茫贡诺(Mangonneau)就是抛石机的意思,这种石砲也被称为"回回砲""襄阳砲"等。而按照马可·波罗的说法,吕文焕的投降就是因为惧怕这种石砲的威力:

　　盖此种地域中人,不知茫贡诺为何物,亦不识战机及投石机,而其军队向未习用此物,既未识之,亦从未见之,所以闻议甚喜。大汗乃命此二兄弟及马可阁下,从速制造此机,大汗及其左右极愿亲睹之,因其为彼等从来未见之奇物也。……此机装置以后,立即发石,每机各投一石于城中,发声甚巨,石落房屋之上,凡物悉被摧陷。此城中人从来未见未闻此物,见此大患,皆甚惊愕,互询其故,恐怖异常,因聚议,皆莫筹防御此大石之法。彼等信为一种巫术,情形窘迫,似只能束手待毙。聚议以后,皆主降附,遣使者往见主将,声明愿降附大汗,与州中其他诸城相同。大汗闻之甚喜,而许其降。④

　　相关记载亦见于《元史》:"一砲中其谯楼,声如雷霆,震城中。城中汹汹,诸将多逾城降者。"⑤马可·波罗的说法在《元史·亦思马因传》中得到

　　①　《元史》卷一二八《阿里海牙传》,第 3125 页。
　　②　马可·波罗撰,A. J. H. Charigono 注,冯承均译,党宝海新注:《马可·波罗行纪》,石家庄:河北人民出版社,1999 年,第 507 页。
　　③　《马可·波罗行纪》,第 507 页。
　　④　《马可·波罗行纪》,第 508 页。
　　⑤　《元史》卷一二八《阿里海牙传》,第 3125 页。

印证:"亦思马因,回回氏,西域旭烈人也。善造砲,至元八年与阿老瓦丁至京师。十年,从国兵攻襄阳未下,亦思马因相地势,置砲于城东南隅,重一百五十斤,机发,声震天地,所击无不摧陷,入地七尺。宋安抚吕文焕惧,以城降。既而以功赐银二百五十两,命为回回砲手总管,佩虎符。"①可见,回回砲的威力确实在襄樊之战中发挥了出来,呈现了较好的效果。

七、"刘整惊天动地来,襄阳城下哭声哀"

襄樊之战结束以后,宋元战争的整体局势已定,南宋灭亡已成为迟早的事。南宋士人发出亡国的感叹,留下了大量对襄樊之战的评价之语。其中有部分诗文、评论等涉及刘整,都表达了对他的憎恨之情。

周密记载一首诗:"刘整惊天动地来,襄阳城下哭声哀。庙堂束手浑无计,只把科场恼秀才。"②诗歌明白晓畅地表达了一个鲜明的主题,即讽刺南宋朝廷不思富国强兵、收复失地、抵御外敌,却在这里对士人严加控制。这个原本是讽喻南宋朝廷,抵制和反对置士籍政策的诗歌,在谈及南宋面临的外敌压力之时,专门以"刘整"和"襄阳城"为典型代表。一方面说明刘整在襄樊之战中发挥了关键作用,这是为南宋和元朝两方都承认的。另一方面把刘整作为"反派""敌军"的典型代表,说明南宋士人对刘整的投降行为无比憎恨。

著名的南宋遗民郑思肖,亦专门作诗表达对时局的忧愁,饱含对"叛将"的不齿与愤恨。《题多景楼》诗曰:"英雄登眺处,一剑独来游。男子抱奇气,中原入远谋。江分淮浙土,天阔楚吴秋。试望斜阳外,谁宽西顾忧!"其

---

① 《元史》卷二〇三《亦思马因传》。第 4544 页。
② 《癸辛杂识》别集下"置士籍",第 315 页。所谓科场恼秀才,指的是周密所记载的"置士籍"。咸淳辛未(1271),陈伯大提出"置士籍"的主张:"科场之弊极矣,欲自后举始,行下诸路运司,滕州县先置士籍。"襄樊之战以后,此举遭到了很多人的反对,有人作诗讽刺,其中《沁园春》:"国步多艰,民心靡定,诚吾隐忧。叹浙民转徙,怨寒嗟暑,荆、襄死守,阅岁经秋。虏未易支,人将相食,识者深为社稷羞。当今亟亟巫臣陈大谏,著借留侯。迂阔为谋,天下士如何可籍收?况君能尧、舜,臣皆稷、契,世逢汤、武,业比伊、周。政不必新,贯仍宜旧,莫与秀才做尽休。吾元老广四门贤路,一柱中流。"(《癸辛杂识·别集下》"置士籍",第 314—315 页)

诗序写作"时叛将刘整围襄阳。"①后又有《重题多景楼》曰:"无力可为用,登楼欲断魂。望西忧逆贼,指北说中原。粮运供淮饷,军行戍汉屯。何年遂所志,一统正乾坤!"其诗序写作"时逆贼刘整围襄阳已六年"。② 阿朮、刘整攻破襄樊是在 1273 年(至元十年),开始围攻襄阳是在 1267—1268 年(至元四至五年)。因此,郑思肖的第一首诗《题多景楼》创作于至元四年到五年之间,第二首诗《重题多景楼》创作于至元十年。

在襄樊之战期间,参与此次战争的元朝将领和投降元朝的南宋将领数量众多。但郑思肖作诗,其序中只提"叛将刘整""逆贼刘整",是只以刘整为"标杆",一方面表明了以忠臣、遗民、义士自居的郑思肖的态度,与叛臣划清界限、以叛臣来反衬自己忧国忧民和对南宋的忠心耿耿、报国关切之情;另一方面也把刘整当作叛臣、逆贼的典型代表,同时在作者关心襄樊军事形势的时候,看到刘整在这场战役中实际上发挥的重要作用。这也更增加了"郑思肖们"对叛臣的憎恨和不齿。

郑思肖在诗文作品中,多次表达对权臣弄政的痛斥,对投降者的鄙视,如"报国心惟忧汉贼,读书人肯学胡儿"、③"醉后爱歌诸葛表,生来耻读李陵诗"、④"马犯金汤即弃关"⑤等。他在歌颂忠臣义士的同时以叛臣降将作为对比,使得鼎革时代持不同价值观的人们抉择的反差对比更显强烈。如《五忠咏》歌颂姜才的诗序中写道:"公(姜才)至死骂贼不绝口,且剧口骂夏贵。"⑥"骂贼"专门提到了另一个知名的降将夏贵。在这组"五忠咏"的最后一"忠",郑思肖描写了一位随驾北去的"内嫔某氏",她不受侵犯,自经而死。郑思肖在诗中歌颂道:"能行男子难行事,羞杀朝中投阁人。"⑦所谓"投阁人"指的就是叛臣降将。终身只以南宋遗民自居的郑思肖,更多地通过大

---

① 《郑思肖集·咸淳集》"题多景楼",第 5 页。
② 《郑思肖集·咸淳集》"重题多景楼",第 7 页。
③ 《郑思肖集·大义集》"偶成二首(答)",第 32 页。
④ 《郑思肖集·大义集》"雁足",第 32 页。
⑤ 《郑思肖集·大义集》"次韵三首·其三",第 33 页。
⑥ 《郑思肖集·大义集》"五忠咏",第 39 页。
⑦ 《郑思肖集·大义集》"五忠咏",第 40 页。

量诗文作品来表达自己对南宋故国的忧思之情。他始终没有放弃南宋故土得以恢复的信念："朝朝向南拜，愿睹汉旌旗。""此地暂胡马，终身只宋民。"① 南宋被以蒙古贵族为统治者的元朝灭掉，江南第一次完全处于北方民族的统治之下，"这种异族王朝的统治，对于受过儒学教育的江南士人精英来说，留下了抹不掉的印记"。② 这种印记贯穿在士人们的一言一行当中，尤其是他们留下的那些诗文、历史评论作品，往往表露出鲜明的遗民情结和对南宋故国怀旧之思，他们在文章中会对南宋亡国事迹以及南宋晚期的文臣武将等人物的行为进行褒贬评议。通观具有"南宋遗民"身份撰成的诗文、史论作品，对于刘整这位典型南宋降将的记述和评价都或多或少有一些评议，而这个评议的倾向性几乎是一边倒的批判、否定和贬低之辞。因此，无怪乎《南村辍耕录》的作者陶宗仪、《心史》作者郑思肖、《癸辛杂识》作者周密等人，或以刘整与儒士对比，或以刘整与忠臣义士对比。在南宋遗民的眼中，刘整永远是一个负面形象的代表。宋元之际对降将的讽刺、谴责和鄙夷之辞比比皆是，尤其是以刘整、吕文焕、夏贵、范文虎四人，这种评价一直延续元明清三朝，不一而足。

襄樊之战无论对于南宋还是元朝，都具有重要的转折意义。"到 1273 年春天，元朝人在围攻襄阳五年之后，终于取得了成功。华中这一战略要地的陷落，正如不久后我们将看到的，像晴天霹雳的闪电一样震撼了南方，它对宋朝长江防御体系所产生的威胁，达到了历史上前所未有的程度，从而也证明了元朝人在运用战争新技术与策略方面的实力。"③ 戴仁柱眼中的襄阳失守之后，宋元军事对峙形势被打败，将这一段分析与国内学界观点进行对比，有助于理解襄樊之战的重大意义。对于南宋方面来说，襄樊之战的转折意义越重大，对于南宋举国上下、社会各阶层的震动就越大，而其中最受震动的士人阶层的反应也会更加强烈，持续时间更加长久。那么，在战前和战

---

① 《郑思肖集·大义集》，第 23 页。

② Jennifer W. Jay, *A Change in Dynasties*: *Loyalism in the Thirteenth-century China*, Center for East Asian Studies, Western Washington University, 1991. p. 7.

③ 戴仁柱著，刘晓译：《十三世纪中国政治与文化危机》，北京：中国广播电视出版社，2003年，第 48 页。

役期间起到决定性作用的刘整,就给人们留下了更加深刻的印象。

第五节 戍守江淮战场

襄樊之战结束以后,元朝马不停蹄地开展最后的灭宋军事行动。至元十年三月十二日,吕文焕赴阙朝见,同时他还率领着一班将吏。① 元朝调整了襄阳的驻守:"熟券军并城居之民仍居襄阳,给其田牛;生券军分隶各万户翼。文焕等发襄阳,择蒙古、汉人有才力者护视以来。"②四月初一日议定了三件事,一是封赏吕文焕,"阿里海牙以吕文焕入朝,授文焕昭勇大将军、侍卫亲军都指挥使、襄汉大都督,赐其将校有差";③二是群臣共议乘襄樊之战获胜之机,一鼓作气灭掉南宋。刘整说:"襄阳破,则临安摇矣。若将所练水军,乘胜长驱,长江必皆非宋所有。"④群臣亦纷纷议论,"时将相大臣皆以声罪南伐为请,驿召姚枢、许衡、徒单公履等问计,公履对曰:'乘破竹之势,席卷三吴,此其时矣。'"得到忽必烈的赞同,君臣达成一致;⑤三是重新调整河南、江淮和京(荆)湖一带的统军机构。取消河南等路行中书省,设立荆湖等路枢密院和江淮等路枢密院,"以平章军国重事史天泽、平章政事阿尤、参知政事阿里海牙行荆湖等路枢密院事,镇襄阳;左丞相合丹,参知行中书省事刘整,山东都元帅塔出、董文炳行淮西等路枢密院事,守正阳"。⑥ 元朝专门针对南宋的京(荆)湖和江淮两大防御区,设立两处枢密院。并分别安排不同的重要军事将领,负责两大枢密院的军事行动,继续在荆湖和江淮两地布置重兵,作南下灭宋的最后准备。"(至元十年)夏四月辛丑,罢四川行省,以巩昌二十四处便宜总帅汪良臣行西川枢密院,东川阆、蓬、广安、顺庆、夔

---

① 《元史》卷八《世祖本纪五》,第 148 页。
② 《元史》卷八《世祖本纪五》,第 148 页。
③ 《元史》卷八《世祖本纪五》,第 149 页。
④ 《元史》卷一六一《刘整传》,第 3788 页。
⑤ 《元史》卷八《世祖本纪五》,第 149 页。
⑥ 《元史》卷八《世祖本纪五》,第 149 页。

府、利州等路统军使合剌行东川枢密院,东川副统军王仲仁同金行枢密院事,仍命汪良臣就率所部军以往。"①可见,至元十年四月,元朝政府将河南行省和四川行省均改为枢密院,并且按照军事区域划分为多个枢密院,河南江淮地区划分为淮西枢密院、荆湖枢密院,四川地区划分为西川枢密院和东川枢密院,这是在襄樊之战以后的一次统一调整。

此时,刘整、吕文焕的角色还是最后的平宋战争中的"向导",见《钱塘遗事》"下郢复州":

> 咸淳甲戌冬十月,下郢州,沙洋守将边居谊死之。时丞相巴延将兵号百万,用南降人为向导。吕文焕等舟师出襄阳,刘整等骑兵出淮泗,分道并进攻郢。郢人坚守,以战船横截江面,不得渡。文焕觇视,傍有一湖可通大江。于是大集人力,陆地牵舟,迁行凡百余里,然后至水。舟师忽自上而下,沙洋之备,未能措手,守将边居谊所部三千人尽力死战,竟无一人归附。十一月,下复州。②

刘整被派遣至江淮战区,根据他提出的平宋方略路线图,要在占领襄樊之后,浮汉入江,顺江东下,一鼓作气直捣南宋都城临安。这个灭宋计划他是一定要亲自执行的,而被派往江淮意味着会失去这个亲自实行的机会。淮西一带亦有南宋重兵驻守,是南宋与金、蒙元长期对峙的战场,甚至在伯颜进占临安以后,淮南守军尚抵抗不止,可见并非易取。刘整被派遣至此是有着重要任务的,干系非轻。江淮战区虽然也非常重要,但宋元双方长期以来在这一带基本保持对峙局面。双方互有胜负,而任何一方都始终无法取得绝对性突破。从元朝方面来看,尽管从江淮地区南下,距离南宋都城临安距离更近,看起来也更容易在短期内取得成功,但是由于江淮地区的诸多特殊因素,使得这一战略在长期的宋元战争中没有被元朝作为主攻方向。这

---

① 《元史》卷八《世祖本纪五》,第 149 页。
② 《钱塘遗事校笺考原》,第 213 页。

也是刘整所提从襄樊顺江东下的方略更为现实、更为可行的原因之一。

《元史·世祖本纪》又载:"六月辛卯(初十日),以刘整、阿里海牙不相能,分军为二,各统之。"①刘整与阿里海牙存在矛盾,难以共事相处,因此要把两人分开,分别统领各自的军队。但是在四月初一,元朝分设淮西和荆湖两个枢密院,而刘整和阿里海牙分属于淮西和荆湖,已经将两人分开,为何在经过两个月以后,还要再处理两人"不相能"之事?应当是在四月份任职以后,均未马上赴任,还在襄樊地区处理战后事宜,或者均赴阙觐见,同在朝廷。将刘整与阿里海牙分开,安排刘整转赴淮西,这是忽必烈善于用人的表现。因为刘整很有军事才能却生性倨傲,这一点在其许多事迹中均有体现,一旦他与其他将领尤其是像阿里海牙这样出身世胄的将帅发生矛盾,很可能会对最后的平宋战争造成重大影响。此外,刘整与吕文焕的矛盾也很深,"若刘整留在荆湖,势必增加和吕文焕的对立。荆湖一带吕氏亲族及门生故吏颇多,吕文焕出面宣谕招降,他人难以替代",因此刘整"调任淮西,利多于弊"。② 此论甚为有理。

下个月(闰六月),元朝政府为淮西枢密院提供了大量的军用物资:"闰月癸丑,敕诸道造甲一万、弓五千,给淮西行枢密院。"③九月,继续供给物资:"九月壬午,立河南宣慰司,供给荆湖、淮西军需。"④九月丁酉,"立正阳诸驿",并"敕河南宣慰司运米三十万石,给淮西合答军。仍给淮西、荆湖军需有差"。⑤ 襄樊战役之后,元朝加大了对淮西的进攻。至元十一年(1274)春正月"丁酉,敕荆湖行院以军三万、水弩砲手五千,隶淮西行院"。⑥从元朝整体的平宋计划来说,将刘整分派到淮西是非常重要的举措。淮西地区河流众多、纵横交错,进攻难度很大。刘整善于水军,熟悉南宋的军事布局和作战风格,因此他比较适合在进攻难度较大的淮西地区展开行动。

---

① 《元史》卷八《世祖本纪五》,第150页。
② 李治安:《忽必烈传》,第233页。
③ 《元史》卷八《世祖本纪五》,第150页。
④ 《元史》卷八《世祖本纪五》,第151页。
⑤ 《元史》卷八《世祖本纪五》,第151页。
⑥ 《元史》卷八《世祖本纪五》,第153页。

至元十年（1273）十一月，南宋"知安丰军陈万以舟师自城西大涧口抵正阳城，遇北兵力战，诏旌其劳"。① 可知，南宋知安丰军陈万曾率军从安丰（今安徽寿县）至正阳城，期间与元军发生冲突，从"诏旌其劳"可知此役南宋知安丰军陈万获胜。紧接着到了十二月"甲寅，宋夏贵攻正阳，淮西行院击走之"。② 这里的"淮西行院"有刘整和董文炳。③

襄樊之战以后，南宋立刻把防御重点转向长江下游和两淮地区，夏贵、陈奕、吕文福、李庭芝等主要将领都从襄樊转移到两淮，"十一月甲午，以夏贵为淮西制置使兼知庐州，陈奕沿江制置使兼知黄州，吕文福知合门事。诏从李庭芝请分淮东、西制置为两司，就命庭芝交割淮东，仍兼淮西策应使"。④ 因此，实际上刘整等将领受命继续驻兵两淮地区，这是元朝的重要军事举措。如果刘整能够在两淮继续发挥军事才能，还是可以大有作为的。

至元十一年（1274），元朝政府对淮西、荆湖军政建置再次调整，对将领也进行了重新任命："（三月）辛卯，改荆湖、淮西二行枢密院为二行中书省：伯颜、史天泽并为左丞相，阿术为平章政事，阿里海牙为右丞，吕文焕为参知政事，行中书省于荆湖；合答为左丞相，刘整为左丞，塔出、董文炳为参知政事，行中书省于淮西。"⑤这次只是将枢密院改置为行省，诸将负责的战区基本未变。当然这是在发动对南宋最后攻击之前的总调度，但不久又将行中书省改回"行枢密院"。⑥

---

① 《宋史》卷四六《度宗本纪》，第 917 页。

② 《元史》卷八《世祖本纪五》，第 152 页。

③ 《元史》卷一六一《刘整传》（第 3778 页）："宋夏贵悉水军来攻，破之于大人洲。"卷一五六《董文炳传》（第 3670—3671 页）："十（一）年，拜参知政事。夏，霖雨，水涨，宋淮西制置使夏贵帅舟师十万来攻，矢石雨下，文炳登城御之。一夕，贵去复来，飞矢贯文炳左臂，着胁。文炳拔矢授左右，发四十余矢。薙中矢尽，顾左右索矢，又十余发，矢不继，力亦困，不能张满，遂闷绝几殆。明日，水入外郭，文炳麾士卒欲避，贵乘之，压军而阵。文炳病创甚，子士选请代战，文炳壮而遣之，复自起束创，手剑督战。士选以戈击贵将仆，不死，获之以献。贵遂去，不敢复来。"《元史》记此事于"至元十年"，校勘记指出，根据《神道碑》等资料记载应为"至元十一年"（第 3684 页）。

④ 《宋史》卷四六《度宗本纪》，第 917 页。

⑤ 《元史》卷八《世祖本纪五》，第 154 页。

⑥ 《元史》卷八《世祖本纪五》（第 156 页）："八月丁未，史天泽言：'今大师方兴，荆湖、淮西各置行省，势位既不相下，号令必不能一，后当败事。'帝是其言，复改淮西行中书省为行枢密院。"

《元史·贾文备传》载:"(至元)十一年,复授(贾文备)万户、汉军都元帅,领刘整军,驻亳州。宋将夏贵知亳无备,盛引兵来袭,文备出奇邀击,大破之,帝赐金鞍、金织、文段、白金。"①关于贾文备,《本纪》中未提其人。从这条材料看,驻守淮西的刘整是在贾文备麾下。贾文备驻守在亳州,而刘整任职的淮西枢密院驻在正阳,并在贾文备统领之下,作为元军大举征宋的淮西策应部队。刘整戍守淮西时还有一位同僚赵贲亨:"(至元)十一年,(赵贲亨)修东、西正阳城。三月,败夏贵于淮,益以济南、汴梁二路新军。"②修正阳城的时间恰好与元朝政府划分京(荆)湖、淮西二枢密院同时,也是刘整等人被派遣到淮西正阳的时间。因此,二人应当在此时成为同僚。赵贲亨从至元五年开始也参加了襄樊之战,其间,在至元七年的时候,还曾经与刘整一同回京入朝,面见忽必烈,接受封赏。③

元至元十一年(1274)六月丙午朔,刘整乞益甲仗及水弩手,给之。④元军开始积极备战,准备大规模进攻南宋。六月庚申(十五日),元朝发布诏谕南宋的诏书,列举南宋诸"罪状"。随后开始在淮西展开攻势:"(六月)癸丑,敕合答选部下蒙古军五千人,与汉军分戍沿江堡隘,为使传往来之卫。仍以古不来拔都、翟文彬率兵万人,掠荆南鸦山,以缀宋之西兵。"⑤就在此时,阿里海牙和刘整的儿子均受到监察御史的弹劾,认为难以称职,不应重用:"(六月)戊辰,监察御史言:'江淮未附,将帅阙人。今首用阿里海牙子忽失海牙、刘整子垓,素不知兵,且缺人望,宜依弟男例罢去。'从之。"⑥关于刘整之子刘垓的事迹,将在后文有详细考述。

刘整的仕途生涯始终是在元朝的整体军事部署之中,与其他征宋将领一同执行着军事任务。只是在襄樊之战以后,南宋方面的另一位与其齐名

① 《元史》卷一六五《贾文备传》,第3869页。
② 《元史》卷一五一《赵天锡附贲亨传》,第3584页。
③ 《元史》卷一五一《赵天锡附贲亨传》(第3584页):"至元五年,总管山东诸翼军,征宋,攻襄樊。贲亨出抄蕲、黄,以五百人拔野人原写山寨,修白河新城。七年,偕元帅刘整朝京师,命为征行千户,赐金符,及衣带鞍马。攻樊城,冒矢石,拥盾先登,破之。"
④ 《元史》卷八《世祖本纪五》,第155页。
⑤ 《元史》卷八《世祖本纪五》,第155页。
⑥ 《元史》卷八《世祖本纪五》,第156页。

的降将吕文焕也加入最后的平宋战争之中。从征宋将领的身份和来源看，这一批将领中在此之前没有与刘整身份相仿，易形成对比且能够与其争功的将领，而吕文焕的加入对其无异是一个潜在的威胁。同年八月癸丑，元朝命令吕文焕带领麾下部将，对"江汉未下之州"展开招降活动。① 由于江汉一带许多将领都与吕氏家族关系密切，使得吕文焕无可置疑地担当了这个角色，这是刘整无法相比的。故在最后平宋的关键时刻，吕文焕所发挥的作用非常大，这令刘整感到了很大的压力和威胁。

至元十一年元军开始大举攻宋，分别从荆湖和淮西两个战区同时进发。但从战争的实际成效来看，显然阿里海牙、吕文焕等的荆湖战区进展顺利，声势浩大，长江一路各州县望风归降，起初号称誓死抵抗的也都纷纷战败或放弃抵抗。而淮西地区的战况总体表现一般，可以说是不温不火。不论是从攻城掠地还是招降纳叛来说，都没有太显著的进展。正在此时，淮西行枢密院驻地正阳还发生了一场火灾："十二月庚申，淮西正阳火，庐舍甲仗，焚荡无余，杖万户爱先不花等有差。"②可见损失很大。虽然记载的只惩罚了万户爱先不花，但是作为淮西枢密院的负责将帅刘整等人，不能说没有责任。

至元十二年正月，刘整在淮西愤懑而死。③ 至元十二年三月初一，"行中书省分遣淮西行枢密院阿塔海驻京口"。④ 刘整去世之前，划分淮西和荆湖行枢密院(行中书省)时，未见有阿塔海任职淮西的记载。阿塔海有传，但纪事较为简略："襄阳下，第功授镇国上将军、淮西行枢密院副使。筑正阳东西两城。"⑤可知阿塔海在襄樊战后也来到正阳城戍守。刘整死后不久，淮西行院驻地从正阳移至京口，可能与之前正阳失火有关。阿塔海就是阻止刘整主动出击以争抢头功的"首帅"。"首帅"是淮西行枢密院的负责将帅，其职位当在刘整之上。《蒙兀儿史记》将"首帅"改为"阿塔海"，并注曰："旧

① 《元史》卷八《世祖本纪五》，第156页。
② 《元史》卷八《世祖本纪五》，第159页。
③ 《元史》卷八《世祖本纪五》，第159页。
④ 《元史》卷八《世祖本纪五》，第163页。
⑤ 《元史》卷一二九《阿塔海传》，第3149页。

传称阿塔海,首帅隐之也。"①刘整去世以后,归葬邓州老家,《明一统志》记载:"刘整墓,在邓州城外西南三里,元世祖时将也。"②一代名将就这样在南宋灭亡前夕,离开人世。

第六节 病卒时间考辨

关于刘整病卒的时间,几种主要的文献记载存在歧异,现罗列如下。

《通鉴续编》载:

> 1275 年(元至元十二年,南宋德祐元年)正月,大元中书左丞刘整死于无为军。
>
> (夹注)整受伯颜命帅骑兵攻无为军,久而不克,闻吕文焕舟师东下,所至迎降,耻首谋而功不逮,失声曰:"首帅诳我,使我功后于人,善作者不必善成,果然。"遂发愤死于无为城下,正月癸酉也。③

至元十二年正月癸酉(初一),即公元 1275 年 1 月 29 日。

《元史·刘整传》载:

> (至元)十二年正月,诏整别将兵出淮南,整锐欲渡江,首将止之,不果行。丞相伯颜入鄂,捷至,整失声曰:"首帅止我,顾使我成功后人,善作者不必善成,果然!"其夕,愤惋而卒,年六十三。赠龙虎卫上将军、中书右丞,谥武敏。④

---

① 《蒙兀儿史记》卷八二《刘整传》,第 539 页。
② 《明一统志》卷三〇《陵墓》,四库全书本。
③ 《通鉴续编》卷二四"德祐元年"条。
④ 《元史》卷一六一《刘整传》,第 3788 页。

本传只载卒于至元十二年正月，未载日期。《元史·世祖本纪五》载："十二年春正月戊寅，刘整卒。"①《蒙兀儿史记》附屠寄按语："上距鄂州之下凡十有五日。"②"戊寅"为正月初六，即公元 1275 年 2 月 3 日，元军占领鄂州在至元十一年（1274）十二月己未（十七日），③与刘整病卒时间相差 18 天，大体一致。李天鸣《宋元战史》采用的是这一时间。④

《宋季三朝政要》卷五《少帝》载：

> 德祐元年春正月……刘整死。初，整与文焕分兵南渡。及是，整无功，发愤死于无为军城下。⑤

王瑞来认为，《宋季三朝政要》与《钱塘遗事》卷七《刘整死》所出同源。后者载此事曰："正月初七日，刘整死。初，整与文焕分兵南渡。及是，整无功，发愤得疾，死于无为军城下。"王瑞来同时也已注意到与《元史·世祖本纪》的歧异，《宋季三朝政要》未载具体日期，而《钱塘遗事》记载"正月初七日"，为己卯日，较《元史·世祖本纪》戊寅日晚一天。⑥

刘敏中《平宋录》卷上载：

> （至元十二年）二月丙午，大兵至安庆。丁未，丞相令行枢密院军马过江相合，行院官刘整卒。⑦

至元十二年二月丁未日（初六），即公元 1275 年 3 月 4 日。胡昭曦主编《宋蒙（元）关系史》采纳了这一时间，但未言明具体是二月的哪一天。从此

---

① 《元史》卷八《世祖本纪五》，第 159 页。
② 《蒙兀儿史记》卷八二《刘整传》，第 539 页。
③ 《元史》卷八《世祖本纪五》，第 158 页。
④ 李天鸣：《宋元战史》，第 1181 页。
⑤ 《宋季三朝政要》卷五《少帝》，第 378 页。
⑥ 《宋季三朝政要》卷五《少帝》，第 378 页；《钱塘遗事校笺考原》卷七《刘整死》，第 223 页。
⑦ 刘敏中：《平宋录》卷上，台北藏清抄本。

书的行文内容可以看出,采用的是《平宋录》至元十二年二月史事写成,后面所引刘整去世的经过是《元史·刘整传》的记载。① 可见,此书并没有注意到《元史·世祖本纪》《蒙兀儿史记》等的内容。

综上可知,刘整病卒时间有四种说法,即至元十二年正月癸酉(《通鉴续编》)、正月戊申(《元史·世祖本纪》)、正月己卯(《宋季三朝政要》)和二月丁未(《平宋录》)。

首先,刘整病卒时有两点可以确定:一是他死于攻打无为军(今安徽省无为县)中途。病卒时无为军尚未攻陷,且在无为军久攻不下,耗费了一定的军力和时间;二是关于刘整的直接死因各文献记载比较一致,即由于伯颜大军占领鄂州的消息传来致其"愤惋而卒"。

其次,元至元十一年(1274年,宋咸淳十年)正月,元廷君臣商议征宋之事。九月十三日,伯颜与阿术率中路军攻宋,正式开始了平宋战争的最后阶段。经过几场战役元军成功渡江,并于十二月十八日进入鄂州。② 这一消息如果迟至至元十二年二月才传到刘整处,时刘整正在攻打无为军,算起来消息传递了大概将近50天,据现代距离测量从鄂州(今湖北鄂州市)到无为军(今安徽无为县)最多不过500公里,50天的消息传递时间未免过于漫长。在当时战争激烈的时期,各处均建有驿站以传递军情,像如此之长的传递消息时间是非常不合理的。

第三,《元史·阿塔海传》载:元至元九年(1272,南宋咸淳八年),阿塔海受"命驰驿督诸军攻襄阳。襄阳下,第功授镇国上将军、淮西行枢密院副使。筑正阳东西城。五月霖雨,宋将夏贵乘淮水溢,来争正阳。阿塔海率众御之,贵走,追至安丰城下而还。拜中书右丞、行枢密院事。渡江,与丞相伯颜军合"。③ 其中"渡江,与丞相伯颜军合"之事,在《平宋录》是这样记载的:"二月丙午,大兵至安庆。丁未,丞相令行枢密院军马过江相合,行院官刘整卒。"此事在至元十二年二月。《世祖本

---

① 胡昭曦:《宋蒙(元)关系史》,第367页。
② 《元史》卷八《世祖本纪五》,第158页。
③ 《元史》卷一二九《阿塔海传》,第3149页。

纪五》载：至元十二年三月壬申朔，"行中书省分遣淮西行枢密院阿塔海驻京口"。① 由此可知，攻占襄阳以后阿塔海因功擢升为淮西行枢密院副使，与刘整同为行淮西枢密院事。《蒙兀儿史记》写道："整与阿塔海、塔出、董文炳等行淮西等路枢密院事于正阳。"②由于阿里海牙与刘整不和，因此不得不分置二行枢密院，这才设立了荆湖、淮西二行院。③ 受命之初，阿塔海为行院副使，至元十二年二月与伯颜"过江相合"之时，已成为"行枢密院事"，那么他很可能接替了刚刚去世的刘整而独揽淮西行院大权。《平宋录》中那句"过江相合，行院官刘整卒"可以理解为，伯颜要求淮西行枢密院官率军渡江与其相合，而刘整已于此前病卒，因此与伯颜相合之人是阿塔海。

　　综上，刘整应卒于至元十二年正月的某一天，大部分文献记载为戊申（初六），也有癸酉（初一）、己卯（初七）两说法。这几种说法之间最多相差仅六天，因此如要具体确定为哪一天，需更加详细地史料考订。《钱塘遗事》"贾相出师"曾载贾似道在边报紧急的情况下仍未有出师抵抗的意图，但"闻刘整死，乃议出师"。④ 书中记载贾似道上出师表的时间是"乙亥正月十五"，即1275年正月丁亥。如果《钱塘遗事》所载为准，则刘整当是在正月乙亥日（十五）之前去世。

<hr/>

① 《元史》卷八《世祖本纪五》，第163页。
② 《蒙兀儿史记》卷八三《刘整传》，第539页。
③ 《元史》卷八《世组本纪五》（第150页）：1273年（至元十年）"六月辛卯，以刘整、阿里海牙不相能，分军为二各统之"。此事亦见于《蒙兀儿史记》卷八二《刘整传》（第539页）："四月，朝议罢河南等路行中书省，改置行枢密院二，以整与阿里海牙不相能，故分汉军为二，各统其一。命阿里海牙与伯颜、史天泽、阿尤、忙兀台等行荆湖等路枢密院事于襄阳，整与阿塔海、塔出、董文炳等行淮西等路枢密院事于正阳。"《元史》载为"六月"，但《蒙兀儿史记》将其改为"四月"，未知其所据为何史料。
④ 《钱塘遗事校笺考原》卷七《贾相出师》，第226页。《宋史》卷四七四《贾似道传》亦载："明年正月，整死，似道欣然曰：'吾得天助也。'乃上表出师……"（第13785页）

第四章　刘整后人与部属事迹

刘整后人事迹较详者主要是其子刘垓，部属中史料最详者是哈剌鲁人沙全。本章主要通过其子刘垓的神道碑、《元史·沙全传》以及若干零散史料予以钩沉发微，期待能够对刘整及与其关系最为密切的家族后人、部属的事迹进行梳理考订，也有助于认识以刘整为核心的这个降将群体的社会境遇。

第一节　《刘垓神道碑》碑刻录文、墨迹源流与创作时间

有关刘整后人记载较为全面的一份材料是元代著名江南文人虞集所撰《大元故奉国上将军行中书省参知政事广东道宣慰使都元帅刘公神道碑铭》，为刘整之子刘垓的主要事迹，对于研究刘整家族有重要的史料价值。《蒙兀儿史记》"刘整传"中附有《刘垓传》，①内容取材于神道碑，细节稍有差异。

《河北大学学报》2007 年第 6 期发表了王茂华、刘冬青撰写的《虞集〈刘垓神道碑〉考析》一文，对《刘垓神道碑》作了介绍和初步考证。该文仅对神

---

① 《蒙兀儿史记》卷八二《刘垓传》，第 539 页。

道碑所载刘整入元以后的部分事迹作了分析,并讨论了南宋降将的生存境遇,同时对刘整去世地点是无为军而非襄阳进行了考证。①

此碑是元代著名文人虞集应承务郎、常州路同知无锡州事刘威的邀请,为其父刘垓撰写的神道碑,碑铭墨迹现藏上海博物馆。遍查虞集各类文集,均未收此碑文内容。罗鹭《〈全元文·虞集卷〉佚文篇目辑存》已指出《全元文》虞集卷漏收佚文中即有《刘垓神道碑》,作者所据的乃是《中国古代书画图目》第二册沪1—187,②清代吴荣光《辛丑销夏记》也收录有此碑全文。③《辛丑销夏记》对此神道碑铭的书法风格、收藏情况以及历代收藏家的题跋都予以记述和辑录,其中多有对撰者虞集和传主刘垓的评语。

一、碑刻录文

碑文全文如下:

大元故奉国上将军行中书省参知政事广东道宣慰使都元帅刘公神道碑铭

翰林待制、儒林郎、兼国史院编修官虞集撰并书

元帅讳垓,字仲宽,河南邓州穰县人。故骠骑卫上将军、中书左丞、淮西等路行中书省事、赠龙虎卫上将军、中书右丞武敏刘公整之第五子也。武敏先事宋,仕至右领军卫上将军、东川观察使、泸州安抚使,大有战功威名。画守江之策,上下数千里间,要害阨塞,深浅远近缓急之势,备御屯战之宜,舟骑粮草之数,纤细不遗。而专制跋扈之臣,内外共为疑沮。发愤率所统十五州官吏、籍泸州户十数万,自归于我世祖皇帝。悉献其策,上受之。及丞相忠武王以重兵渡江取宋,武敏师次襄阳以

---

① 王茂华、刘冬青:《虞集〈刘垓神道碑〉考析》,《河北大学学报》2007 年第 6 期。

② 罗鹭:《虞集年谱》"附录二",南京:凤凰出版社,2010 年,第 303—305 页。

③ 吴荣光:《辛丑销夏记》卷三《元虞文靖书刘垓神道碑墨迹卷》,陈飒飒点校本,上海:上海古籍出版社,2015 年,第 167—170 页。

卒。元帅于诸子最幼最先贵矣。中统三年,武敏归国之明年也,始移新附民匠于成都,元帅年十三,已受宣命领其众。至元元年,从武敏战泸州紫云城,有功。三年,武敏入朝,以元帅见佩金虎符,领武敏旧军为万户。① 四年,筑眉、简,征守嘉定、泸、叙等州,攻破五获、石城、白马、资江等寨,元帅又有功。五年,过马湖江,战泸川县,又有功。六年,战龙坝,又有功。九年,元帅入备裕宗东宫宿卫。十年,出从武敏于襄,战樊城,又有功。② 十一年,蜀省奏元帅仍以万户还成都。围嘉定,战之,有功。十二年,奉武敏之丧于襄。六月,还收嘉定、紫云城、叙、泸等千五百余里,以其帅及蛮部首领入见。③ 天子嘉劳,敕有司若曰:"武敏之子,当世其官。"重庆事毕以闻,拜都元帅,④还蜀。是时,宋已亡,唯蜀犹未全服。枢密院谓泸武敏旧所治,奏以元帅领之。筑万达寨,战,又有功。大军围重庆,元帅给馈饷、谨巡戍、抚老弱,又有功。十四年,克泸州之珍珠堡,降其将,元帅遂镇泸州。四川平。十六年,入见,拜同知四川北道宣慰使司事。廿年,同知四川南道宣慰使司事。廿一年,丘德祖、赵和上⑤谋乱,元帅定之,⑥又有功。廿三年,入朝,以子乃麻台见,天子宠赉有加。于是有诏若曰:"伯颜奏功,宋将来归者皆重任,独刘整后。"命元帅数其人,即奏曰:"先臣在襄阳,以吕安抚来归,今为右丞。在泸州,以管安抚来归,今为左丞。⑦ 臣在西川,以昝安抚来归,亦为左

---

① 《蒙兀儿史记》写作"授管军万户",第539页。

② 《蒙兀儿史记》于此处多出一句:"御史言:'垓与阿里海牙子忽失海牙素不知兵,且阙人望,宜依弟男例罢去。'"(第539页)源自《元史》卷八《世祖本纪五》(第156页)。

③ 《元史·刘整传》载:"子垓,尝从父战败昝万寿于通泉。"(第3788页)关于刘垓参加了战败并招降昝万寿的军事行动,未见其他史料记载。

④ 《蒙兀儿史记》记述道:"以万寿及所属蛮酋入觐,进拜都元帅。"(第539页)比《元史》较为详细。

⑤ "赵和上",《辛丑销夏记》卷三在"赵"与"和上"之间有夹注:"下有德字,点去。"参见陈飒飒点校本第168页。《蒙兀儿史记》仅写作"邱德祖等谋乱"(第539页),《新元史》写作"邱德祖赵等作乱"(第727页)。

⑥ 《蒙兀儿史记》记述为"禽斩之"(第539页)。

⑦ 《蒙兀儿史记》记述:"在泸州,以管如德来归,今亦为右丞。"(第539页)《新元史》卷一七七《刘垓传》改为"左丞",第727页。

丞。①"上即诏以左丞命元帅，为参政土鲁华②所格而止。元帅乃言曰："江南既平，臣不敢自言先臣功，唯上念之。"上曰："朕未尝忘尔父也。"会大臣多以为言者，即拜镇国上将军，陕西、四川等处行中书省参知政事。未上，③改签四川等处行中书省事。廿四年，改行尚书省事。廿九年，拜辅国上将军、四川等处行中书省参知政事。未几，病，留成都里第。十余年，廷臣又以元帅为言。大德八年，拜奉国上将军、行中书省参知政事，④八番顺元等处宣慰使、都元帅，佩金虎符。蛮酋南列等归化，拜弓矢衣甲之赐。至大三年，移镇广东。上言："土军服习水土，宜分守远地，稍移中原之来戍者于内。"事闻，朝廷以为然，即命元帅往潮州移其军，行之日遽卒，皇庆二年五月十一日也，年六十四。⑤ 宪司官来哭之，问其帑，才中统钞四百卅五贯，观其封识，月奉之余也。广州有祠祠廉吏，即奉元帅祠焉，而归丧于穰。夫人彭氏，先卒。后夫人蒙古氏，亦先卒。生子二人，长乃麻台，武德将军、平阳万户，先卒。孙敏国不华，袭其职。次曰威，荫授承务郎、同知常熟州事，移无锡州事。元帅世有战功，又卒官。或言：威不当止在常调。威，慷慨伟然丈夫也，俯首授职，不出一辞，以廉直闻，识者韪之。至治二年，使来告曰："威将刻石神道，敢请铭。"集尝待罪太史，见武敏世家，未尝不叹其谋略奇壮。钦惟世祖皇帝知人善任使，故能尽其用哉！两世爵禄虽未足当其功多，然闻尝赐之玺书曰："其子子孙孙永保富贵。"国家之报功，其在兹乎？

铭曰：于皇世祖，受命于天。群雄效功，一定九埏。维时武敏，南国之勇。彼自驱之，来致我用。籍兵归朝，莫如其先。岂若力穷，窘而求全。皇受其策，十用一二。天兵所临，有服无贰。独镇于襄，卒弗及闻。

----

① "臣在西川，以眷安抚来归，亦为左丞"一语未见于《蒙兀儿史记》。《新元史》卷一七七《刘垓传》以眷万寿为"右丞"，第727—728页。

② 《蒙兀儿史记》记述为"中书参政温迪罕秃鲁花"，第539页。

③ 《蒙兀儿史记》于此前增补"四川分设行中书省"，第539页。

④ 《蒙兀儿史记》记述为"四川行省参知政事"，第539页。

⑤ 《蒙兀儿史记》未记述刘垓是在往潮州迁移屯戍军时病卒，只说"皇庆二年卒"（第539页）。

不有元帅,孰继前勋！维昔造攻,坤维其首。麋战不回,国亡犹守。仡
仡元帅,束发在军。何战不前,何役不勤。二十余年,既克底定。大政
是参,身已告病。剑履申申,时多福人。起乘两边,竟殒其身。天子所
命,我敢自爱。廉吏之祠,可以千载。穰城有茔,万夫所营。孰役万夫,
严诏有程。其茔额额,多松多柏。元帅来复,神气精白。百尔子孙,来
拜墓门。思孝思忠,视此刻文。

二、墨迹源流

这通碑文在清代部分文献中有收录,吴荣光《辛丑销夏记》对这篇墨迹
的规格、材质和题跋、印章等内容作了详细记载:

　　江村高氏藏籖。乌丝纸本。高一尺一寸,长二丈四尺六分。真书。
一百七十九行,行八字。幅末有朱文"天孙亭长"印、"虞伯生父"印、
"虞集"印。卷前空幅内有朱文"天籁阁"印,白文"官保世家"印、"子京
所藏"印、"项叔子"印,朱文"高士奇图书记""石间"印,"平生"二字半
印。幅首有"天籁阁"印,朱文"竹窗"印,白文"永保"半印,朱文"秘
玩""心赏"二半印,白文"墨林山人"印。第四行标题下有朱文"项墨林
父秘笈之印"。第七行衔名之右有白文"翁方纲"印,朱文"覃溪审定"
印。第八行碑文起手有朱文"退密"胡卢印,下有"高士奇图书记",朱
文"项元汴印""子京所藏"印。第二十六行接缝处,有朱文"墨林"连珠
印,白文"高詹事"印,朱文"江村秘藏"印,白文"项叔子"印。第五十一
行接缝处,有白文"墨林子"印、"江村秘藏"印、"高士奇图书记",朱文
"净因庵主"印。第七十六行接缝处,有"墨林"连珠印、"江村秘藏"印、
"子京所藏"印、"高詹事"印。第一百一行接缝处,有朱文"桃里"圆印、
"江村秘藏"印、"高士奇图书记"、朱文"子京父"印。第一百二十六行
接缝处,有朱文"欈李"圆印、"高詹事"印、"江村秘藏"印、朱文"墨林秘
玩"印。第一百五十一行接缝处,有"墨林父印""江村秘藏"印、"高士
奇图书记"、"官保世家"印。幅末有朱文"欈李"、"项氏世家宝玩"印、

"项子京家珍藏"印、白文"项墨林鉴赏章"、朱文"念云堂"印、"江村秘玩"印、"若水轩"印、"项元汴印",又有白文"子孙"半印、"青莲子"半印、"项子京"半印、"臣岱私印"、"子孙世昌"印。高跋之前有"永保"半印、"珍藏"半印。①

可见,这幅墨迹在元代以后广为文人雅士所鉴赏、收藏和品味,是一幅在书法史、金石学等领域较有影响的艺术类作品。《辛丑销夏记》作者吴荣光是清代后期的一名官员,擅长金石、书画鉴藏,且工书善画,精于诗词。他对这幅墨迹作了介绍:"虞伯生为有元一代大手笔,其书往往见于题跋。"②因此这篇神道碑文"用意规摹唐人,如端人正士,言动可法"。③他还介绍了这幅墨迹的收藏:"向为项子京家收,项自檇李得之,重装珍秘,因记卷末。"④"项子京"即项元汴,字子京,号墨林,为明代正统、成化年间名臣项忠后裔。项元汴生活在明嘉靖至万历年间,是著名的书画收藏家、鉴赏家。他非常喜好在古籍书画上钤盖图章,曾受到讥评曰:"钤印累幅,犹如聘丽人却黥其面。"这一点从其在《刘垓神道碑》墨迹卷上的大量印章即可证明。通过吴荣光对墨迹卷上钤盖印章的描述,统计与其有关的印章大概有"子京所藏""项叔子""墨林山人""项墨林父秘笈之印""项元汴印""墨林""墨林子""子京父""墨林秘玩""墨林父印""项氏世家宝玩""项子京家珍藏""项墨林鉴赏章""项子京"等。

清代学者翁方纲《复初斋文集》,撰有《跋刘元帅碑》予以介绍和考订:

> 右元虞文靖公撰书元帅刘垓神道碑铭墨迹卷。其叙垓为刘武敏第五子,《元史》本传止载其四:曰垣、曰埏、曰均、曰垓,当以此碑为实也。武敏卒于至元十二年正丞相伯颜入鄂之时。碑所云:"忠武王以重兵渡

---

① 《辛丑销夏记》卷三《元虞文靖书刘垓神道碑墨迹卷》,第166—167页。
② 《辛丑销夏记》卷三《元虞文靖书刘垓神道碑墨迹卷》,第170页。
③ 《辛丑销夏记》卷三《元虞文靖书刘垓神道碑墨迹卷》,第170页。
④ 《辛丑销夏记》卷三《元虞文靖书刘垓神道碑墨迹卷》,第170页。

江者,谓伯颜也。"是碑撰于至治二年。按,文靖于延祐六年除翰林待制兼国史院编修官。是年,丁父忧。至治元年免丧,二年石还史馆。是碑不具撰书月日,盖在是年召还史馆时也,先生年五十一矣。卷后有高江邨詹事手跋云:"虞公卒于顺帝至元八年八月。"愚按,元代前后有两至元,顺帝之至元止有六年,无八年。虞文靖卒于顺帝至正八年,非至元八年也。其卒在五月,亦非八月也。方纲尝于《道园学古录》及《类藁》《遗藁》诸编外,手自钞辑先生诗文,视元刻板本有加焉,而此文尚未收入。昔先生门人李本编录全集谓:"今所存者泰山一豪芒也。"岂不信欤!乾隆癸丑九月,武进赵味辛出此见示,因考其大略书之附诗于后。此卷虞文靖八分书在赵味辛箧子跋。后屡欲借钞而未果,其后味辛南归舟覆,此卷沉没,竟未得存稿,至今以为憾事。嘉庆庚午四月又记。①

三、虞集创作时间

此碑未明载撰写时间。碑文中有"至治二年,使来告曰"之语,初步推断此碑应该是刘垓之子刘威于至治二年(1322)遣使请虞集为其父撰写神道碑铭,虞集应于当年创作完成。

神道碑篇首虞集署名时,其官职身份为"翰林待制、儒林郎、兼国史院编修官",这与记载虞集生平事迹比较重要的几份资料《元史·虞集传》、欧阳玄撰《虞集神道碑》、赵汸撰《虞集行状》等所载基本一致。② 大德初年,虞集始至大都为官,初授大都路儒学教授,开启仕宦生涯。延祐六年(1319),虞集首次担任"翰林待制、儒林郎兼国史院编修官"一职。因此碑文中虞集自称"尝待罪太史"所指时间,应当就是延祐六年(1319)受命"翰林待制、国史

---

① 翁方纲:《复初斋文集》卷三〇《跋元刘元帅碑》,清李彦章校刻本。
② 《元史》卷一八一《虞集传》(第4176页):"(延祐)六年(1319),除翰林待制、兼国史院编修官,仁宗尝对左右叹曰:'儒者皆用矣,惟虞伯生未显擢尔。'会晏驾,不及用。"欧阳玄《元故奎章阁侍书学士翰林侍讲学士通奉大夫虞雍公神道碑》:"(延祐)五年(1318),被旨召集贤直学士吴公伯清于家。寻除翰林待制、儒林郎兼国史院编修官。丁外艰,服阕,以旧官还。"(汤锐点校本《欧阳玄全集》卷九,成都:四川大学出版社,2010年,第219页);赵汸《邵庵先生虞公行状》:"(延祐)五年,被旨以集贤直学士召吴公伯清于家。六年,除翰林待制、儒林郎、兼国史院编修官。丁外艰,服除,以旧官召。"(《东山存稿》卷六,四库全书本)

院编修官"之职以后。但"尝"字说明,虞集撰写此碑文的时候并未在这一任职上。① 延祐六年,由于虞集自身的丰富学养及其在当时文人群体中拥有的较高声望,得到元仁宗爱育黎拔力八达的赏识,故任命其为"翰林待制,兼国史院编修官"。② 虞集《送王中夫赴安庆教授》诗序云:"予延祐己未秋南归,安庆城东有张教授,与予同舟。"③延祐己未为六年,以此证明虞集应于延祐六年秋南归丁忧。按照规制,古代官员丁忧期间必须要辞去现任官职。故自延祐六年秋始,虞集已不再任翰林院职官,其作为"翰林待制、国史院编修官"仅半年时间。延祐七年(1320)正月,元仁宗驾崩。《元史》称"会晏驾,不及用",④可知虞集被任命新官职以后不久,还未来得及为仁宗所重用,仁宗就已病逝,而虞集也已于此前辞官返乡丁忧。于延祐六年秋从大都南归丁忧,如以"家居者三年"为期,那么到至治元年恰好是第三年。旧历秋季一般为七、八、九三个月,延祐六年有一个闰八月,故从七月到九月共计四个月均可称为"延祐六年秋"。如果以实际丁忧期限二十七个月计,从延祐六年秋七月至九月的任何一个月开始算起,那么丁忧结束时间当在至治元年秋八月至十二月之间的某个时间点。

至治二年初,结束丁忧的虞集开始出游,经过江西到达浙江后来到苏州,其主要目的是来苏州省墓。⑤ 据碑文,刘威为"荫授承务郎、同知常熟州事,移无

---

① 虞集在为他人撰写文字时常有类似表达,如在《(抚州路)崇仁县重建三皇庙记》写道:"邑之吏民,以予尝待罪国史,老而归寓于斯也,请执简而书之。"(虞集:《道园类稿》卷二三,明初翻印至正刊本)

② 《元史》卷一八一《虞集传》,第4176页。

③ 虞集:《道园类稿》卷六《送王中夫赴安庆教授》,明初覆刊元抚州路学刊本。

④ 《元史》卷一八一《虞集传》,第4176页。

⑤ 《南康府志》收录有一篇虞集所撰《白鹤观记》写道:"庐山五老峰前白鹤观者……至治壬戌之三月,予游山至焉。"(《(正德)南康府志》卷八《文类·白鹤观记》,天一阁藏明代方志选刊影印原刊本),这意味着虞集此时开始出游。至治二年夏,虞集"过浙江"(《道园学古录》卷四九《晦机禅师塔铭》),《姑苏志》收录有一篇《绿阴堂记》,为虞集应苏州开元寺恩公所请,于元统三年(1335)四月所撰。记文开篇第一句云:"至治壬戌,集始游吴。断江恩公住开元,光公雪窗客予所,同往见焉。"(王鏊:《姑苏志》卷四八《绿阴堂记》,四库全书本)虞集在苏州游历这一点从其他文献中可以得到证实:欧阳玄所撰《虞集神道碑》记载:"时居忧,方省墓姑苏,遣使求之江西不得,求之蜀又不得,比返命而事变作。"(欧阳玄:《圭斋文集》卷九《元故奎章阁侍书学士翰林侍讲学士通奉大夫虞雍公神道碑》)

(转下页注)

锡州事"。常熟州隶属平江路,无锡州隶属常州路。至治二年(1322),刘威遣使请虞集为其父亲撰写神道碑,刘威恰为同知常熟州事。至治二年虞集正在平江路苏州省墓,其在苏州一带广泛交游,故刘威于此时拜访虞集自当非常合情合理。从碑文内容推测,虞集与刘整、刘垓、刘威三代家族并非熟识,但虞集熟读典章故事,必然知晓刘整事迹。文中称"集尝待罪太史,见武敏世家,未尝不叹其谋略奇壮",可见虞集当是在国史院读书和工作期间了解到刘整家族事迹。刘威可能是得知虞集恰在苏州省墓,故特来拜访,求其为父亲刘垓撰写神道碑。之所以邀请虞集撰写,乃是为了借虞集名士之手,提升刘整家族的影响力。

翁方纲亦有考证:"此碑撰于至治二年,文靖于延祐六年除翰林待制兼国史院编修官,是年丁父忧,至治元年免丧,二年石还史馆,是碑不具撰书月日,盖在是年召还史馆时也。"①翁方纲认为碑铭撰于至治二年(1322)的判断正确。"二年石还史馆"一句之"石"字似为笔误,为"始"或"召"似更通。虞集撰碑时,可能已接到朝廷召还的诏命,故落款仍使用了延祐六年初所授"翰林待制、儒林郎、兼国史院编修官"。

第二节　神道碑所见刘整事迹补论

《刘垓神道碑》中亦载有刘整若干事迹,但相对简略。刘垓早年跟从其

(接上页注)至治二年虞集出游的主要目的就是赴苏州省墓。《道园学古录》中有两组诗与其叔父南山翁有关,第一组诗名为《留别叔父南山翁三首》,其二、三写道:"玉遮墓下有诸孙,东望沧波每断魂。泣血三年余喘在,更将衰泪洒荒园。""族人散处江南郡,不识音容但记名。世泽须令孙子忆,故家今几尚簪缨?"(《道园类稿》卷一〇《留别叔父南山翁三首》)这组诗是与其叔父南山翁离别时所作,诗中所谓"玉遮墓下有诸孙",指的就是玉遮山下的祖墓,"泣血三年"意即虞集三年丁忧,"衰泪洒荒园"指的是虞集来苏州省墓。这组诗序曰:"先君太史弃诸孤之四年,集来吴门省连州府君之墓,始见叔父南山翁。翁与集同出太师雍国公,盖四从矣。翁曰:后会未可期,幸留数语识岁月。翁方客授外乡,又以推人生祸福之助道,故不能久留城中。敢用赋此,以承命云尔。"(《道园类稿》卷一〇《留别叔父南山翁三首》)"先君太史"即指虞集的父亲虞汲,去世于延祐六年,至至治二年恰好为"弃诸孤之四年",虞集祖父虞至曾曾为"宋奉直大夫、知连州、仁寿县开国男,食邑三百户,国朝累赠嘉议大夫、礼部尚书。追封雍郡侯"(赵汸:《东山存稿》卷六《邵庵先生虞公行状》,四库全书本),即此诗序中所称之"连州府君"。可知,虞集来苏州确为省祖父虞至之墓。

① 《复初斋文集》卷三〇《跋元刘元帅碑》。

父征战,故事迹重合较多,亦可互证。

《刘垓神道碑》记述刘整事迹时始于"事宋",未提入宋之前在金朝以及由金入宋等事,其可能的原因有二:一是作为降将身份,先由金入宋、由宋入元的两度"叛逃""降附"事迹不愿提及,不便多言;二是碑文以传主刘垓为主,其父之事迹当简略为好。

关于刘整仕宋期间的官职,神道碑记载了"右领军卫上将军、东川观察使、泸州安抚使"三个职务。"右领军卫上将军"为环卫官名,李昌宪《宋代安抚使考》"潼川府路"条记载:"(潼川府路)知泸州,领潼川遂宁二府,果资蒲昌叙泸合融渠九州、长宁怀安广安三军、富顺一监,兼潼川府路安抚使、兵马都钤辖。"①刘整任四川泸州安抚使,《元史》载:"累迁潼川十五军州安抚使,知泸州军州事。"中统元年四月戊申,"以刘整知泸州兼潼川安抚副使"。②"东川观察使"和"右领军卫上将军"官衔均不见于其他文献。

神道碑所说导致南宋"内外共为疑沮"的"专制跋扈之臣"乃是贾似道。《钱塘遗事》卷四所记载的内容多为贾似道擅权当国之事,如"阴许岁币""行打算法""贾相当国""一担担""杀向士璧"等。刘整叛宋降元与贾似道擅权误国之举关系莫大。刘整反宋降蒙不仅与贾似道有关,情由复杂,但碑铭仅能列举当时社会形成共识的误国奸臣贾似道,而对于吕文德以及降将吕文焕、朱禩孙等人都再难以提及。

碑文在述及刘整去世时间和地点时写道:"及丞相忠武王以重兵渡江取宋,武敏师次襄阳以卒。"③刘整死于攻打无为军(今安徽省无为县)时,并非襄阳,这一点已无疑义。按理说虞集为刘垓撰写碑文时并非不知,此处似应是刻意隐瞒。在刘整后人看来,一个反宋降蒙的将领因功未成、愤惋而卒,应该是一件不太易于言说的事,是刘整家族的一块"心病"。而刘垓入元已久,亦深知这一点。虞集在碑铭最后表达了自己的观点:"集尝待罪太史,见武敏世家,未尝不叹其谋略奇壮。……两世爵禄虽未足当其功多,然闻尝赐

———————

① 李昌宪:《宋代安抚使考》,济南:齐鲁书社,1997年,第546页。

② 《宋史》卷四五《理宗本纪五》,第873页。

③ 《刘垓神道碑》。

之玺,书曰:'其子子孙孙永保富贵。'国家之报功其在兹乎?"虞集为刘垓撰写碑铭,自然会对传主家族持同情态度。他认为刘整家族两代人所得爵禄与其功劳不相配,但朝廷最终毕竟承认了他们,不过这也许是时人所处特定社会环境之下的溢美之词。或许,虞集与姚燧、廉希宪等人持有不同的价值观。

关于刘整的后代,文献记载着墨不多。这块神道碑为我们提供了重要的资料,使得我们得以更详细地了解刘整家族在元朝初期的政治境遇和复杂的社会关系,从而为我们认识南宋贰臣被纳入元朝大一统政治体系之中以后的生存状态提供了一个典型样本。

第三节　刘垓的字、齿序与子孙

一、刘垓的字与齿序

刘垓的生年,从其神道碑所载"中统三年,武敏归国之明年也,始移新附民匠于成都,元帅年十三"一句可知,中统三年(1262)刘垓年十三岁,则生于1250年,时南宋淳祐十年、蒙古斡兀立海迷失后称制二年。

关于刘垓的字,为仲宽。① "垓"的字义中有"一方广大处",其字"宽"与此正相应。

关于刘垓的齿序,《刘整传》载:

> 子垣,尝从父战败昝万寿于通泉;埏,管军万户;均,榷茶提举;垓,都元帅。②

《刘垓神道碑》载:

---

① 《蒙兀儿史记》卷八二《刘整传》(第539页)写成"宽仲"应属笔误。
② 《元史》卷一六一《刘整传》,第3788页。

元帅讳垓，字仲宽，河南邓州穰县人。故骠骑卫上将军、中书左丞、淮西等路行中书省事、赠龙虎卫上将军、中书右丞武敏刘公整之第五子也。

《蒙兀儿史记》和《新元史》的叙述内容大同小异，他们均源自《元史》和《刘垓神道碑》，但细节上的改动差异颇值得推敲。比如《蒙兀儿史记·刘整传》写道："整四子。垣，尝从父战败昝万寿于通泉，早卒；埏，管军万户；均，榷茶提举；次子垓最知名。"[1]《新元史·刘整传》写道："四子。垣，尝从父战败昝万寿于通泉；埏，管军万户；均，榷茶提举；垓最知名。"[2]

据上述可知：明确表明刘垓齿序的是《蒙兀儿史记》《新元史》，均称其为"次子"。《刘垓神道碑》称其为"第五子"。独《元史》未明齿序，但其记述刘整诸子的行文顺序是"垣、埏、均、垓"，如果这就是四子齿序，那么刘垓是否为第四子？前文已述，刘垓的字应以《刘垓神道碑》所载"仲宽"为准，故以"伯、仲、叔、季"为兄弟排名来看，刘垓应当是排行第二的，亦即《蒙兀儿史记》《新元史》所称之"次子"，这里的问题是要搞清楚《蒙兀儿史记》中所称"次子"的依据是什么。《刘垓神道碑》称刘垓是"第五子"。刘威亲自请虞集来撰写其父亲的神道碑，绝不会连父亲的齿序都搞错。

那么，依据《刘垓神道碑》所言，刘垓会在一种什么情况下才能同时满足"仲宽"和"第五子"这两个条件呢？我们暂时假定存在这样一种可能：刘整先后或同时娶有两位夫人，作为"第五子"的刘垓是第二位夫人的"次子"。而根据《元史》所载刘整的四位儿子的名字，我们假定第一位夫人有二子或三子，暂推定可能是刘垣、刘埏；第二位夫人有二子或三子，刘垓排行第二。那么，《元史》中所载的刘均，推定为两种可能，一是第一位夫人的第三子，二是第二位夫人的长子。而据《刘垓神道碑》所载"第五子"分析，《元史》所载的诸子如果是按照齿序排列的话，必定在刘垓之前遗漏了一位儿子的姓名。

---

① 《蒙兀儿史记》卷八二《刘整传》附刘垓，第 539 页。
② 《新元史》卷一七七《刘整传》，第 727 页。

最后,换一种说法总结,即刘垓是刘整第二位夫人的次子,是刘整所有儿子当中的第五子。

此外,程钜夫《雪楼集》卷三〇《题刘武敏公整子墀学臣字说后》:"衣冠仪羽立丹宸,百辟师师学莐臣。独羡世家家训在,清风千载镇如新。"①此诗所提到的"刘武敏公整子墀",《元史》等均未载,未知其齿序。

二、刘垓的儿子与孙子

关于刘整的孙子,《元史·刘整传》:

> 孙九人,克仁,知房州。②

《刘垓神道碑》记载如下:

> 夫人彭氏,先卒。后夫人蒙古氏,亦先卒。生子二人,长乃麻台,武德将军、平阳万户,先卒。孙敏国不华,袭其职。次曰威,荫授承务郎、同知常熟州事,移无锡州事。

有关刘整之孙的记载,目前只有这两条资料。《元史》载其孙有九人,有名者仅其一:刘克仁;而据《刘垓神道碑》所载仅有二人:乃麻台、刘威。

首先,刘克仁为"知房州",而刘垓第二任夫人蒙古氏的儿子中,长子乃麻台为"武德将军、平阳万户",次子刘威"荫授承务郎、同知常熟州事,移无锡州事",首先可以确定刘威与刘克仁当为两人,而刘克仁必非"蒙古氏"所生。

其次,乃麻台与刘克仁是一人抑或两人?从《刘垓神道碑》所载分析,刘垓的第一任夫人彭氏当为汉人,故刘克仁有为彭氏所生的可能性,但也有是

---

① 程钜夫:《楚国文宪公雪楼程先生文集》卷三〇,《元代珍本文集汇刊》影印洪武二十八年刊本。

② 《元史》卷一六一《刘整传》,第3788页;《蒙兀儿史记》卷八二《刘整传》,第539页。

刘整其他儿子所生，故在此情况下乃麻台与刘克仁是两人。"知房州"与
"武德将军、平阳万户"从任职和封号来说并不矛盾，而元代往往存在一人同
时拥有蒙、汉两种名字的情况，所以刘克仁与乃麻台仍有可能是同一个人。

《元史》未载刘垓之孙刘威，此神道碑可补阙。刘整家族本为汉人，刘垓
后娶蒙古族夫人，其子、孙均取了蒙古名，已有蒙古化倾向。或许因为与蒙
古通婚、改用蒙古名字能够摆脱贰臣的身份，以求得更好的社会地位和仕
途。① 乃麻台之子，亦即刘垓之孙，亦取蒙古名字——敏国不华并袭父职。
可见，刘垓第二任夫人"蒙古氏"所生的两个儿子，长子乃麻台取了蒙古名
字，并且其子敏国不华继续以蒙古名行于世，而次子刘威取汉名。

第四节　刘整之子刘垓事迹考述

至元元年（1264），刘垓"从武敏战泸州紫云城，有功"。② 紫云城位于四
川犍为县东南。紫云城的南宋守军，于至元十一年（1274）由昝万寿招降，③
至元元年的这次攻城作战并未攻破紫云城。碑文记载弥补了《元史·刘整
传》中这一年份纪事的不足。"有功"可能是指《元史·世祖本纪二》载：
"（十一月）以元帅按敦、刘整、刘元礼、钦察等将士获功，赏赉有差。"④但本
纪未载刘整战泸州紫云城一事。

至元三年（1266），"武敏（即刘整）入朝，以元帅见佩金虎符，领武敏旧

---

① 有关汉人与非汉人通婚问题，可参见洪金富：《元代汉人与非汉人通婚问题初探》，《食货月
刊》1977 年第 1、2 期合刊；池内功：《元代的蒙汉通婚及其背景》，郑信哲译，《世界民族》，1992 年第
3 期；那木吉拉《元代汉人蒙古姓名考》（《中央民族大学学报》1992 年第 2 期）："元代汉人改用蒙古
姓名者甚多。其中部分人蒙古姓名，实与他们入仕之途，即政治出路颇有联系。或者可以说，他们
的蒙古姓名是当时政治条件、社会环境逼迫所致。"李治安《元代汉人受蒙古文化影响考述》（《历史
研究》2009 年第 1 期）："元代汉人使用蒙古名字的主观动因，似可分为两类：一是冒充蒙古人，意在
混入怯薛或便于谋求达鲁花赤等非汉人官缺。"
② 《刘垓神道碑》碑文。
③ 《元史》卷一二九《也速答儿传》（第 3145 页）："至元十一年（1274）……昝万寿寻遣部将李
立以嘉定、三龟、九顶、紫云诸城寨降。"
④ 《元史》卷五《世祖本纪二》，第 100 页。

军为万户"。①《元史·世祖本纪三》载:"(至元三年)六月壬申(十一日),赐刘整畿内地五十顷",②《元史·刘整传》亦载:"至元三年六月,迁昭武大将军、南京路宣抚使。"③此次刘整携其子刘垓一同入朝,从神道碑和纪传记载可知,父子同时得到了封赏。

至元四年(1267),刘垓"筑眉、简,征守嘉定、泸、叙等州,攻破五获、石城、白马、资江等塞,元帅又有功"。④《元史·世祖本纪三》记载:"(至元四年)二月丁亥,诏陕西行省招谕宋人。又诏嘉定、泸州、重庆、夔府、涪、达、忠、万及钓鱼、礼义、大良等处官吏军民有能率众来降者,优加赏擢。"⑤可知元朝方面本年对四川部分州县开展了军事行动,同时招谕南宋军民投降。

至元五年(1268),刘垓"过马湖江,战泸川县,又有功"。⑥可见此时刘垓尚在四川征战,而其父刘整已经转战襄樊。《元史·世祖本纪三》记载:"(至元五年)春正月辛丑(十九日),敕陕西五路四川行省造战舰五百艘付刘整。"⑦同年七月,以刘整为都元帅,与都元帅阿朮同议军事。刘整来至军中,开始利用其熟悉南宋水军的经验,"议筑白河口、鹿门山",⑧并遣使上报朝廷,得到许可。白河口、鹿门山均是襄阳城周边的军事要地,可知此时刘整已经来至襄阳前线。而神道碑记载刘垓在四川马湖江、泸川县一带作战,故刘垓未跟随其父刘整,仍在川蜀征战。刘整在至元三年携子入朝觐见以后,又于至元四年十一月再次"赴阙"。据《刘垓神道碑》记载来看,至元四年刘垓未随其父亲入朝,而是留在四川地区继续领军作战,而刘整至元四年底入朝觐见结束之后,直接奔赴了襄阳前线,故有五年正月刘整受命统领五百战舰、七月议筑襄阳周边城堡等重大军事行动。

---

①　《刘垓神道碑》碑文。
②　《元史》卷六《世祖本纪三》,第111页。
③　《元史》卷一六一《刘整传》,第3786页。《蒙兀儿史记》卷八二《刘整传》作"昭勇大将军"。
④　《刘垓神道碑》碑文。
⑤　《元史》卷六《世祖本纪三》,第114页。
⑥　《刘垓神道碑》碑文。
⑦　《元史》卷六《世祖本纪三》,第117页。
⑧　《元史》卷六《世祖本纪三》,第119页。

　　至元九年（1272）前后，襄樊地区前线正在发生着激烈的战争，元军将襄樊地区团团围住，而南宋方面反复地不断采取各种措施突围，但均未见成效。故在至元九年十一月，南宋方面使出了一条反间计："宋京湖制置李庭芝为书，遣永宁僧赍金印、牙符，来授刘整卢龙军节度使，封燕郡王。僧至永宁，事觉，上闻，敕张易、姚枢杂问。适整至自军中，言：'宋患臣用兵襄阳，欲以是杀臣，臣实不知。'敕令整为书复之，赏整，使还军中，诛永宁僧及其党友。"①从这条史料中可知，刘整在襄樊地区攻宋甚急，使得南宋方面在基于其曾经为仕宋的军事将领的基础上，对其施以反间计，意欲以高官厚禄贿赂。但是，刘整对此事作了解释，并亲自写了回复信函明确拒绝了南宋将领李庭芝，以实际行动证明了自己的清白。但从元朝派遣张易、姚枢前来问询之举可知，这条反间计已经引起元朝政府对他的猜忌，这一点从《刘垓神道碑》中可以得到较为有力的证明："（至元）九年，元帅（刘垓）入备裕宗东宫宿卫。"裕宗即太子真金。刘垓原本正在四川前线，为何突然入备东宫宿卫？联想到这一年刘整遭到南宋反间计陷害之事，在这一节中可以对此作出解释：刘整为了洗脱这次反间计造成的被元朝政府的猜忌和不信任，在入朝辩解的同时，将其子送于东宫宿卫作为人质，以表忠诚。但刘垓作为东宫宿卫并未持续多长时间，"（至元）十年，出从武敏于襄，战樊城，又有功"。② 可见，刘垓第二年就继续跟随其父征战于襄樊。樊城被攻破是在至元十年正月，故刘垓"战樊城"当是参与了这场攻破樊城的最后一战。

　　至元十一年，"蜀省奏元帅仍以万户还成都。围嘉定，战之，有功"。③根据前述碑文和纪传记载，刘整携其子刘垓一同入朝觐见之时，刘垓受封为万户。至元十年，刘垓随同其父参加襄樊之战。第二年（至元十一年），刘垓仍以万户的身份返回成都战区。《元史》"至元十一年六月戊辰条"：

　　　监察御史言："江淮未附，将帅阙人。今首用阿里海牙子忽失海牙、

① 《元史》卷七《世祖本纪四》，第143—144页。
② 《刘垓神道碑》碑文。
③ 《刘垓神道碑》碑文。

　　刘整子垓,素不知兵,且缺人望,宜依弟男例罢去。"从之。①

　　可知,至元十年初襄樊之战结束以后,刘垓与阿里海牙之子忽失海牙继续在江淮一带用兵。但监察御史认为这二人不知兵事,难当大任。至元十一年刘垓被委派至川蜀,其中"宜依弟男例罢去"是否为罢去刘垓"万户"的身份? 因碑文载刘垓被派往时是"仍以万户"的身份,是否有恢复万户身份之意? 神道碑丝毫未载《元史》所记刘垓"素不知兵""罢去"等事,反映了元代碑文普遍存在的歌功颂德风气。②

　　至元十二年(1275),"奉武敏之丧于穣。六月,还收嘉定、紫云城、叙、泸等千五百余里,以其帅及蛮部首领入见。天子嘉劳,敕有司若曰:'武敏之子,当世其官。'"③刘整是于至元十二年正月病卒于无为军,故刘垓处理丧事时间当在正月至六月之间。同年六月,刘垓再次率军出征,"还收嘉定、紫云城、叙、泸等千五百余里",以其帅及蛮部首领入见。刘垓以六月以后的功劳觐见忽必烈,忽必烈当时允诺"武敏之子,当世其官",但诏命并未兑现。经过刘垓的争取,冲破朝廷大臣重重阻挠后才得以世袭官职。

　　至元二十三年(1286),刘垓"入朝,以子乃麻台见,天子宠赉有加"。④至元二十三年刘垓入朝觐见之时,忽必烈下诏说:"'伯颜奏功,宋将来归者皆重任,独刘整后。'命元帅(刘垓)数其人,即奏曰:'先臣在襄阳,以吕安抚来归,今为右丞。在泸州,以管安抚来归,今为左丞。臣在西川,以昝安抚来归,亦为左丞。'上即诏以左丞命元帅,为参政土鲁华所格而止。元帅乃言曰:'江南既平,臣不敢自言先臣功,唯上念之。'上曰:'朕未尝忘尔父也。'会大臣多以为言者,即拜镇国上将军,陕西、四川等处行中书省参知政事。"⑤刘垓入朝觐见忽必烈,并历数降元宋将均被委以重任的情况,

---

　　①　《元史》卷八《世祖本纪五》,第156页。
　　②　陈波:《〈元史〉订补二题——兼谈元人碑传的讳墓与曲笔》,南京大学元史研究室/民族与边疆研究中心主办:《元史及民族与边疆研究集刊》(第二十七辑),上海:上海古籍出版社,2014年。
　　③　《刘垓神道碑》碑文。
　　④　《刘垓神道碑》碑文。
　　⑤　《刘垓神道碑》碑文。

吕文焕降元后为右丞,管如德、昝万寿(昝顺)均为左丞。这实际上是在依靠其父的声名讨要封赏,他所提及之人最后不是"左丞"就是"右丞",于是忽必烈任其为"左丞",却遭到廷臣阻止。于是刘垓继续请求,并口口声声说"不敢自言先臣功",但最后忽必烈还是以"未尝忘尔父"为刘垓加官晋爵。由此可知,刘整的贰臣身份给后人带来的影响是很大的,甚至在其去世十多年、其子也立下多次战功以后,接受升迁、赏赐仍然遭到朝臣的阻止。

刘垓于皇庆二年五月十一日(1313 年 6 月 5 日)去世,享年六十四岁,碑铭载:"宪司官来哭之,问其帑,才中统钞四百卅五贯。观其封识,月奉之余也。广州有祠祠廉吏,即奉元帅祠焉,而归丧于穰。"通过这件事可见,刘垓其人颇有兢兢业业、谨小慎微的性格,同时也反映了刘整家族在仕元生涯中的不易和艰辛,而这一切应该均和其贰臣身份有着密切关系。

第五节　若干部属事迹

刘整作为一代名将,他的部将也是比较典型的将领群体,但有关其部将的史料并不多。目前能够明确的刘整部属将领,有沙全、王均、武胜和罗鉴。

一、沙全(抄儿赤)

沙全是刘整部将中在《元史》里唯一有传之人。此人是一位色目人,哈剌鲁氏。① 揭傒斯记述了一位参加襄樊之战的哈剌鲁人亦名为"抄儿赤":"至元初,从军襄、樊有抄儿赤者,合禄鲁人也。以功为千夫长。抄儿赤传秃鲁罕,秃鲁罕传秃林台。三世皆戍建昌,而三世皆贤。"②李治安认为,哈剌

---

① 《蒙兀儿史记》写作"合儿鲁兀人"(第 539 页)。《元朝秘史》卷一〇曰:"太祖命忽必来征合儿鲁兀种,其主阿儿思阑即投降了来,拜见太祖,太祖以女子赐他。"(《元朝秘史》,乌兰校勘本,北京:中华书局,2012 年)《元史译文证补》《元秘史注》均有考订,屠寄所据当以此。

② 揭傒斯:《揭傒斯全集》卷四,李梦生点校,上海:上海古籍出版社,1985 年,第 311 页。

鲁人沙全至元二十二年亦迁任隆兴万户府达鲁花赤,世祖末,沙全(小名抄儿赤)所管万户曾调往南安路上犹县镇守,但仍隶属于江西行省。① 马晓娟对此"戍守建昌的抄儿赤家族"有过考订,她认为这位"抄儿赤"并非沙全。② 屠寄《蒙兀儿史记》将沙全附于刘整、刘垓列传之内,③他认识到沙全是刘整的重要部将。④

沙全,原名为抄儿赤。他的父亲名叫沙的,曾跟从太宗窝阔台汗⑤征讨金朝,受命戍守河南柳泉(今河南洛阳市宜阳县柳泉镇),后定居于此,金朝时为中京金昌府。⑥《元史·沙全传》载他五岁的时候,"为宋军所虏",⑦《蒙兀儿史记》在此夹注曰:"当是甲午年宋人谋复三京,北攻汴洛之役。"⑧甲午年为 1234 年(南宋端平元年,蒙古太宗窝阔台六年)。据此推算沙全生于 1230 年,⑨出生地应当是其父亲留居的河南柳泉。

沙全十八岁时成为刘整的部下,这一年应当是 1247 年(丁未,蒙古定宗二年,南宋淳祐七年)。沙全是在南宋的社会环境下成长起来,且刚一成年便从军作战,故对于南宋军事"险固备知之",⑩这一点与刘整比较相似。《蒙兀儿史记》认为"全久居蜀,知其地形",⑪沙全跟随刘整在川蜀驻守。中统二年刘整降附蒙古时,沙全与其一同归附。刘整率泸州军突围时,"宋军追之,全力战得脱",因功"授管军百户"。⑫

至元三年(1266),沙全跟随刘整进攻云顶山,与宋将夏贵遭遇,沙全

---

① 李治安:《元代行省制度》,北京:中华书局,2011 年,第 295 页。
② 马晓娟:《蒙元时期哈剌鲁人婚姻研究》,《新疆大学学报》2020 年第 9 期。
③ 屠寄:《蒙兀儿史记》卷八二《刘整刘垓沙全传》,第 538—540 页。
④ 《蒙兀儿史记》卷八二《沙全传》载:"刘整有裨将曰沙全。"(第 539 页)
⑤ 《元史·沙全传》错记为太祖,《蒙兀儿史记·沙全传》将其改为太宗,理由是太祖成吉思汗并未率军攻金。《元史》校勘记已出注。
⑥ 《元史》卷五九《地理志二》,第 1403 页。
⑦ 《元史》卷一三二《沙全传》,第 3217 页。
⑧ 《蒙兀儿史记》卷八二《沙全传》,第 540 页。
⑨ 庚寅,蒙古太宗二年,南宋绍定二年,金哀宗正大七年。
⑩ 《元史》卷一三二《沙全传》,第 3218 页。
⑪ 《蒙兀儿史记》卷八二《沙全传》,第 540 页。
⑫ 《元史》卷一三二《沙全传》,第 3218 页。

"击杀甚众"。① 至元五年(1268),沙全跟随刘整出师围攻襄樊,刘整时领都元帅事,沙全为镇抚,为其副将。在围攻襄樊的战争中,沙全多次出入战阵,获有功劳:"率军攻仙人山、陈家洞诸寨,破之升千户,赐银符";"败宋将张贵,拔樊城,与刘整军会"。②

襄樊战役以后,沙全跟随刘整戍守淮西,"修正阳城,引兵渡淮,与宋将陈安抚战,败之",③其中"陈安抚"即陈奕。④ 刘整于至元十二年在淮西无为军城下去世。沙全于此年被派往跟从阿术参加焦山之战:"(至元)十二年,从丞相阿术与宋将张世杰、孙虎臣大战于焦山,水陆并进,宋人不能支,尽弃鼓旗走,获其将士三十三人。"⑤随后,又参加常州战役。但屠寄对沙全是否参与常州战役持否定意见:"按攻常州者伯颜中军,取道平江、嘉兴以至临安者,全至华亭,乃从相威左军,即不得更从中军攻常州。"⑥因此将《元史》"从攻常州,克之,乘胜下沿海诸城"一句删去。《元史·相威传》记载:"至元十一年,世祖命相威总速浑察元统弘吉剌等五投下兵从伐宋。由正阳取安丰,略庐,克和,攻司空山,平野人原。道安庆,渡江东下,会丞相伯颜兵于润州,分三道并进,相威率左军,参政董文炳为副,部署将校,申明约束。江阴、华亭、澉浦、上海悉望风款附,吏民按堵如故。"⑦华亭(今上海松江)是在相威所率左路军进兵过程中降附的城池,之后沙全又驻守于此。可见沙全确在相威所率左路军中,并未参与常州之役。故《元史·沙全传》"从攻常州,克之,乘胜下沿海诸城"一语史源待考。

沙全继续率军在沿海攻城。在华亭,沙全告诫士卒禁止杀掠。华亭倾城出降,故沙全以功被授"华亭军民达鲁花赤"。⑧ 华亭人殷澄,字公源,自

---

① 《元史》卷一三二《沙全传》,第3218页。
② 《元史》卷一三二《沙全传》,第3218页。
③ 《元史》卷一三二《沙全传》,第3218页。
④ 《蒙兀儿史记》载:"盖即陈奕。"(第540页)
⑤ 《元史》卷一三二《沙全传》,第3218页。
⑥ 《蒙兀儿史记》卷八二《沙全传》,第540页。
⑦ 《元史》卷一二八《相威传》,第3129页。
⑧ 《元史》卷一三二《沙全传》,第3218页。《蒙兀儿史记》载沙全进攻华亭是"及从相威左军趋临安,道出华亭"(第540页)。

称泖南浪翁。家富好施,人称"殷佛子"。元兵破华亭,将屠城,殷澄挺身入其军门,请其全活城中之人。元朝欲授其为华亭总管,坚拒不受,隐居以终。① 从这条人物介绍中可知,元军想对华亭实施屠城之举,华亭人殷澄为之争取,取得成效。

忽必烈在伯颜南征之前,曾反复强调要效仿"曹彬下江南不杀一人"的典故,伯颜始终恪守这一原则。虽在常州等地仍有屠城之举,但总体来说平宋过程中并未出现大规模屠城嗜杀现象。沙全攻克华亭之举,就是践行了这一军事策略,成效显著。沙全被授予华亭军民达鲁花赤以后驻守于此。在华亭期间,沙全采取了一些稳定社会局势的措施,最重要的就是俘获聚众造反的盐徒,并将其置于芍陂(今安徽省淮南市寿县城南安丰塘)从事屯田:"时民心未定,有未附盐徒聚众数万掠华亭,全击破之,籍其名得六千人,请于行省,遣屯田于淮之芍陂。"②沙全还负责管理盐场,加强对从事盐业百姓的管控。华亭升为府以后,沙全被任命为华亭府达鲁花赤,并赐虎符。③ 在任华亭达鲁花赤期间,沙全多次妥善处理盐民,保全盐民性命,从而稳定了社会秩序。在沙全平定盐民叛乱以后,元朝政府认为这些人刚刚降附,时有叛乱发生,便委派万户忽都忽等人前来,并要在华亭实行屠城之举,沙全一力谏止:"盐卒多非其土人,若屠之,枉死者众。"④他还以自己的性命担保盐民不会叛乱,最终阻止屠城行为,保全百姓性命。时值刚刚平定南宋,社会混乱,盗贼众多,多者数千人。沙全"悉招来之,境内得安"。⑤ 随后,沙全擢升为松江万户府达鲁花赤,"始专领军政"。⑥

① 杨倩描主编:《宋代人物辞典》(下),石家庄:河北大学出版社,2015 年,第 1022 页。

② 《元史》卷一三二《沙全传》,第 3218 页。

③ 《蒙兀儿史记》写作:"十四年,升华亭为总管府,全为总管府军民答鲁合臣,换佩虎符。"(第 540 页)故沙全任华亭总管府达鲁花赤的时间是至元十四年(1277),但《蒙兀儿史记》依据不详。

④ 《元史》卷一三二《沙全传》,第 3218 页。

⑤ 《元史》卷一三二《沙全传》,第 3218 页。

⑥ 《元史》卷一三二《沙全传》,第 3218 页。《蒙兀儿史记》写作:"十五年,改松江万户府答鲁合臣,始专领军政。"(第 540 页)故沙全任松江万户府达鲁花赤的时间是至元十五年(1278),但《蒙兀儿史记》依据不详。

从上所述,沙全不仅仅是一位能征惯战的沙场将领,还是一位懂得社会治理、体恤百姓、心怀仁慈的地方官。他很好地践行了忽必烈、伯颜等君臣奉行的不嗜杀政策,还懂得如何治理和稳定占领区的社会秩序,懂得如何处理叛乱、如何发展社会生产。

至元二十二年(1285),沙全受到忽必烈召见,升为隆兴(今江西南昌)万户府达鲁花赤。不久,忽必烈认为松江是濒海重地,还是希望熟悉情况的沙全去镇守,于是"复命镇之,赐三珠虎符",①后来沙全在松江任上去世。

在受到忽必烈召见的时候,沙全请求将自己的名字恢复为"抄儿赤"。因沙全父亲名为"沙的",宋人以首字"沙"为姓,取名"沙全",至此沙全改回哈剌鲁氏名字。沙全在五岁以前叫做抄儿赤,被宋军掳走以后,为其取名沙全。可见,沙全之名是其被迫而用之。②

刘整去世以后,沙全成为一名有功勋的臣僚,还做到了万户府达鲁花赤一职。根据元朝的规定,只有蒙古人和色目人才可以做达鲁花赤,而沙全始终没有忘掉色目人身份,因此在受到忽必烈召见之后,就不失时机地恢复了象征色目人身份的名字。沙全(抄儿赤)此举,也可见证蒙元时代的族群身份和族群关系。

二、王均

王均③曾在刘整攻打襄阳的汉军中任职。姚燧《少中大夫静江路总管王公神道碑》载其事迹:

---

① 《元史》卷一三二《沙全传》,第 3218 页。

② 沙全为哈剌鲁人,查宋史还有关于"回鹘爱里八都鲁"事迹记载,见于孟珙时期:"回鹘爱里八都鲁帅壮士百余、老稚百一十五人、马二百六十四来降,创'飞鹘军',改爱里名艾忠孝,充总辖,乞补以官。"(《宋史》卷四一二《孟珙传》,第 12377 页)忽必烈赐刘整手诏中曾出现"回回通事":"诸回回通事人等逃在彼军者,许令自还为良,不属旧主。"(《王恽全集汇校》卷八二《中堂事记·下》"中统二年八月十四日甲辰"条,第 3428—3429 页)可见在南宋军中有一部分来自西域的"回回"("回鹘""哈剌鲁"等)人在其中,是一个值得关注的群体。

③ 文渊阁《四库全书》本写作"钧"。

至元五年,故左揆刘武敏公开用兵端于襄阳,诏集天下兵临之,制宠武敏汉军都元帅,专将其军。其年,又诏先少师开省于汴,足其馈继。明年,擢公掾省。(至元)九年,公策撼武敏,中合机意,为奏官,以从仕郎其帅府经历、金符。故丞相史忠武来莅师,明年,襄阳下,奏官以襄阳总管府判官。①

王均并非刘整旧有部属,而是刘整在进攻襄樊时的文职幕僚。在刘整等将进攻襄樊之时,王均曾在襄樊以北地区负责屯田,为南征军队转运粮草。② 襄阳被攻下以后,王均在襄阳总管府中任职。

三、武胜

武胜生年不详,去世于 1245 年(南宋淳祐五年),其籍贯亦不详。南宋淳祐初年,武胜为荆湖制置司将领。淳祐五年,从主将刘整攻镇平县城,阵亡。③ 这是《宋代人物辞典》收录的词条。其史源为《宋史·理宗本纪三》:

> (淳祐)五年九月甲辰,京湖制置司言:"刘整等率精锐,以云梯四面登镇平县城,入城巷战,焚城中仓库、糗粮、器甲,路将武胜等四人死之;略广阳,焚列屯、砦栅、庐舍凡二十余所;还抵灵山,又力战有功。"诏整官两转,同行蔡贵等二百二十人各官一转。④

民国四明丛书本《宋季忠义录》收录有"武胜"条:

> 武胜,为荆湖制置使路将,从主将刘整以云梯登镇平县城,克之。

---

① 姚燧:《牧庵集》卷二一《少中大夫静江路总管王公神道碑》。
② 姚燧:《少中大夫静江路总管王公神道碑》:"掾省,则当徙河南边梁之民屯田唐、邓、申、裕、嵩、汝六州之郊。"
③ 杨倩描主编:《宋代人物辞典(下)》,第 895 页。
④ 《宋史》卷四三《理宗本纪三》,第 833 页。

与其倅三人战死。淳祐五年十月，事闻，赠恤有差。①

记载内容与《宋史·理宗本纪三》相差无几，但《宋季忠义录》标明赠恤时间是"淳祐五年十月"，《宋史》未载，不知《宋季忠义录》所据为何。《宋季忠义录》卷九还收录了一条可能与刘整率军进攻镇平县有关的人物史事：

> 王云，为荆湖制置使钤辖，尝偕同辈王宽、王立、田秀、董亮、董玉袭邓州镇平县灵山，战顺阳铁撅谷，皆有功，又野战数十合，被重创而死。淳祐五年四月，赠云三秩，官其二子承信郎，余赠恤有差。②

从内容来看，王云等人与武胜同为荆湖制置使之下的将领，亦曾进攻过邓州镇平县，不同的是后来又去进攻顺阳铁撅谷（今河南淅川县李官桥镇南顺阳村），且赠恤时间为"淳祐五年四月"，与武胜"淳祐五年十月"稍有差别，不知是否为同批出战的将领。

四、罗鉴

至元十年，刘整故吏罗鉴自北复还，携带刘整的"书稿一帙，有取江南二策"，前文已论，不再赘述。

以上是目前所能查阅到与刘整有关的为数不多的几位部属。刘整作为武将，其部属主要事迹都是跟从刘整参加大小战争，其中以沙全事迹相对详细。从中能够看出这些下级部属在宋元鼎革之际的仕途沉浮经历，当然也主要是在军旅生涯中度过一生。从零散记载来看，这些下层武将并没有太多的个人情感和需求，他们只是在时代的大潮中，跟随上层统治者听从命令和指示，做好自己的本职工作。即使如沙全这样出身于西域的色目人，在其一生的多数时间里也是奉命行事。

---

① 张寿镛：《宋季忠义录》卷九"武胜"条，四明丛书本。
② 《宋季忠义录》卷九"王云"条。

第五章　中国历史大变动视野下
政治边缘人群的境遇

　　前面四章对宋元之际的名将刘整及其家族、部属和与其相关的宋元战争中的一系列史事作了考证梳理。我们看到在中国历史大变动视野下,一个典型的生命个体一生的努力以及对命运和前途的奋争,从中可见刘整作为中国历史大变动时代中的一个政治边缘人群的典型代表,在社会剧变、王朝鼎革的时代潮流之中,是如何实现个人抉择的。刘整反宋降蒙是宋元关系史中的重大事件,对宋元战争、南宋政局、元朝平宋以及刘整个人都产生了深远影响,本章对刘整反宋降蒙的原因进行分析,同时对刘整在宋元战争过程中发挥的重要作用进行论述和评价。最后,本章以"贰臣"与"功臣"两个身份角色为立足点,以宋元之际及其后世对刘整的评价为切入点,探讨中国历史的华夷正统观是如何作用于时代,尤其是对以刘整为代表的边缘人群社会境遇的影响。

第一节　刘整反宋降蒙的原因分析

　　身为南宋军事重地的守御将领,刘整似乎突然在毫无征兆的情况下发动事变,举城反宋降蒙,个中缘由颇值得探讨。战争是政治的延伸,刘整是一介武夫,与其相关的事迹基本上都属于宋元战争史的范畴,但是单纯以战

争原因来分析和认识显然是不够的。本节拟从南宋、蒙古和刘整自身三个
方面来分析。

一、南宋恶劣的政治生态

刘整离开南宋投附蒙古,对南宋来说不啻为巨大的损失。这件事不仅仅
是一个军事将领的个人行为,更应当从南宋晚期的整个军事、政治格局来看
待。关于刘整降附的原因,专门探讨的研究成果并不多。但是刘整降附事件
是从事宋史尤其是南宋史、宋蒙(元)战争史(或称宋元关系史)以及四川地
方史等领域研究不可回避的问题。总体来说,学界基本形成了大体一致的认
识:一方面是直接原因,即刘整与当时的南宋权臣贾似道、将领吕文德、俞兴
等人发生矛盾,导致其在恶化的南宋政治关系格局当中的处境愈加艰难;另
一方面,因为贾似道主政以后在各个领域实行了一系列新政,在地方军事防
御区的将领和军队中推行"打算法",即审查驻边大将和阃帅的军费开支问
题,并追缴赃款。这一举措使得刘整更加惶恐,导致其最终选择降附蒙古。

有关刘整反宋降蒙的专条记载有《癸辛杂识·襄阳始末》、《钱塘遗
事·刘整北叛》、《宋季三朝政要》卷三、《宋史》和《宋史全文》部分条目、
《黄氏日抄古今纪要逸编》、《元史·刘整传》和《通鉴续编》等。下面将有关
条目罗列如下,对其作具体分析。

《癸辛杂识》"襄阳始末":

> 先是蜀将刘整号为骁勇,庚申保蜀,整之功居多。吕文德为策应大
> 使,武臣俞兴为蜀帅,朱禩孙为蜀帅,既第其功,则以整为第一。整恃才
> 桀傲,两阃皆不喜之,乃降为下等定功。整不平,遂诣问禩孙其故,朱
> 云:"自所目击,岂敢高下其手?但扣之制密房,索本司元申一观,则可
> 知矣。"整如其说,始知为制策二司降而下之,意大不平,大出怨詈之语。
> 俞兴闻之,以制札呼之禀议,将欲杀之。整知不可免,叛谋遂决。①

---

① 《癸辛杂识》别集下"襄阳始末"条,第305—306页。

《钱塘遗事》"刘整北叛"：

　　先是郑兴守嘉定被兵，整自泸州赴援，兴不送迎，亦不宴犒，遣吏以羊酒馈之。整怒，杖吏百而去。及兴为蜀帅，而泸州乃其属郡。兴遣吏打算军前钱粮，整赂以金瓶，兴不受。复至江陵，求兴母书嘱之，亦不纳，整惧。又似道杀潜，杀士璧，整益不安，乃以泸州降。①

《宋季三朝政要》卷三"癸亥景定四年"：②

　　泸州太守刘整叛。先是，北兵渡江，止迁跸之议者，吴潜也。尽守城之力者，向士璧也。奏断桥之功者，曹世雄第一，而整次之。似道功赏不明，杀潜，杀士璧，杀世雄，惧祸及己，遂有叛意。会郑兴为蜀帅，而泸州乃其属郡。兴守嘉定时被兵，整自泸州赴援，兴不送迎，亦不宴犒。兴遣吏以羊酒馈之。整怒，杖吏百而去。兴有宿憾，乃遣吏至泸州，打算军前钱粮。整惧，赂以金瓶，兴不受。复至江陵，求兴母书嘱之，亦不纳。整惧，以城降北。及北军压境，整集官吏，喻以故曰："为南者立东庑，为北者立西庑。"官吏皆西立，惟户曹东立，杀之，与西二十七人归北。③

《宋史》卷四五《理宗本纪五》"景定二年秋七月"：

　　秋七月甲子，蜀帅俞兴奏守泸州刘整率所部兵北降，由兴构隙致变也。至是，兴移檄讨整。④

---

　　① 《钱塘遗事校笺考原》卷四《刘整北叛》，第122页。王瑞来对这段文本的一处句读："……求兴母书嘱之，亦不纳。整惧，又似道杀潜……"，笔者有不同看法，认为应当是"……求兴母书嘱之，亦不纳，整惧。又似道杀潜……"，理由是：刘整所惧（"整惧"）之事显然是前事，即"请求俞兴的母亲给俞兴写信为其开脱之举没有成功"，而后文起首为"又"，乃是另一件事。
　　② 《宋季三朝政要》将刘整叛乱之事系在"景定四年（1263）"是明显的谬误，应当系于景定二年（1261）。王瑞来已作笺注。
　　③ 《宋季三朝政要》卷三，第302页。
　　④ 《宋史》卷四五《理宗本纪五》，第877页。

《宋史全文》卷三六《宋理宗六》"辛酉景定二年"：

> （六月戊申）上曰："泸南刘整之变，宜急措置。"似道奏："昨日已即
> 调遣，且趣吕文德、俞兴等任责讨之。"整，骁将，号铁胡孙，断桥之役，曹
> 世雄功第一，整次之。大将吕文德忌二人，掂世雄罪，逼以死，整惧祸及
> 己，遂叛归北。

> 《谥议》曰：刘整，宋骁将也。己未北师渡江，止迁跸之议者，丞相吴
> 潜也。尽守城之力者，帅臣向士璧也。奏断桥之功者，曹世雄其一，而
> 刘整次之。事平后，似道功赏不明，杀潜，杀士璧，杀世雄。整守泸州，
> 惧祸及己，归北之心始决矣。①

《黄氏日抄古今纪要逸编》：

> 己未秋，元兵初偷渡鄂渚，似道时以督视，置司汉阳，力未及沿边上
> 下，理宗皇帝每玺书痛责之。赖印应飞守鄂渚，上则王坚守合州，下则
> 史岩之守江州，前则向士璧守潭州，兵势联络，威权不至旁出。又赖曹
> 世雄断浮桥于涪州，使彼兵中断。而元主蒙哥为王坚所挫辱，愤死。攻
> 我鄂州之酋忽必烈者，蒙哥从兄也，闻之急归谋立，亦解围去。方贾似
> 道事急之际，尝约议和，已而往来鄂州，与共守战，尝获捷。及元兵解
> 去，遂掩和议不言，而自诡再造之功。又得奏凯归朝，正席庙堂，为右丞
> 相，为平章重事，自此不复言兵，唯日聚谀佞，歌颂太平，以实其欺。元
> 遣使督和议，则幽之不报。将士定劳江上者，陈乞功赏，则抑之不行。
> 诸帅如曹世雄断桥功第一，则忌其功，贬窜杀之；印应飞、向士璧则窘以
> 城守公费，皆杀之；史岩之诸舅也，废绌之；王坚虽赏功，召还，实亦置之
> 闲地。惟有吕文德为之腹心，与之表里相似，一切恣其横……初，诸将
> 既尽，用文德私人，独曹世雄、刘整才高不肯屈。刘整与曹世雄同断桥，

---

① 《宋史全文》卷三六《宋理宗六》，第2903—2904页。

功成,文德深忌之。似道夺其功以归文德,贬世雄,移整泸州。又使整
之仇俞兴帅蜀。整虞祸之将及也,大遗赂,庆文德生朝,乘其间,亟叛
归,为元任责图江南。①

《元史·刘整传》:

整以北方人,扞西边有功,南方诸将皆出其下,吕文德忌之,所画策
辄摈沮,有功辄掩而不白,以俞兴与整有隙,使之制置四川以图整。兴
以军事召整,不行,遂诬构之,整遣使诉临安,又不得达。及向士璧、曹
世雄二将见杀,整益危不自保,乃谋款附。②

南宋遗民郑思肖在《心史·大义略叙》中叙述了蒙古兴起、征伐南宋的
过程,对刘整降附亦有记载:

吕文德私意既杀良将曹世雄,又抑刘整功,复谮整有跋扈意。似道
欲杀之。有密报整者,整遂叛。③

---

①　黄震:《黄氏日抄古今纪要逸编》。本段的部分内容在第一章为考订断桥之役事已有引用,为
便读阅,再次将全文引用于此。《古今纪要逸编》篇幅较小,有《丛书集成初编》排印《知不足斋丛·书
本》、《四明丛书》本和《笔记小说大观》本,胡昭曦、唐唯目《宋末四川战争史料选编》收录部分《古今纪
要逸编》文字,选用的是《四明丛书》本。《笔记小说大观》系台湾新兴书局有限公司在1978年出版的
一套历代笔记小说合集,其中《古今纪要逸编》收录于第23篇,篇首有"古今纪要逸提要"云:"案黄震
撰。震有古今纪要十九卷,撮举诸史,括其纲要,上自三皇,下迄哲宗元符,辞约事赅。是编纪理、度两
朝事,为震在史馆所得,于见闻者亦云古今纪要,未审其命名何意也。载史嵩之、丁大全、贾似道等独
见详尽。贾氏既败,震遂辍笔,思深虑远盖有微意存乎其间。虽曰逸编,颇有良史风焉。"这段提要的
部分内容取材于《四库全书总目提要》中有关黄震所撰《古今纪要》的评价语。可见,这份被冠以《逸
编》的资料不当作为"笔记小说"或《丛书集成初编》的"文学类",其实史料价值较高。
②　《元史》卷一六一《刘整传》,第3786页。
③　郑思肖撰,陈福康点校:《郑思肖集》,第160页。有关《心史》及其作者的研究讨论有很多,
不一一列举。关于《大义略叙》,杨讷《〈心史〉真伪辨》(杨讷:《元史论集》,北京:国家图书馆出版
社,2012年)认为,《大义略叙》是《心史》最重要的一篇文字,文末注明"德祐八年岁在壬午之春述,
德祐九年癸未春正月重修",文中还有"大宋德祐九年四月七日臣郑思肖敬书",《大义略叙》再修三
修,反映出作者对自己的这篇文字十分珍视,用他的话说是"庶无愧于为史,则可以垂训天下后世
矣"。此外,杨讷先生经过考订认为,《心史》的作者就是郑所南(郑思肖)。

《通鉴续编》卷二三:

> (中统二年)六月,知泸州刘整叛降于蒙古。

夹注曰:

> 贾似道之断浮桥败蒙古也,整及高达、曹世雄之功为多,似道憾其轻,已令吕文德掅撼其罪,世雄竟死,达亦废弃,整闻之惧。会俞兴帅蜀,整素与兴有隙,心益不安。及兴至,考核整军前钱粮,整遂率所部二十七人,自泸降于蒙古。整,骁将也,熟知山川险要、国事虚实,蒙古自是愈易宋而边祸日深矣。①

刘整作为南宋的一员守边将领,功劳卓著,尤以"断桥之功"和"庚申保蜀"之功(泸州大捷)为著。《元史·刘整传》称其"扞西边有功,南方诸将皆出其下",可见刘整在南宋守边军队中具有较高影响力。因此,他如果长期受到权臣、阃帅的压制,必会极度不满。《癸辛杂识》所载相对具体,刘整一向"骁勇",论功本为第一,但因"恃才桀傲"而被吕文德、俞兴定为下等功。刘整去问询朱禩孙,朱禩孙亦不为他撑腰,而是让其自行去"制密房"(即制置司的档案室)查阅上报战功的文书。查看之下才知道果然是由"制策二司"所操纵而决定的,即制置副使俞兴、策应大使吕文德二人所为。因此,由功赏不明而导致刘整怨气难平,"意大不平,大出怨詈之语",这自然就导致他与吕文德、俞兴等人的关系迅速恶化。

俞兴是导致刘整个人政治人际关系迅速恶化的直接关键人物。《钱塘遗事》写作"郑兴",是为"俞兴"之误。② 淳祐十一年(1251)三月,俞兴升任

---

①　陈桱:《通鉴续编》卷二三,元至正刻本。
②　衣川强《刘整的叛乱》指出此错误,《宋季三朝政要》王瑞来笺证本未发现。王瑞来笺注:"郑兴守嘉定被兵。""郑兴"原误作"邓兴",据"四库本""武林本""鲍抄本"并《宋季三朝政要》卷三改。

成都安抚副使、知嘉定府,任责威、茂、黎、雅等地边防。① 宝祐六年
(1258)"冬十月丁丑,以俞兴为四川制置副使、知嘉定府兼成都安抚副
使"。② 可见自淳祐十一年以来,俞兴始终驻守嘉定等城,并在宝祐六年升
任四川制置副使,仍驻嘉定。景定二年(1261)四月,升任为"保康军承宣
使、四川安抚制置使。"③《宋史·理宗本纪五》载:

> 夏四月癸巳朔,余思忠追毁出身文字,除名勒停、窜新州。乙未,
> 以皮龙荣参知政事,沈炎同知枢密院事兼权参知政事,何梦然签书枢
> 密院事,俞兴保康军承宣使、四川安抚制置使。丙申,吕文德超授太
> 尉、京湖安抚制置屯田使、夔路策应使兼知鄂州,李庭芝右文殿修撰、
> 枢密都承旨、两淮安抚制置副使、知扬州。己亥,诏申严江防。壬寅,
> 吕文德兼湖广总领财赋。乙巳,马天骥资政殿学士、知福州、福建安抚
> 使,吕文福带御器械、淮西安抚副使兼知庐州,官一转。戊申,马光祖
> 进观文殿学士,职任依旧。乙卯,窜吴潜于循州。丙辰,窜丁大全于贵
> 州,追削二秩。丁巳,杨镇授左领军卫将军、驸马都尉,高达知庐州、淮
> 西安抚副使。④

四月份同时被委任的人有皮龙荣、沈炎、何梦然、俞兴、吕文德、李庭芝、
马天骥、吕文福、马光祖、杨镇和高达,被罢官贬谪、受到惩罚的人有余思忠、
吴潜和丁大全。可以发现,这次的调整完全符合了贾似道利益集团的需求,
尤其是俞兴、吕文德、吕文福都是与贾似道关系密切之人。

俞兴驻守嘉定的时候曾遭蒙古进攻,刘整在泸州率军赴援,结果俞兴既
不迎来送往,也未宴犒,只是派遣官吏馈赠了羊和酒等礼品。刘整大怒,将
官吏杖责之后遣回。刘整是景定元年(1260)四月受任知泸州兼潼川安抚副

---

① 《宋史》卷四三《理宗本纪三》,第 843—844 页。
② 《宋史》卷四四《理宗本纪四》,第 863 页。
③ 《宋史》卷四五《理宗本纪五》,第 877 页。
④ 《宋史》卷四五《理宗本纪五》,第 877 页。

使,同月吕文德兼夔路策应使。因此,刘整自泸州援嘉定,是在景定元年四月之后,而《癸辛杂识》所述刘整被"制策二司"定为下等功的时间也应是在此之后。同年九月,《宋史》有"守泸州刘整以功来上",即《宋史全文》所称"泸州大捷","功赏不明"就发生在这之后。此泸州大捷不排除就是刘整自泸州驰援嘉定的战功,由于吕文德、俞兴未将其定为上等功,使得刘整非常不满。于是他很可能在当年九月又以功申诉朝廷,也即《元史·刘整传》所称"遣使诉临安,又不得达"。对于此事,在《宋史全文》中保留了宋理宗和贾似道的一段对话,似乎暴露出一些不利于刘整的内幕。理宗说:"刘整泸州之捷甚伟。"而贾似道却说:"观其所申,俘获甚众,恐此冬间势须平定。"①宋理宗用"甚伟"一词称赞了这次大捷,但是贾似道之意似认为,刘整俘获了大量敌军,可见这一带的军情还是十分紧张,因此势必须要在今年冬天彻底解决。衣川强认为,在理宗评价刘整的报告时,"贾似道似乎是相当冷静地阻止了"。② 如若是贾似道刻意阻止,则很可能是与吕文德、俞兴沆瀣一气的行为,推测这次上报的战功很可能就是《癸辛杂识》所记载的被吕文德、俞兴所压制的"庚申保蜀"之功。③

俞兴与刘整的矛盾还不仅止于嘉定战役和泸州军前钱粮打算等事因,《癸辛杂识·襄阳始末》又记载了俞氏父子对刘整所造成的附加伤害:

> 俞兴父子致祸之罪莫逃,遂俱遭贬谪。先是兴既死,丙辰岁俞大忠为荆、湖谘议,领舟师援蜀,陷杀名将杨政,因争财又杀马忠,遂遭台评追削官爵,勒令自劾。大忠乃捐重贿,得勋臣经营内批,遂作勘会,面奉玉音。俞大忠利其财而陷杨政于死,且尽掩其功,欺罔朝廷,罪不容诛。然遣杨政而获捷者,俞兴也,姑以其父之功,特从末减,将白沙冒赏官资,并与追夺外,特免自劾。于是刘整闻之尤怨,且薄朝

---

① 《宋史全文》卷三六《宋理宗六》,第 2898 页。

② 衣川强:《刘整的叛乱》。

③ 胡昭曦、邹重华主编的《宋蒙(元)关系史》(第 277—278)在"刘整叛宋降蒙"一节中明确将引起策应大使吕文德与四川制置使俞兴嫉妒的刘整战功归为 1260 年的"泸州大捷"。

廷之受赂焉。①

　　俞大忠在任荆湖谘议期间,先后因"争财"和陷害而杀害杨政、马忠两人,结果受到朝廷制裁。可见俞氏父子均为横行不法、瞒上欺下之徒,尤其是在争功、贪功方面,更是无所不用其极。这些事件叠加起来,当俞兴直接与刘整发生矛盾冲突的时候,就成为更多的附加伤害。从而逼迫刘整对南宋政局中的贪赃枉法、任意加害的种种不法行为愈加憎恨,促使其走向背离南宋的境地。襄樊战役结束以后,至元十年(1273)六月癸卯,南宋大臣汪立信曾评论道:

　　　　臣奉命分阃,延见吏民,皆痛哭流涕而言襄、樊之祸,皆由范文虎及俞兴父子。文虎以三衙长闻难怯战,仅从薄罚,犹子天顺守节不屈,犹或可以少赎其愆。兴奴仆庸材,器量褊浅,务复私仇,激成刘整之祸,流毒至今,其子大忠挟多资为父行贿,且自希荣进,今虽寸斩,未足以快天下之忿,乞置重典,则人心兴起,事功可图。②

　　南宋在襄樊战役结束以后,对失败原因进行了分析,汪立信将责任归于两人,一是战争中的范文虎怯战,二是俞兴、俞大忠父子的行为激成"刘整之祸"。所谓"流毒至今"意在造成刘整反宋降蒙,为元朝所用,以至于襄樊战役失败。这一方面表明刘整在襄樊之战中所发挥的关键作用,另一方面也表明以汪立信为代表的部分人认为俞兴"构隙"是刘整反宋降蒙的直接原因之一。南宋朝廷最终对俞大忠作出了处罚:"诏俞大忠追毁出身文字,除名,循州拘管。"③

————————

　　① 《癸辛杂识》别集下"襄阳始末"条,第306页。《宋史全文》卷三五《宋理宗五》(第2855—2856页)亦有俞兴、俞大忠父子的事迹,当为同一件事:(宝祐五年,1257)二月庚申,御笔:"蜀境奏凯,而俞兴城下之捷尤为奇伟,朕甚嘉之。兴,大忠之子也,向以父罪,聊示薄惩,今尽释前过,仍令制司具立功守将以下姓名来上,等第推赏。"寻赐俞兴金带。上曰:"俞兴嘉定城下之捷甚伟,令尽释大忠之罪,不待其有请。"元凤奏:"陛下如此处置,直得御将赏功之道。"《宋史》卷四四《理宗本纪四》(第859页)于此事记载较略:"(宝祐五年)二月戊午,四川嘉定上战功。"
　　② 《宋史》卷四六《度宗本纪》,第915页。
　　③ 《宋史》卷四六《度宗本纪》,第915页。

这一点也证明南宋最终认可了汪立信的观点。

《通鉴纲目续编》在记述了中统二年八月"俞兴讨刘整败绩，诏罢兴，以吕文德兼四川宣抚使"一事以后，对俞兴讨伐刘整、刘元振接收刘整并击败俞兴，南宋改任吕文德为四川宣抚使等事迹作了评价，在其文尾的《发明》中写道：

> 自逆整叛降泸州陷没苟有倡义讨贼者，此纲目之所必予，当时朝廷无吊伐之师，方镇无连帅之将，独俞兴知逆贼不两立，王法所难容，移檄郡县率兵讨贼，其志为可尚已，虽云败绩而功未能成，然何必以妒功启戎罪之哉？夫如是，则将士离心，无敢与朝廷倡义讨贼者矣，宋之赏罚如此，其不复可以有为，从可知尔噫。①

这是站在俞兴的立场为其辩护的评论，如果从后世对刘整作为叛臣降将的定位来看，似也有理。站在南宋角度来看，刘整的行为就是发动了一场叛乱，是一件不忠于南宋的造反行为。而俞兴作为南宋将领主动移檄征讨，是在通过镇压叛乱来维护南宋政局稳定，符合统治者利益。虽然俞兴功败垂成，但用"妒功启戎"为其罪名，从作者的立场来看未免有些过分，但这不过是后世一家之言。

有关贾似道实施打算法的具体过程、内容和造成的影响等，学界多有讨论。刘整作为南宋军事将领，同其他将领一样，如果真有接受钱粮打算，很可能也会受到严厉惩罚。《钱塘遗事》记载：

> 贾似道忌害一时任事之阃臣，行打算法以污之。向士璧守潭，费用委浙西阃打算。赵葵守淮，则委建康阃马光祖打算。江阃史岩之、徐敏子，淮阃杜庶，广帅李曾伯，皆受监钱之苦。史亦纳钱，而妻子下狱。徐、李、杜并下狱，杜死而追钱犹未已也。时江东谢枋得率邓传二千人

---

① 《通鉴纲目续编》卷二一。

举义，攉兵部架阁。科降招军钱给义兵米，似道打算招军钱并征所得米。枋得自偿万楮，余无所偿，乃上书贾相云："千金为募徙木，将取信于市人；二卵而弃干城，岂可闻于邻国？"乃得免。①

可见，当时活跃在抗蒙前线的将领如向士璧、赵葵、史岩之、徐敏子、杜庶、李曾伯、谢枋得等人均受到打算法之苦。每个人命运各不相同，最悲惨的杜庶，人已死仍被追缴钱财。

俞兴派人赴泸州刘整处对其钱粮实行打算法，应当是在刘整援嘉定战功之后不久。俞兴此举显然是专门针对刘整，要通过推行打算法，以表面看起来合情合法的手段置刘整于死地。通过前引史料中的"兴有宿憾""俞兴闻之，以制札呼之禀议，将欲杀之""由兴构隙致变"等语均可证明。在俞兴率军围攻泸州城失败逃归以后，受到了惩罚。景定三年秋七月戊寅，侍御史范纯父言："前四川制置使俞兴，妒功启戎，罢任镌秩，罚轻，乞更褫夺，以纾众怒。"②景定三年七月的时候，范纯父弹劾俞兴，而此时俞兴已经不再是四川制置使，弹劾他的罪名是因为"妒功启戎"。之前对他的惩罚有些轻，这次要求褫夺官职、爵位等，以此来平息众怒，这个意见得到皇帝认可。范纯父提出俞兴的罪名是"妒功启戎"，亦足证之。

刘整对于俞兴派人前来打算军前钱粮的行为十分恐惧，采取了多种措施。先是对俞兴行贿未果，转而又赴江陵向其母求助亦未奏效。刘整的恐惧源于两个方面：一是刚刚与俞兴有隙，自然担心他打击报复；二是刘整所率部队钱粮一定是存在问题的，否则即使对其实行打算法，也不至于如此恐惧。俞兴派人到刘整处审计军前钱粮的时候，《钱塘遗事》《宋季三朝政要》均提到刘整曾经向俞兴"赂以金瓶"，但均未知其详。有关"金瓶"详情仅见于《增入名儒讲义续资治通鉴宋季朝事实》：

---

① 《钱塘遗事》卷四《行打算法》，第 106—107 页。
② 《宋史》卷四五《理宗本纪五》，第 881—882 页。

　　及兴帅蜀,泸乃其蜀郡,遣吏打算军前钱粮,整及通判以下将谋纳贿焉,计无所出。通判曰:"库金七百两可借用也。"整曰:"今打算钱粮,又用库金,可乎?"通判曰:"吾等自偿金,不以累安抚也。"于是取金造瓶□遣干者献之。兴拒不纳。①

　　这份资料的来源不明。为了通过军费粮草的审查,刘整及其部属不惜花费七百两库金打造一个金瓶用以贿赂俞兴。从这个细节能够看出,一方面俞兴派遣官吏前来"打算"军前钱粮的这个行为会对刘整造成极大不利。其部属尤其是那位"通判"似乎对军前钱粮打算的问题比刘整更加不安,即便刘整不同意动用库金,他们宁可自筹经费偿还库金也要行贿;另一方面,即使是用七百两黄金打造的金瓶这样的"大礼"俞兴也没有接受。说明不论是贾似道、吕文德授意与否,俞兴来泸州陷害刘整是其要达到的目的。他们相信只要到了泸州对其军前钱粮严加审计,定会把刘整拿下并法办。刘整以金瓶贿赂失败后,又想到了另外两个办法,第一个是去江陵(今湖北荆州)向俞兴的母亲求助,请其母亲给俞兴写信,但仍然没有奏效;第二个是向南宋朝廷求助,这个办法仅见于《刘整传》,可能就是前述景定元年九月上报至朝廷的"泸州大捷",显然也没有奏效。南宋当局在大敌当前,恰是急需用人与稳定军心之际。但是贾似道刚刚上台执政,就开始推行旨在改善财政、惩治贪污、整顿吏治和军纪的"打算"之法,这种在非常时期推行的具有廉洁吏治的举措,必然会造成人心浮动、军心不稳,使得在前线冒着生命危险作战的诸将帅胆战心惊、犹疑不安。因此,一系列挫折均逼迫刘整不得不采取极端手段来自保。

　　刘整之前先后有文臣吴潜,武将向士璧、曹世雄、高达等受到严惩。刘整行反宋降蒙之举,是因为感受到了同僚被杀、被贬、受罚之后的"危不自保""惧祸及己"。

---

　　① 《增入名儒讲义续资治通鉴宋季朝事实》,引自胡昭曦、唐唯目《宋末四川战争史料选编》第21页。这份资料也叙述了刘整叛乱经过,其大体内容与其他资料基本无二,故不再引全文。

　　吴潜①是南宋后期著名的政治家、文学家,《宋史》有传。与刘整相关的吴潜事迹主要是开庆元年的"止迁跸之议",称其有"止迁跸之功",即在开庆元年蒙古大军分路南下的时候,宋理宗想过要迁都避难,被当时的丞相吴潜制止。其实"止迁跸之议"的过程比较曲折,南宋朝廷曾经过多次讨论,吴潜本人也有过前后不一致的意见。援引诸多史料发现,《宋史·刘应龙传》中记载吴潜最初主张"迁跸",吴潜的奏疏如嘉熙三年《奏论平江可以为临幸之备》、开庆元年《冬十一月以鞑寇深入具奏乞令在朝文武官各陈所见以决处置之宜》、刘克庄《后村先生大全集》卷八七《进故事》均有吴潜或主张、或讨论迁跸之议的内容,而《宋史全文》《宋季三朝政要》等均载吴潜力主阻止理宗迁跸,并将此作为吴潜在面临蒙古南征时的一件大功予以记录和宣扬,而《许国公年谱》也有"止迁跸之议"一语。汤华泉先生认为,关于迁跸之议可能不是一次议论,"主张迁跸"和"阻止迁跸"这两种情况都曾有过。《钱塘遗事》卷四《议迁都》记载:"己未北军破江州、瑞州、衡州,进围潭州。边报转急,都城团结义勇,招募新兵,筑平江、绍兴、庆元城壁。议迁都,谢皇后请留跸以安人心,上乃止。"这条史料未提及吴潜,而是谢皇后提出了"请留跸以安人心"之议。②

---

　　①　有关吴潜的最新资料整理和研究,可参见汤华泉编校《吴潜全集》(北京:北京师范大学出版集团、合肥:安徽大学出版社,2020年),汤华泉先生不仅对吴潜文集进行了系统点校整理,还辑录了不少散见诗文集,更首次发布了一份比较珍贵的吴潜年谱——《许国公年谱目录》,系"安徽宣城高生元先生在宁国吴氏旧谱中发现,乃明代《许国公年谱》的节本"(凡例,第2页)。此外,附录中还有汤华泉先生所作《吴潜评传》和《吴潜年谱新编》,考订详实,可资利用。学界有关对吴潜的研究主要集中在高校学位论文方面,例如孙广华:《吴潜及其词》,南京师范大学2005年硕士学位论文;吴承林:《吴潜综论》,安徽大学2007年硕士学位论文;余立莉:《吴潜词研究》,漳州师范学院2008年硕士学位论文;王侃:《略论南宋名臣吴潜的政治生涯》,重庆师范大学2010年硕士学位论文;郭伟婷:《吴潜任官庆元府时期词作研究》,哈尔滨师范大学2010年硕士学位论文;庞春妍:《吴潜词研究》,哈尔滨师范大学2012年硕士学位论文;刘宏辉:《吴潜词编年研究》,复旦大学2012年硕士学位论文;丛何:《吴潜词比较谈》,黑龙江大学2012年硕士学位论文;宋媛媛:《吴潜及其〈履斋诗余〉研究》,兰州大学2014年硕士学位论文;王山青:《南宋名相吴潜及其词研究》,西北师范大学2013年硕士学位论文。其中有不少学位论文的部分篇章又公开发表在各类期刊杂志,不一一列举。此外还有一些专题论文,如宛敏灏:《为吴潜辩诬》,《江淮论坛》1962年第2期;张津津:《吴潜家世考》,《宜宾学院学报》2013年第2期;朱文慧:《御寇与弭盗:吴潜任职沿海制置使与晚宋海防困局》,《国际社会科学杂志》(中文版)2020年第3期;等等。

　　②　参见汤华泉《吴潜评传》(上引《吴潜全集》附录一),第542页。

当然，吴潜被罢免、被贬谪直至被害的原因不仅仅与"止迁跸之议"有关，最主要的原因有三。一是因立储之事与理宗发生尖锐的冲突。《宋史》载："属将立度宗为太子，潜密奏云：'臣无弥远之材，忠王无陛下之福。'帝怒潜，卒以炎论劾落职。"①亦有："帝欲立荣王子孟启为太子，潜又不可。帝已积怒潜，似道遂陈建储之策，令沈炎劾潜措置无方，致全、衡、永、桂皆破，大称旨。乃议立孟启，贬潜循州，尽逐其党人。"②立储向来是皇家的重大政治事件，忌讳颇多，而吴潜忤逆理宗，且用当年的史弥远和理宗的关系与当下理宗和吴潜的关系进行对比，也让理宗非常生气。其实从后来度宗十年的表现，吴潜不主张立其为太子是有一定道理的。这是理宗罢免他的主要原因之一，详情可参见汤华泉《吴潜评传》和《吴潜年谱新编》。二是在布置南宋军事防务之时，吴潜得罪了贾似道。史载："初，似道在汉阳，时丞相吴潜用监察御史饶应子言，移之黄州，而分曹世雄等兵以属江阃。黄虽下流，实兵冲。似道以为潜欲杀己，衔之。"③《钱塘遗事》亦载："先是，诏似道移司黄州。黄在鄂下流，中间乃北骑往来之冲要。似道闻命，以足顿地曰：'吴潜杀我。'疑移司出潜意，故深憾之。"④贾似道与吴潜原本没有冤仇，二人的交恶主要缘于此次布置鄂州防御，贾似道认为吴潜的安排是故意将其置于死地，因此记恨于心。之后贾似道利用吴潜与理宗在立储事件上的矛盾，开始排挤吴潜，因为从专权来说，吴潜也是贾似道的一个最大障碍。三是吴潜此次入朝主政树敌过多，亦涉及门户之见等问题。⑤

总之，一系列因素导致吴潜极大地激怒了理宗。景定元年四月，侍御史沈炎"疏吴潜过失，以'忠王之立，人心所属，潜独不然，章汝钧对馆职策，乞为济邸立后，潜乐闻其论，授汝钧正字，奸谋叵测。请速诏贾似道正位鼎轴'"，随后，"吴潜以观文殿大学士提举临安府洞霄宫"。⑥ 七月己丑，"侍

---

①《宋史》卷四一八《吴潜传》，第 12519 页。
②《宋史》卷四七四《奸臣四·贾似道传》，第 13781 页。
③《宋史》卷四七四《奸臣四·贾似道传》，第 13781 页。
④《钱塘遗事》卷四《吴潜入相》，第 112 页。
⑤ 汤华泉：《吴潜评传》，第 542—543 页。
⑥《宋史》卷四五《理宗本纪五》，第 873 页。

御史何梦然劾丁大全、吴潜欺君无君之罪"。① 自此,吴潜连连被贬,七月被
"夺观文殿大学士,罢祠,削二秩、谪居建昌军",②十月被贬于潮州。景定二
年四月,又转至循州。③ 直至景定三年六月,"吴潜没于循州,诏许归葬"。④
实际上,自从景定元年四月开始,贾似道暗中安排了一系列亲信,先后指使
了行谏议大夫沈炎、侍御史何梦然、监察御史桂阳孙、侍御史孙附凤、监察御
史刘应龙连番上疏,对吴潜进行贬谪,直至景定三年五月,贾似道指使其亲
信、徇州知州刘宗申设计毒害,终使吴潜死于徇州。⑤《钱塘遗事》记载了刘
宗申毒害吴潜的过程:"遣武人刘宗申为循守,欲毒潜。潜凿井卧榻下,自作
井记,毒无从入。一日宗申开宴,以私忌辞。又宴,又辞。又次日,移庖,不
得辞,遂得疾而卒。"⑥一代名相以如此惨状而死,体现了南宋晚期恶劣的政
治生态,也让同时代的文臣武将均感到人人自危。

关于向士璧,目前学界尚未有专文论述。作为爱国将领,向士璧不仅积
极率军防御,且自捐家资作为军费,受到南宋朝廷嘉奖。南宋宝祐六年十二
月丁亥(1259 年 1 月 7 日),"向士璧不俟朝命进师归州,捐赀百万以供军
费;马光祖不待奏请招兵万人,捐奉银万两以募壮士,遂有房州之功。诏士
璧、光祖各进一秩。"⑦他与另一位将领马光祖,一同受到朝廷嘉奖。同年夏
四月丁丑,以向士璧为湖北安抚副使、知峡州,兼归、峡、施、珍、南平军、绍庆
府镇抚使。⑧ 向士璧在《宋史》中有传,载其事迹中有被吕文德、贾似道陷害
之事:

    开庆元年,涪州危,又命士璧往援,北兵夹江为营,长数十里,阻舟师

① 《宋史》卷四五《理宗本纪五》,第 874 页。
② 《宋史》卷四五《理宗本纪五》,第 875 页。
③ 《宋史》卷四五《理宗本纪五》,第 877 页。
④ 《宋史》卷四五《理宗本纪五》,第 881 页。
⑤ 汤华泉:《吴潜评传》,第 544 页。
⑥ 《钱塘遗事校笺考原》卷四《吴潜入相》,第 114 页。
⑦ 《宋史》卷四四《理宗本纪四》,第 864 页。
⑧ 《宋史》卷四四《理宗本纪四》,第 865 页。

不能进至浮桥。时朝廷自扬州移贾似道以枢密使宣抚六路,进驻峡州,檄士璧以军事付吕文德,士璧不从,以计断桥奏捷,具言方略。未几,文德亦以捷闻。士璧还峡州,方怀倾夺之疑,寻辟为宣抚司参议官,迁湖南安抚副使兼知潭州,兼京西、湖南北路宣抚司参议官,加右文殿修撰,寻授权兵部侍郎、湖南安抚使兼知潭州。……似道入相,疾其功,非独不加赏,反讽监察御史陈寅、侍御史孙附凤一再劾罢之,送漳州居住。又稽守城时所用金谷,逮至行部责偿。幕属方元善者,极意逢迎似道意,士璧坐是死,复拘其妻妾而征之。其后元善改知吉水县,俄归得狂疾,常呼士璧。时辅佑亦远谪,及文天祥起兵召辅佑于谪所,则死矣。①

《钱塘遗事》记载:

向士璧帅长沙,北兵已围鄂岳。方措置间,皮泉渌家居,访之,问所以为守城之计,向曰:"正为眼中无可任之人。"皮恚之。北兵至,向亲率军民且战且守,既置飞虎军,又募斗弩社,朝夕亲自登城慰劳。卒能保潭,斗弩之力居多。皮入朝,百计毁短。似道妒贤嫉能,嗾台谏孙附凤劾之。辛酉,诏夺向士璧从官恩,数令临安府追究侵盗掩匿情节,竟坐迁谪,挤之死地,天下冤之。②

向士璧被杀与贾似道的专权有直接关系,因此这些事件虽然发生在朝堂,但都是关联牵涉宋元战争的直接因素,即《元史·刘整传》所说:"及向士璧、曹世雄二将见杀,整益危不自保,乃谋款附。"③景定二年(1261)八月丁酉,"诏夺向士璧从官恩数,穷竟侵盗掩匿之罪。时以兵退,遣官会计边费,似道忌功,欲以污蔑一时阃臣,士璧及赵葵、史岩之、杜庶皆责征偿"。④

---

① 《宋史》卷四一六《向士璧传》,第 12477—12478 页。
② 《钱塘遗事校笺考原》卷四《杀向士璧》,第 120 页。
③ 《元史》卷一六一《刘整传》,第 3786 页。
④ 《宋史》卷四五《理宗本纪五》,第 878 页。

如此奋力向前的将领,最后也难免遭到权臣的陷害,这给刘整造成的触动定当不小。

关于曹世雄,文献记载较少,只在《宋史·贾似道传》中有:"曹世雄、向士璧在军中,事皆不关白似道,故似道皆恨之。以核诸兵费,世雄、士璧皆坐侵盗官钱贬远州。"①可见,曹世雄与向士璧等将领一样,均有一些桀骜不驯之气,看不起文士出身的贾似道,认为其不知兵、不懂军事。以此得罪了贾似道,于是贾似道以行打算法的手段将曹世雄、向士璧贬谪。当时许多武将均存在这种看不起文臣的现象。比如高达在鄂州之战时,他倚仗自己作战勇敢,很看不起贾似道。贾似道督战时,他讥笑道:"巍巾者何能为哉!"②而且,高达每次出战,都要求贾似道对他进行慰劳,否则就要指使士兵在门前哗变。而吕文德恰恰与这些傲慢的将领相反,他诌媚贾似道,派人呵斥高达:"宣抚在,何敢尔邪!"③贾似道对这些桀骜不驯的将领心怀嫉恨,多次向皇帝谏言要求杀掉高达,但理宗认为高达有功,并没有听从贾似道。不过最终,贾似道在论功行赏的时候,还是把高达置于吕文德之下。

通过梳理上述若干人物事迹,可知在开庆元年和景定元年这两年间,贾似道迅速掌握了军政大权,并培植亲信、排除异己,推行一系列政治、经济举措,一方面虽有振兴朝纲、整治贪污、抵御外侵的目的,另一方面也是为了立威诸将、树立自身权威。当然,贾似道的擅权固然是一个重要原因,这些将领的行为也有自身的问题:"清者自清,如果一个官员没有贪污行为,不可能被打算出什么问题,也就谈不上会遭到迫害。"④

1258 年至 1259 年的蒙哥征宋,至至元四年(1267 年,南宋咸淳三年)忽必烈派军大举南征襄樊地区,这八年是蒙宋关系相对平静的时期,虽然双方在对峙的前沿地带没有停止过不同程度的零散战斗和摩擦,但始终

①　《宋史》卷四七四《贾似道传》,第 13781 页。
②　《宋史》卷四七四贾似道传》,第 13781 页。
③　《宋史》卷四七四《贾似道传》,第 13781 页。
④　何忠礼:《南宋全史(二)·政治、军事和民族关系卷下》"第四章　贾似道擅权和理宗一朝的结束",第 216—217 页。

没有发生大规模的战争。双方都在处理各自内部的政局,而刘整反宋降蒙就发生在这个时期。这个时期是战争的相持阶段和平静期,但也是蒙宋双方内部政局的动荡期和转折期。1259 年(己未,南宋开庆元年)蒙古三路大军进攻南宋川蜀、荆襄和两淮三个军事防御区,这对南宋政局和军事布防都产生了很大的影响。刘整反宋降蒙时间发生在这次战争过后不久的1261 年(南宋景定二年),时隔仅仅不到两年的时间,表明战争促使南宋政局有了新的变化,可以说战争激化了南宋内部各种不同利益集团的矛盾。贾似道作为权臣登上政坛,使得南宋末年在鄂州之役以后进入了贾似道擅权的时代。① 蒙古虽未能够灭掉南宋,但在这次战争中展示了强大的实力,这使得刘整看到了投附蒙古的希望。刘整降附之前,正逢蒙古兵分三路大举进攻南宋。这次蒙哥亲征南宋,调动了总数有十余万的军队。他在出征前曾说:"我们的父兄们,过去的君主们,每一个都建立了功业,攻占过某个地区,在人们中间提高了自己的名声。我也要亲自出征,去攻打南家思。"②在南下的三路大军中,蒙哥亲自率军进攻川蜀,川蜀成为此次进攻的重点。蒙哥所部署的三路攻宋大军,计划在 1260 年会师潭州,然后顺江东下,直取临安。可见,这显然是一次旨在灭亡南宋的战略性大进军。③刘整降蒙是在蒙哥刚刚去世,忽必烈与阿里不哥争夺汗位期间,此时北方汉地基本上在忽必烈势力的控制之下。忽必烈受命出征南宋时,曾召集东平名士宋子贞、李昶等人讨论对南宋的用兵方略等问题。在此时,宋子贞提出:"本朝威武有余,仁恩未洽。天下之民,嗸嗸失依,所以拒命者,特畏死尔。若投降者不杀,胁从者勿治,则宋之百城,驰檄而下,太平之业,可指日可待也。"④忽必烈对其所言十分认同,称"善其言,礼遇甚厚"。⑤ 从这个时候,忽必烈就接纳了汉族士人向其提出的要招降纳叛的基本原则,尤其是对待南宋降将,这可以说是刘整等后来的降将能够成功降蒙并被接收

---

① 《南宋全史(二)·政治、军事和民族关系卷下》,第 204 页。
② 拉施特主编,余大钧、周建奇译:《史集》第二卷,北京:商务印书馆,1985 年,第 265—266 页。
③ 李治安:《忽必烈传》,第 67 页。
④ 《元朝名臣事略》卷一〇《平章宋公》"神道碑",第 202 页。
⑤ 《元朝名臣事略》卷一〇《平章宋公》"神道碑",第 202 页。

从而得以发挥自身作用的一个主要原因。

《宋史》的编者对理宗一朝的政局进行了评价:"理宗享国久长,与仁宗同。然仁宗之世,贤相相继,理宗四十年之间,若李宗勉、崔与之、吴潜之贤,皆弗究于用;而史弥远、丁大全、贾似道窃弄威福,与相始终。治效之不及庆历、嘉祐,宜也"。① 这个评价基本上符合当时南宋理宗一朝政局特征。李天鸣《宋元战史》评价说:"虽然,贾似道藉着'打算法'除掉了一些不顺从他的将帅;可是,也引发了一个对宋蒙战局有决定性影响的刘整叛变事件。"②衣川强认为,"刘整的投降是伴随着贾似道政策的实施而产生的结果。这对于南宋来说,是一种意想不到的灾祸;而对于蒙古来说,却是一个意外收获。在贾似道掌握并强化权力的过程中,刘整的投降是一个不可避免的事件。对于刘整来说,当时他面临着被杀,被流放、投降或诏事贾似道等几种选择,而刘整则选取了投降蒙古的道路。"③前辈学者都对刘整投附蒙古给予了一定的评价,一致认为这是一件影响了宋蒙(元)关系尤其是战争走向的事件。对于双方来说,这是一个突发性与必然性兼具的事件。"突发性"在于南宋和蒙古两方谁也没有料到会在大规模战争之后发生如此之大的事件,对于蒙古方面来说这还是一次主动降附;而对于刘整自身来说,依照高达、向士璧、曹世雄、吴潜、赵葵、李曾伯等一众受害的文臣武将的遭遇,他是有多种选择的,但是依照他"桀骜不驯"的性格,驱使他作出了投附蒙古之举。"必然性"在于南宋的政治生态之恶劣。贾似道作为当时权臣代表,使得政治关系极度恶化,像刘整这样的一众将领和吴潜一般的文臣,几无立锥之地。宋理宗一朝四十余年,始终无法在内忧外患的局面下改善政治生态,奄奄一息的南宋朝廷仅仅维持了一个表面上看似稳定的状态。但是在那些随时面临生死的军事前线,生存是所有士兵和将领最重要的一个信念。因此,从长时段和宋蒙最后的结局来看,刘整背离南宋投附降蒙古是其最好的选择。

---

① 《宋史》卷四五《理宗本纪五》,第 888 页。
② 李天鸣:《宋元战史》,第 854—855 页。
③ 衣川强:《刘整的叛乱》。

二、忽必烈实行的招抚降将政策

两军对垒,既要在战场上见高低,也要不战而屈人之兵,这就涉及招降政策。早在蒙古攻金时期,镇守辽东的耶律留哥主动声言归降蒙古,"潜与其子薛阇奉金币九十车、金银牌五百,至按坦孛都罕入觐",①成吉思汗就曾经说过:"汉人先纳款者,先引见。"②早期宋蒙战争中,有较多直接招谕守将降附的记载,如蒙古宪宗二年(南宋淳祐十二年,1252)秋七月,蒙古"诏谕宋荆南、襄阳、樊城、均州诸守将,使来附"。③ 招谕降将是与发动战争伴随始终的。在蒙古早期的战争中,凡遇到抵抗,城破之后即行屠城之举,即使再投降也要杀掉,这在一定程度上阻碍了敌方的投降,反而拼死抵抗,以求生路。但是后来到了忽必烈时期,逐渐发生了改变。

曹彬(931—999)是北宋初期的开国将领。北宋乾德二年(964),曹彬率军参与攻灭后蜀的战争,以不滥杀著称。当时曹彬受到了宋太祖赵匡胤的褒奖,授宣徽南院使、义成军节度使。《宋史》中有曹彬传记,曹彬成为宋以后尤其是在元朝初期武将们的精神标杆。元朝在平定南宋的过程中,曾经有多位汉族士人向忽必烈和征宋的蒙古将领进言,核心议题就是"不嗜杀""不妄杀",并且多次列举"曹彬不妄杀一人"的典故。早在忽必烈南征大理之前,姚枢就向其讲述了曹彬未滥杀一人的典故。姚枢讲述此典故的第二天,忽必烈在马背上对姚枢说:"汝昨夕言曹彬不杀者,吾能为之,吾能为之!"④蒙古军在忽必烈的率领下攻进大理城以后,找到了之前派去的三位使臣玉律尢、王君候和王鉴的尸体。由于大理君臣杀掉了蒙古的三位使臣,使得忽必烈极为震怒,要下令屠城,张文谦、刘秉忠和姚枢等人立即劝谏:"杀使拒命者,其国主尔,非民之罪。"⑤忽必烈最终听从了张文谦、刘秉忠和姚枢等人的建议,免除杀戮。此外,还让姚

① 《元史》卷一四九《耶律留哥传》,第3512页。
② 《元史》卷一四九《耶律留哥传》,第3512页。
③ 《元史》卷三《宪宗本纪》,第46页。
④ 苏天爵:《国朝文类》卷六〇《中书左丞姚文献公神道碑》。
⑤ 苏天爵:《国朝文类》卷五八《中书左丞张公神道碑》。

枢制作了小旗子,上书止杀的命令,分别插在街巷之中,以此告示进城的蒙古军兵禁止滥杀无辜和抢掠物资,这一做法与1232年窝阔台率军渡过黄河进攻金朝时,耶律楚材制作免杀小旗子以挽救投附黎民百姓的做法很相像。可见在忽必烈时代,由于忽必烈采行汉法、从谏如流,蒙古军队屠城嗜杀的征服策略已经从根本上得到改观。己未年忽必烈受蒙哥之命伐宋之前,蒙哥率军在四川进攻宋军,相持不下时,郝经向忽必烈上言《东师议》,其中也谈及希望忽必烈能够先招谕南宋,通过和平的手段使南宋屈服,如果不奏效再行进军之举:"大军压境,遣使喻宋,示以大信,令降名进币,割地纳质。彼必受命,姑为之和,偃兵息民,以全吾力,而图后举,天地人神之福也……使知殿下仁而不杀,非好攻战辟土地,不得已而用兵之意。"①

李治安在评析元朝平定南宋的原因中,谈到忽必烈令伯颜效仿曹彬不嗜杀,要以招降为主的策略,他认为这一点非常奏效。这对以吕氏为首的南宋沿江军将多数不战而降,起到了很大的作用。此举有意无意地保护了江南的农商经济秩序,减少百姓的抵触与反抗。② 王茂华将宋元战争中的降将分为三个阶段:窝阔台时期的南宋降将,主要是原金国投降宋朝的将领。蒙哥汗时期的南宋降将,则主要是驻守四川的将领。在忽必烈时期,南宋降将无论是在数量上还是级别上,都大大超出了前两个时期。其中,以刘整与吕氏集团的投降最为典型;在战争最后阶段,南宋降将则主要集中在东南沿海、两淮与四川地区。③ 可见,从南宋投附过来的降将随着宋元战争的步步推进,数量规模越来越多。这一切都是蒙古(元)从最初屠城嗜杀的战争方式逐步转向禁止杀戮、广招降将的策略转变之后,带来的显著效果。而刘整正是由于在忽必烈上台以后,实行了宽松的、优越的招降政策之后,对蒙古产生了一线希望,从而才使得其产生降附蒙古的想法和决心。

---

① 《元史》卷一五七《郝经传》,第3701—3702页。
② 李治安:《元史十八讲》,北京:中华书局,2014年,第98页。
③ 王茂华:《南宋降将与宋蒙(元)战争进程》,《赤峰学院学报》2007年第1期。

三、刘整自身的性格原因

刘整个人的性格特征,虽然文献记载着墨不多,但是从其中遗留的寥寥数语,再结合其行为,可以对此作出一些分析和认识。

首先,刘整是一个作战勇猛且谋略很深的人。《刘整传》明确载其"沉毅有智谋",《癸辛杂识》称"号为骁勇"。联系到他攻拔信阳城、绰号"赛存孝",以及在断桥之役、利诱吕文德、平宋方略、教练水军、围攻襄樊等诸多方面的事实,可以确定这一点。这是一个优秀的将领所具备的最重要的素质,具有这样高素质的将领与其他人相比往往更难久居人下,也更难忍受有功不赏、受人压制和排挤。

其次,刘整是一个桀骜不驯、性情激愤之人。《癸辛杂识》亦载刘整是个"恃才桀傲"的人,他不忿吕文德等人将其赫赫战功定为下等,亲自去档案室查看,看到果然如此的时候,便表现得非常气愤。多部文献都载其对吕文德、贾似道等人的排挤表现出来极大的不忿,表明其人恃才傲物,是一个很难服气、很难低头且性格偏激的人。在襄樊之战的时候,他因在襄阳城下招降吕文焕而被其射伤,因此一直记恨在心。等到最后攻城的时候,刘整发誓要"立碎其城",要杀死吕文焕而后快。不仅如此,他还要在城破以后行屠城之举,幸而均为阿里海牙制止。后被派往淮西戍守的时候,他因为未能取得灭宋首功,在表达了一系列惋惜、忿恨、回天无力的激愤之词以后,"愤惋而卒"。这一切都与其恃才桀傲、性情激愤的性格有关。这样性格的人,在南宋屡屡遭到权臣的排挤、陷害的时候,自然极易选择采取极端手段以应付。

第三,刘整是一个很不擅于处理人际关系的人。从其一生的事迹来看,他在宋元两方都曾与同僚发生矛盾。比如在南宋与贾似道、吕文德、俞兴、朱禩孙等人的关系都非常恶劣,虽说有南宋权臣和政治生态的因素,很难说没有刘整个人不善于处理人际关系的缘故。这一点通过对比吕文德对贾似道的谄媚行为,也可以窥见一斑。吕文德作为南宋御边将领,本也很可能遭受贾似道等权臣的排挤和审查,但是吕文德非常善于谄媚贾似道,对其极尽迎逢和贿赂之能,使得贾似道对吕文德非常器重,一再重用提拔。刘整入元以后,先后与纽璘、阿里海牙、阿塔海等蒙古将领不和,以至于元朝政府不得不分立军区,令其分别领军以缓解矛盾。刘整刚入元之时,曾经诬告纽璘,致使纽璘一度为忽必烈所怀疑。这一系列行为,都明确无疑地显示了刘整在处理人际关系上的失败。

综上,当刘整在南宋面临恶化的政治生态,蒙古方面又积极招降,加之个人性格所作出的选择,这一系列情势导致他难以再在南宋生存下去,结局就只能选择反宋降蒙。

第二节　刘整在宋元战争中的重要作用

从中国历史大一统进程的视角来看,宋元战争是元朝实现大一统、结束分裂割据的最后阶段。在这个过程中,刘整一生最大的功绩是在入元以后参加的平宋战争,主要表现在提出"宜先从事襄阳"的平宋方略并付诸实施。

一、刘整的军事方略使平宋战争取得决定性胜利

刘整提出的平宋方略是有着一系列完整路线图、时间表和充分依据的完整计划。刘整向忽必烈进言极力主张发兵攻打南宋,并称目前是实现统一的最好时机,四海一家才能称得上是正统,目前有天下十之七八,就差江南一隅。刘整在南宋京湖、川蜀两大战区从军几十年,对南宋的虚实非常清楚,尤其是军队和将帅构成、作战方式等。降蒙以后经过在川蜀戍守的四五年时间,也对蒙古方面的军队及其作战方式有了充分了解。通过上述零散史料可知,刘整曾经有过向蒙哥一样的战略路线,即先攻蜀,然后顺江东下,与襄樊、两淮地区的南下蒙古军配合,一举进占南宋临安,这应当就是他所上"急攻缓取之书"中的"缓取"之策略。但是经过在川蜀的反复拉锯作战之后发现这样的效果并不好,蒙哥的失败就是个很好的实例。

通过占领四川来实现平宋目标不可取的一个重要原因就是南宋在四川建立的山城防御体系。以余玠为代表的南宋诸将领,陆续在川蜀地区建立

了一整套完备的山城防御体系,这套体系使得四川坚持抵御蒙元进攻长达几十年,最终迫使元朝放弃从四川顺长江东下,灭亡南宋的计划,改为从襄樊地区突破,然后再向东取临安。刘整曾在四川长期驻守,尤其是在拥有一座坚固山城——神臂城的泸州驻守。拥有神臂城的泸州,是在南宋都城临安被攻破一年以后(1277)才被元朝方面占领,前后坚守城池长达34年,期间历经宋元双方多次争夺、反复易主,足见四川山城防御体系的重大战术作用。整个川蜀地区也是在南宋灭亡以后,才被元军彻底占领。学界对四川山城防御体系从不同视角进行了探讨,基本一致肯定四川山城防御体系在宋元战争中的重要作用。① 刘整是深知四川山城防御体系的重要战术地位之人,因此他降元以后立即向忽必烈进献了"先取襄樊,后顺江东下取临安"的方略,这是在基于熟悉宋元双方军事进攻与防御特点的基础之上,得出的最符合实际情况的战略决策。

总体来说,山城防御体系在本质上是消极性、被动性的军事策略,它使得蒙元军队陷入了局部性、小型的和零散的攻城战斗,而使得发生大规模决定性战争的可能性降到微乎其微。从军事上来看,这样的防御策略是不可能从根本上改变双方的攻守态势的,而只能是延缓被攻破从而最终灭亡的趋势。因此,最有效的军事战略是主动进攻、积极进取。所以作为一生常年驰骋在宋元战场上的军事将领,刘整所奉行的军事战略是进攻性的,是主动出击的。此外,南宋除了在四川建立一整套完备的山城防御体系,在荆襄、两淮地区也都修筑了大量的城堡、水寨作为防御据点。这使得元军在发动进攻的战争中,必须要借助南宋降将为其筹划或做向导,才能使所进攻的城寨降服。阿尤曾说:"所领蒙古军,若遇山水、寨栅,非汉军不可。"② 这在宋元战争中借助降将的例子比比皆是。

---

① 黄宽重:《南宋地方武力——地方军与民间自卫武力的探讨》,北京:国家图书馆出版社,2009年。黄宽重在本书中专辟一章"山城与水寨的防御功能——以南宋、高丽抗御蒙古的经验为例",对四川山城防御体系进行了论述,同时还把当时高丽的山城和水寨防御与南宋山城防御体系进行了对比分析。此外,学界有关对余玠的研究,如陈世松《余玠传》(重庆:重庆出版社,1982年)、姚从吾《余玠评传》(《宋史研究集》,1979年)等均可资参考。
② 《元史》卷六《世祖本纪三》,第118页。

二、把"宜先从事襄阳"的方略从理论变为现实

将号称"东南之脊"的襄阳作为"急攻"策略的核心焦点是切合实际的战略目标,于是刘整也像之前很多人认识到的那样,提出了"宜先从事襄阳"的平宋方略。但不同之处在于,刘整是能够把战略战术和实际结合起来的将领。纵观当时宋蒙双方的绝大多数将领和文士、朝臣乃至皇帝君主,只有刘整有条件和能力掌握宋蒙双方的详细情况。通过襄樊之战的具体过程我们发现,刘整对战争的每一步都有着切实可行的计划和方案。

第一,他率先提出利诱吕文德,以开榷场为名在襄阳城外暗中筑堡,这个步骤是取得襄樊战役成功的一个重要前提。如果不是刘整熟悉吕文德其人品行,蒙古方面又怎么能想得出这样的策略呢? 而在襄阳城外筑堡意味着刘整已经想好将要采取长期围困、围而不攻的策略,而在后来的具体实施过程中也基本是照此进行的。第二,至元五年正月,忽必烈命陕西四川行省拨付五百艘战舰给刘整指挥,这说明刘整在向忽必烈提出的平宋方略中一定明确提出了"加强训练水军、加紧建设水军力量、充分利用水军取胜"的方案,这也是刘整通过观察、比较宋蒙双方军队构成之后得出的结论。第三,通过"收其成功可岁月计"一语可知,刘整的平宋方略应当提出了平宋的"时间表",这一点与所谓"急攻缓取"的思路是相符的,纵观刘整其人,行动迅猛(如攻拔信阳城、绰号"赛存孝")、立功心切(如断桥之功、泸州大捷)、恃才桀骜(因功赏不明而叛乱),他应该也提出了灭宋的步骤和相应的时间节点,而且在元朝文武大臣看来,这个计划"时间紧、任务重",这一点从当时朝臣"哗然异之",认为其"虚国病民"等表现也可见端倪。

陈世松对刘整有所评价:"刘整在敦促忽必烈作出调整战略重点,先攻襄阳的决断和部署上,起了十分关键的作用。……刘整了解襄阳守军的内情,他把'先攻襄阳'的方略具体化,使之成为易于施行的战斗方案。与以前提出过同类主张的李桢、郝经、杜瑛、郭侃等谋士不同,刘整是南宋的西边骁将,他不仅了解南宋高级将领的个性特点;而且他还以其早年在京湖制置司下担任过军校的经历,熟知襄樊水域及防务的情形。所有这些条件,都使刘

整能够提出比上述谋士更能具有说服力的攻宋方略,以及更加可行的方案。……此外,刘整本人还有一个特长:'善于教练水军'。"①

三、通过教练水军、打造战船来解决平宋战争的关键问题

元朝平宋战争中最为关键的一步就是襄樊之战,而在这场旷日持久的战争中,刘整全程参与了战争过程,是发挥关键作用的将领。蒙古起于草原,向来不擅长水战,元朝的水军是在开始平宋战争之后才逐步建立。刘整对元朝水军的贡献是巨大的,他熟悉南宋军事尤擅长水战,在襄樊之战期间教练水军、督造战船,并且亲自指挥水军作战。王曾瑜对刘整的军事能力作了很高的评价:"宋元后期战争的关键决策人物不是伯颜,而正是降将刘整。刘整使元朝完成了重大的战略转变。第一,将主攻方向由四川转移到襄阳和樊城,并且避免强攻,实行长围久困;第二,编练了强大的水军。这两项转变产生了成效。元灭南宋的五次重大战役,即破襄樊之战、破夏贵大军的阳逻堡之战、破贾似道大军的丁家洲之战、破张世杰海军的焦山之战、最后亡宋的厓山之战,或是水陆协同作战,或是单纯的水战。"②对刘整的平宋方略和教练水军这两大贡献,王曾瑜总结得非常精准。这两件事之所以重要,是因为它们恰恰是平宋战争的关键。前者是战略,决定了平宋计划路线的正确方向;后者是战术,决定着打败南宋军队的军事能力。

宋元战争之际,南宋先后投附蒙古的降将不计其数,其中较为著名者先后有杨大渊、刘整、吕文焕、范文虎、夏贵等。杨大渊是较早投降蒙古的南宋将领,在蒙哥进攻川蜀的时候,杨大渊率领家族降附,并继续驻守川蜀为蒙古效力。期间还曾与刘整同在川蜀驻守,共抗南宋。但是杨大渊去世过早(至元二年,1265),没能够作出更大战功,而且其影响仅局限在川蜀地区,未能对整个宋元战争产生更多更大的影响。吕文焕是在襄樊之战的最后关头

---

① 《蒙古定蜀史稿》,第132—133页。
② 王曾瑜:《宋朝军制初探》(增订本),北京:中华书局,2011年,第535—536页。

才投降元朝。就宋元战争的进程来说,吕文焕在战争后期发挥了重要作用。一是吕文焕的投降使得襄阳、樊城最终为元军占领。襄樊之战是宋蒙之间具有决定意义的一次大战,是宋蒙战争的转折点,①吕文焕作出了顺应历史潮流的抉择;二是吕文焕随后招降了南宋京湖、两淮的大量将领,为元军进攻临安铺平了道路。

但是,从二人的事迹和影响来看,刘整发挥的作用具有长时段特征。从中统二年(1261)入元至至元十二年(1274)这 14 年间,刘整先后在川蜀、京湖和两淮三个战区征战,战功卓著。虽然从最后的战争效果来看,吕文焕作出了转折性、决定性的贡献。但是,襄樊之战是刘整一力促成,吕文焕的投降只是顺势而为,元军攻破襄樊,继而顺江东下的战争走向是必然的。因此从整个宋元战争进程来说,刘整的作用是全面的且深入战争的各个阶段和各个领域,其影响和贡献要远超吕文焕。其他诸如范文虎、夏贵均为南宋晚期的重要将领,他们在南宋灭亡的最后关头带领一批将领亦全部投降元朝。如范文虎于至元十二年(1275)以安庆府降元,夏贵于至元十三年(1276)以淮西降元。对于元朝来说,他们并没有在宋元战争中为元军作出更大的贡献,只是为求自保而放弃最后的抵抗,因此其地位和贡献显然无法与刘整相比。

四、刘整对南宋权臣贾似道亲征有所牵制

刘整的影响从南宋权臣贾似道的行为也可略见一斑。自从贾似道鄂州解围以后开始执掌南宋朝政,在长达十几年的时间里从未亲自出征,即使是在襄樊战役期间,也未亲征。表面上贾似道多次上书度宗请求亲征,背地里却"阴使台谏上章留己"。② 直至至元十一年,元军势如破竹连下江、鄂等数城,南宋朝廷纷纷请求出师,贾似道"不得已,始开都督府临安",然仍因"惮刘整,不行"。③ 至元十二年正月,听闻刘整去世,贾似道欣然曰"吾得天助

---

① 胡昭曦主编:《宋蒙(元)关系史》,第 327 页。
② 《宋史》卷四七四《贾似道传》,第 13784 页。
③ 《宋史》卷四七四《贾似道传》,第 13785 页。

也"之后,随即上表请求亲自出征,并在其"出师表"中谴责刘整的叛逆行为:"逆整世受国恩,一旦反噬而仇视我,役役贪生畏死,视便则趋,天亦何有于彼哉!"①

可见,贾似道非常惧怕刘整,刘整仕宋期间的战功、后来的叛乱以及在襄樊之战中的行为,都使得贾似道很清楚刘整的军事才能,因此也只有在他去世之后贾似道才敢出师,这也从侧面证明了刘整其人的军事才能及其对当时战争格局的影响。

第三节　"贰臣"还是"功臣"?——历史角色的错位

宋元之际是中国历史大变动的时代,国家政治、社会文化和不同群体都时刻发生着剧变,在这其中涌现出一大批改仕新朝的文臣武将。这些人在新政权之下的政治地位成为社会评价和讨论的话题,既受当时人关注,更久为后世评说。

一、廉希宪的"待士"与对刘整的"冷落"

《南村辍耕录》详细记载了一件有关廉希宪薄待冷落刘整之事:

> 恒阳廉文正王希宪……国初,拜平章政事。秉政日,中书右丞刘武敏公整,以初附,为都元帅,骑从甚都,诣门求见。王之兄弟凡十人,后皆至一品,内王弟昭文馆大学士光禄大夫蓟国公希贡,犹布衣,为通报。王方读书,略不答。蓟公出,整复浼入言之。因令彻去坐椅,自据中坐,令整入。整展拜起,侧立,不予之一言。整求退,谓曰:"此是我私宅,汝欲有所言,明日当诣政事堂。"及出,愧赧无人色。倾之,宋士之在羁旅者,寒馁狼狈,冠衣褴缕,袖诗求见,王之兄弟皆揶揄之,蓟公复为入言。

---

① 《宋史》卷四七四《贾似道传》,第 13785 页;《钱塘遗事》卷七"贾相出师",第 227 页。

急令铺设坐椅,且戒内人备酒馔,出至大门外,肃入,对坐,出酒馔,执礼
甚恭,且录其居止。诸儒但言困苦,乞归。王明日遂言于世皇,皆遂其
请。是夜,诸兄弟问曰:"今日刘元帅者,主上之所倚任,反菲薄之,江南
穷秀才,却礼遇如此其至,我等不能无疑。"王曰:"我是国家大臣,言动
嚬笑,系天下重轻。整虽贵,卖国叛臣也,故折辱之,令其知君臣义重。
若寒士数十,皆诵法孔子者也,在宋,朝不坐,燕不与,何故而拘执于此?
况今国家起朔漠,斯文不绝如线,我更不尊礼,则儒术且将扫地矣。"王
之作兴斯文若此,是大有功于名教者也。①

这段史料的记载非常详细,以至于使人怀疑其真实性,因无其他材料予
以佐证,故也只可反映记录者的观念和立场。但是从廉希宪一贯重视儒士的
理念来看,他有此举动也是符合逻辑的。只是从常理出发揆之,其如此反差
明显的行为未免有些过于夸张,按其描述所言刘整进入廉希宪家中,几乎未
说什么话,而廉希宪也只是非常冷淡地说了一句:"此是我私宅,汝欲有所言,
明日当诣政事堂。"虽然廉希宪时贵为平章政事(应为陕西四川行省),但刘整
的地位也不低,在南宋为潼川安抚使,为一方军事将领,入元受封为夔府行
省、都元帅,而这份材料所描绘的双方见面场景,却显得刘整过于低微。

抛开这个故事的真实性,从其背后的历史背景和反映的问题分析,廉希
宪对刘整的态度体现了两个层面的内涵,一是政治措置,二是廉希宪个人的
文化认同。中统元年,廉希宪与商挺一同宣抚川、陕:"中统元年,复为京兆
宣抚使。未几,拜中书右丞,行秦蜀行省事,就拜平章政事。"②第二年,刘整
便在泸州反宋降蒙。刘整归降之初,廉希宪很好地贯彻了忽必烈招徕降民、
善待百姓的政策,使得刘整对其感恩戴德:

泸州降将刘整囚我叛人数百,军吏请诛以戒。王曰:力屈而降,岂

---

① 陶宗仪:《南村辍耕录》卷七《待士》,北京:中华书局,1959 年,第 87 页。
② 《元朝名臣事略》卷七《平掌廉文正王》,第 124 页。

其心哉？奏而免之。导整入觐，手书宰臣，使整有所观感，恩浃其心，当得死力。①

《元史·廉希宪传》亦载："宋将刘整以泸州降，尽系前归宋者数百人待报。希宪奏释之，且致书宰臣，待整以恩，当得其死力。整后首建取襄阳之策，果立勋效。"②传记当源于《神道碑》的记载。廉希宪此举显然是为了安抚刚刚降附的刘整，以此招徕更多南宋将帅归附。从"待士"故事看，虽然廉希宪认为刘整是"卖国叛臣"，作为"国家大臣"，其行为代表着国家形象和态度，不可以随意向人表态。他的这个基础是站在了儒家所倡忠义道德立场，但是从国家治理、稳定社会的立场来说，廉希宪还是对刘整的归附给予了极大的宽容和措置，从"导整入觐，手书宰臣"一语可知，廉希宪对中统三年刘整首次入朝觐见忽必烈提供了帮助。此外，廉希宪还有一系列善待、处置川蜀降将的事迹，比如对于杨大渊，"东川帅钦察诬阆州降将杨大渊反，王手书与大渊，开诚抚慰，大渊感泣，军府乃安"。③

蒙元时代，普通儒士的地位总体比较低下。但在大蒙古国时期曾有明文规定："国朝创制，凡名为士类者，毋隶奴籍。"④相对于其他社会阶层，对于儒士还是给予了一定的优待。但由于当时总体的社会环境和氛围对儒士社会地位和生活的影响较大，因此儒士经常遭受到前所未有的薄待。例如在京兆地区，即使蒙古统治者规定禁止将儒士"隶奴籍"，但"独京兆多豪右，废格不行"。⑤后廉希宪担任京兆宣抚使期间，严格执行这条规定："一如令，有稍通章句者，亦来傚幸，其主蓄憾勿置。公哀其情，出私钱赎之，俾附儒籍。"⑥畏兀儿廉氏是一个汉化程度很深的家族，廉希宪素有"廉孟子"

---

① 《元朝名臣事略》卷七《平章廉文正王》，第132页。《元文类》卷六五《平章政事廉文正王神道碑》，第1311页。

② 《元史》卷一二六《廉希宪传》，第3089页。

③ 《元文类》卷六五《平章政事廉文正王神道碑铭》，第1311页。

④ 《元朝名臣事略》卷七《平章廉文正王》，第126页。

⑤ 《元朝名臣事略》卷七《平章廉文正王》，第126页。

⑥ 《元朝名臣事略》卷七《平章廉文正王》，第126页。

的称号,"待士"条所提廉希宪的兄弟廉希贡及其诸子,均有许多诗文和书法作品。① 廉希宪任京兆宣抚使期间,1259 年,忽必烈受命率军南下攻宋,渡江以后攻进鄂州城,"克之日,命公(廉希宪)入籍府库。公引儒生百余拜伏军门,因言:今王师一举渡江,宜令军中应俘获南儒,并以官钱遣还家,以广异恩。上嘉纳之,所还者五百余人"。② 可见,拥有深厚儒家文化素养的廉希宪善待儒士是其一向的作为。此外,《元史·廉希宪传》记载了一条这样的事迹:"宋将家属之在北者,希宪岁给其粮,仕于宋者,子弟得越界省其亲,人皆感之。"③此条当源于《平章政事廉文正王神道碑铭》的记载:"王移书管安抚、程都统、张叙州曰:'汝家今在成都,令所司供亿优厚,无他虑也。'听程都统子鹏飞归省,于是恩及宋人矣。"廉希宪在川陕期间,采取了一系列类似的措施,对于稳定社会、招徕宋人以推进平宋战争都有积极的贡献。

"待士"的故事中提到,刘整觐见廉希宪是在刚刚归附之初,廉希宪当时任陕西四川行省平章政事,显然是发生在廉希宪在川陕期间。至元二年,廉希宪改任行省山东,离开川陕。因此,时间段应当是中统二年八月至至元元年期间。《南村辍耕录》的作者陶宗仪辑录这类材料,名之曰"待士",一方面反映廉希宪其人的一贯做法和原则,从种种史料记载来看,廉希宪善待儒士、薄待刘整这个典故反映当时元朝在朝士人对待由宋入元的诸多降将的一种普遍观念,而这种做法与姚燧将刘整之事作为反面"教材"来颂扬阿里海牙等人,其理念是基本一致的。

至元十年(1273),元军刚刚在襄樊之战中取得胜利,在善后事宜中有一条处置"南儒"之举:"夏四月丁酉,敕南儒为人掠卖者,官赎为民。"④所谓"南儒"就是在宋元战争中被元军方面掳掠的南方士人,将其以官方赎出的

---

① 王梅堂:《元代内迁畏兀儿族世家——廉氏家族考述》,《元史论丛》(第七辑),南昌:江西教育出版社,1999 年;张沛之:《元代色目人家族及其文化倾向研究》,天津:天津古籍出版社,2009 年。
② 《元朝名臣事略》卷七《平章廉文正王》,第 126 页。
③ 《元史》卷一二六《廉希宪传》,第 3089 页。
④ 《元史》卷八《世祖本纪五》,第 149 页。

方式,还其平民百姓的身份,这个举措是与廉希宪等大臣主张一致的政策,也体现了忽必烈重视"汉法"的治国思想,"待士"的故事所体现的思想就是与此一致的。

廉希宪在元朝初年政治中发挥了非常重要的作用,尤其是在稳固统治、保护儒家文化和士人等方面。在抚治陕西四川的时候,廉希宪为善待和保护南宋降臣做了一系列工作,一方面是基于稳固统治、招徕人心、最终平定南宋的政治军事战略需要,另一方面也体现了廉希宪与其他重臣的不同之处,即他非常重视和善待儒家士人,遵循儒家仁政的理念去施政,以此博得了许多南人的信任。

二、"愤惋而卒"的结局

刘整在襄樊之战结束以后,本想一鼓作气顺江东下攻占临安,取得灭宋首功。但是元朝政府派遣他赴淮西驻守,他在淮西又想迅速出击南下临安,却又遭到阻止。无奈之下他只得遵照旨意出淮南进攻无为军,但偏偏又久攻不克,此时更闻听吕文焕"舟师东下,所至迎降"。① 于是他认为自己"耻首谋而功不逮",意即这个最后进攻南宋剩余国土的谋划是他提出来的,但在实际执行中却又没有自己的功劳,残酷的现实终于击垮了他最后的信心,于是终乃愤惋而卒。

刘整之死足见其立功心切,他最终的理想目标是希望亲自率军渡江东进,横扫江淮南部,继而攻进临安,但终究未能成就。无奈之下,最后发出了"善作者不必善成,果然!"的感叹。他自诩才气过人,是"善作者",认为通过努力能够改变一切,但最后还是没有逃脱"不必善成"的命运。刘整的悲剧性结局与当时平宋战争最后阶段的布局有很大关系。襄樊之战结束以后,元朝立即部署了最后的平宋方略,即以京湖地区为主攻方向,而江淮和川蜀两个战区作为侧翼。因此,京湖的元军成为进攻主力,而江淮地区原本就不易取得成功,此时更需要以防御和戍守为主,即使出击也都是小规模战

---

① 《通鉴续编》卷二四"德祐元年"。

役。作为优秀的军事将领，刘整不会不明白这个战略布局，但他依然意欲渡江力争首功，这显然会违背忽必烈"重在招抚、有征无战"的策略。襄樊之战以后，忽必烈确实有重用吕文焕的意向，这不能不让襄樊战役的第一功臣刘整产生一定的失落感。① 这也是当时以忽必烈为首的元朝政府所采取的一个整体策略，并非是专门针对刘整个人而为。

姚燧在为阿里海牙所作《神道碑》中提到了刘整并大发感慨，对其作了如下评价：

> 燧尝读望诸君书，善作者不必善成，善始者不必善终，未尝不兴慨叹于武敏，开用兵端，视南国为奇货，思图形丹青，垂誉竹帛，于今与后者，如取诸怀。及襄阳下，方戍淮西，功已不出乎己。大师南伐，复分兵淮东，渡江捷闻，一失声而死。岂先福始祸者，诚如道家所忌耶！②

这段评论对刘整走向生命尽头时的状态进行了比较具体地剖析，甚为有理。《蒙兀儿史记》的作者屠寄把姚燧的这段话改写，作为刘整、刘垓和沙全传记末尾的议论，并增加了一句："刘整才勇过人，在宋以北人见忌，入元又以新附遭疑"③作为总结，成为后世学者对刘整一生面临境遇的精准概括。

姚燧在阿里海牙神道碑中引入刘整的事迹及对他的评价，意在将其与阿里海牙进行对比。在后文他便讲到了阿里海牙诸多成功之处：

> 而公鼓其孤军，留戍所余，不能倍万，名城通都，身至力取，利尽海表，图地籍民，半宋疆理。最所下州，荆之南十四，淮西四，湖南九，江之西二，广西二十有一，广东、海南各四，凡五十八。自余洞夷山獠，荷毡

① 李治安：《忽必烈传》，第234页。
② 《元朝名臣事略》卷二《丞相楚国武定公》，第36页。
③ 《蒙兀儿史记》卷八二《刘整传》，第540页。

被霆，大主小酋，棋错辐裂，连数千里，受縻听令者，犹不与存。其依日
月之末光，张雷霆之余威，以会其成功者，亦一世之雄哉。①

可见，作为当时典型士人的姚燧对这两位在平宋战争中功绩卓著的将
领的评价差异很大，而且刻意地选择阿里海牙的同僚刘整作对比，尽提其负
面和消极影响，以此来衬托神道碑传主的"高大上"形象，这也与阿里海牙和
刘整二人原本不睦（"不相能"）有很大关系。刘整与阿里海牙在占领襄樊
之战以后因两人关系交恶，朝廷为化解矛盾而不得不分置二行枢密院。但
是，姚燧在为阿里海牙撰《神道碑》之时，仍不忘将刘整"愤惋以死"之事作
为颂扬阿里海牙功绩的反面教材。姚燧（1238—1313）大体为与阿里海牙、
刘整同一时代之人，其抑刘整、扬阿里海牙的做法能够代表当时元朝社会对
于刘整等降将的典型态度。

揭傒斯在给《国信副使昔剌使宋图》所作的题跋中评说南宋兴亡的时
候，也提到了刘整：

大抵宋之南渡不能复振者，本于张浚抑李纲、杀曲端、引秦桧，桧杀
岳飞父子；而终于贾似道之专、刘整之叛。况天方以数千年不能大混一
之天下付之世祖皇帝，以主弱臣强之宋，岂能以数万之金币保区区江南
一隅之地哉！故宋战亦亡，和亦亡，况二者俱不能之耶？然非贾似道误
国失信，无以正皇元出师之号，非刘整之叛，无以周知渡江之谋，天也。
整之谋亦非整之谋也，陈亮上孝宗封事料敌之言也。整本制置使赵方
麾下一小校耳，拔诸行伍之中，用以为将，方将死，语其子葵曰："刘整真
将才也，然汝不能用。我死，汝必杀之，不杀必为国患。"方死，葵不忍
杀，竟以泸州叛，元遂用其策以灭宋，亦天也。得人则兴，失人则亡，古
今同轨，可不鉴乎！若昔剌公之屡使不辱，郝文忠之终始不渝，伟哉！②

① 《元朝名臣事略》卷二《丞相楚国武定公》，第36页。
② 揭傒斯：《揭文安公全集》卷一四《题昔剌使宋图后》。

虽然揭傒斯也通过宋和元的对比作出了宿命论的结论,但他还是把南宋的灭亡归罪于贾似道和刘整二人,即一个文臣、一个武将。可见,在实现了大一统格局的元朝中后期,元代社会对南宋兴亡的评判中,刘整占据非常重要的地位。随后,揭傒斯又具体地解释了所谓"刘整之叛"的根源,并且在这里讲了一个小故事,并对此作出了评判。揭傒斯在赞颂出使南宋的"国信副使昔剌"的时候,把刘整作为了"反面教材"。

三、刘整与李庭的不同待遇

李庭,是女真人,"本金人蒲察氏,金末来中原,改称李氏,家于济阴,后徙寿光"。① 根据其传记所载,李庭是在至元六年开始,随军从征作战:"至元六年,以材武选隶军籍,权管军千户。"②从此时开始直至南宋灭亡,李庭一直在宋元战场上作战,主要是参加了襄樊之战和后来伯颜灭宋的战役,《元史·李庭传》对其在战斗中的勇猛表现描绘比较详细,从中可以看出李庭始终在战场上亲力亲为,奋勇杀敌。

至元十三年(1276)春,李庭跟随伯颜进至临安,接受南宋宫室的投降,李庭奉命护卫内城,并收集符印、珍宝等物,随后受命与唐兀台等防护宋主北赴大都。回到朝廷复命之时,《元史·李庭传》写道:

> 世祖嘉其劳,大宴,命坐于左手诸王之下、百官之上,赐金百锭,金、珠衣各一袭,仍谕之曰:"刘整在时,不曾令坐于此,为汝有功,故加以殊礼,汝子孙宜谨志之勿忘。"③

降将的作用之一,是成为蒙古进兵南宋的向导,这个方针很早就成为元朝灭宋的主要手段之一。例如,来阿八赤的父亲尤速忽里曾向宪宗蒙哥进言:

---

① 《元史》卷一六二《李庭传》,第 3795 页。
② 《元史》卷一六二《李庭传》,第 3795 页。
③ 《元史》卷一六二《李庭传》,第 3797 页。

川蜀之地，三分我有其二，所未附者巴江以下数十州而已，地削势弱，兵粮皆仰给东南，故死守以抗我师。蜀地岩险，重庆、合州又其藩屏，皆新筑之城，依险为固，今顿兵坚城之下，未见其利。曷若城二城之间，选锐卒五万，命宿将守之，与成都旧兵相出入，不时扰之，以牵制其援师。然后我师乘新集之锐，用降人为乡导，水陆东下，破忠、涪、万、夔诸小郡，平其城，俘其民，俟冬水涸，瞿唐三峡不日可下，出荆楚，与鄂州渡江诸军合势，如此则东南之事一举可定。其上流重庆、合州，孤危无援，不降即走矣。①

从上述来阿八赤的观点中可见，蒙古（元朝）灭宋的过程中将南宋的"降人"（降将）作为向导，从而加速灭宋步伐是当时元朝君臣基本达成一致的意见和看法，这也就造成了降将们在元朝政治中的社会地位和境遇的必然命运。

忽必烈将李庭与刘整作比较，可知李庭之功不在刘整之下，同时忽必烈所称刘整并未坐到李庭的位置，即"左手诸王之下、百官之上"，可知刘整在元朝的地位仍难以与其取得的功勋相当。因为此时刘整已然去世，或许忽必烈在此时重用李庭是另有目的，因为说完这番话之后，忽必烈立即又提出："汝在江南，多出死力，男儿立功，要在西北上也。今有违我太祖成宪者，汝其往征之。"②这可能是为让李庭继续出征西北，故对其大加恩宠。虽然李庭的际遇总体上强于刘整，但也是有限度的。经过一年多的艰苦征战，完成了平叛任务，至元十四年回朝复命。至元十七年，李庭"拜骠骑卫上将军、中书左丞，东征日本"。③ 李庭享寿较长，多年南征北战，直至大德八年（1304）二月去世。

---

① 《元史》卷一二九《来阿八赤传》，第 3141 页。
② 《元史》卷一六二《李庭传》，第 3797 页。
③ 《元史》卷一六二《李庭传》，第 3797 页。

四、贰臣吕文焕的《回本国书》

至元十三年(宋德祐元年,1275)的五月,南宋已近亡国前夕,太皇太后诏谕吕文焕等息兵通好,略曰:

> 贾似道专制朝政十有五年,挟智行私,矜已自用,结怨军民,失信邻国。战功当赏而不赏,边费当支而不支。尽心力以守襄城者,坐视不救;备已财以赠郢兵者,反受谮言。遂使诸将离心,三军解体。比者,请师出督,畏死偷生,不战而逃,莫知所在,自古失律之师,未有若斯之甚!吾已节次明正其罪。但念吾年七十,抱病滋久,嗣君幼冲,茕茕在念;北方之兵,薄吾近境,宗社危急,不可宁居。似道召祸至此,老身幼主,实受其殃。念尔文焕,世受国恩,久当事任,守城六载,备殚勤劳。尔奕、尔文虎,皆受知先朝,尝任岩帅之寄,一时舍此,度非本心。尔三人在北,岂可遽忘本朝之旧,不念五国之危?兹用手披,敷陈至意。尔三人为吾转道此意于师相,吾老幼虽不足念,生灵何辜,受此荼毒。不知何道可以息民?何辞可以通好?通南北之休美,纾社稷之近忧。愿亟为我图,俾王室不坏,理宗、度宗在天之灵,亦必降福于尔。故悉诏尔,想宜知悉。①

从上述南宋太皇太后对吕文焕以及陈奕、范文虎的诏谕之词来看,临近灭国的南宋皇室已经没有其他办法,只好把希望寄托在这些贰臣身上,姿态也放得很低。文中表露承认吕文焕等人降元是出于不得已,并把罪责都推到贾似道身上,以此来争取吕文焕等人的支持。吕文焕回书云:

> 报国尽忠,自揣初心之无愧;居危守难,岂知末路之多艰?兹祈转

---

①　田汝成辑:《西湖游览志余》,刘雄、尹晓宁点校,上海:上海古籍出版社,2018 年,第 69—70 页。

念昔日之微劳,庶可少伸今日之诚款。干戈满眼,轻姓命于鸿毛;弓矢在腰,系死生于马足。不但驱驰于西北,誓将屏蔽于东南。幸以微劳,屡收薄效。至若襄城之计,最为淮甸之危,蠢尔无厌之戎,指为必攻之地。迅烈如水火之冲激,飘扬若风雨之去来。坐一日以尤难,居九年而可奈。南向高筑,盖已扼吾咽喉;樊城翦屠,又已去吾羽翼。虽刘整首先于犯顺,而焦然中苦于党奸。孤城实如弹丸,谓靴尖之踢倒;长江虽曰天堑,欲投鞭而断流。凶焰如斯,先声荐至。仰天而哭,伏地而哀。析骸而爨,易子而食。尚冀庙堂之念我,急召邻郡以会兵。委病痛于九年之间,弃肌肉于群虎之口。因念张巡之死,无救于前;尚效李陵之生,冀图于后。国手败局留着,岂比寻常之机;俗眼据图视形,宁识骊黄之马。是使忠良误陷于夷狄,乌能绝意不念于乡闾?知死也何补于生,有食焉不任其事。因衔北令,乃拥南兵。视以犬马,报以仇雠。非曰子弟攻其父母,不得已也,尚何言哉!今我皇上,亶其好生,开以自新之路;明公都督,虽是问罪,蔼然念旧之情。安敢故违,永为昔畔?见今按兵不动,卧席不惊,抚此良辰,聿睹景命。且秦穆公之宥杀马,虽野人犹知报恩;如齐桓公之相射钩,愿君子终忘忌怨。①

吕文焕写完这份回书以后,仍然继续进兵。从吕文焕的这份"回本国书"所陈述的内容来看,他回应了太皇太后所说降附非本心的具体缘由和心路历程,看起来情真意切,其中还提到"刘整首先于犯顺",其实也是"苦于党奸",用这位开降附先河的将领"首先犯顺"的行为来为自己开脱。我们目前找不到更多有关刘整心路历程的史料,从吕文焕的这份陈述中或许也能够看到这些具有相似经历的降将的内心是如何煎熬、矛盾、挣扎并作出抉择的。

五、被"否定"的降将

至元十三年二月甲子,忽必烈灭宋以后曾经召问南宋降将:

---

① 田汝成辑:《西湖游览志余》,第69—70页。

　　召宋诸将问曰："尔等何降之易耶?"对曰："宋有强臣贾似道擅国柄,每优礼文士,而独轻武官。臣等久积不平,心离体解,所以望风而送款也。"帝命董文忠答之曰："借使似道实轻汝曹,特似道一人之过耳,且汝主何负焉。正如所言,则似道之轻汝也固宜。"①

《元史·董文忠传》记此事如下:

　　帝尝见宋降将,从容问宋所以亡者,皆曰："贾似道当国,薄武人而重文儒,将士怨之,莫有斗志。故大军既至,争解甲归命也。"帝问文忠："此言何如?"文忠因诘之曰："似道薄汝矣,而君则贵汝以官,富汝以禄,未尝薄汝也。今有怨于相,而移于君,不肯一战,坐视国亡,如臣节何! 然则似道薄汝者,岂非预知汝曹不足恃乎!"帝深善之。②

　　从《传》所记载的行文风格和内容来看,其史源显然是来自姚燧所撰《董文忠神道碑》,神道碑的内容见于苏天爵辑撰《元朝名臣事略·枢密董正献公》《国朝文类》。《元朝名臣事略》所收录文如下:

　　后燕见降将,问宋所由以亡,皆曰："贾似道当国,薄武人而唯文儒之崇。武人怨之。后太师至,外而疆场,内而京都,莫有斗志。释甲投戈,归命恐后。"上问公之言何如,公曰："似道薄汝,而君则爵以贵汝,禄以富汝,未尝汝薄也。而以有憾而相,移怨而君,不战而坐视亡国,如臣节何! 似道薄汝,岂亦逆知汝曹不足恃为一旦用乎!"上深善之。③

　　这是一段比较著名的对话,几段记载文字稍有不同。在回答忽必烈这个问题的时候,《元史·董文忠传》突出了董文忠的个人作用,意思是这段回

---

①　《元史》卷九《世祖本纪六》,第180页。
②　《元史》卷一四八《董文忠传》,第3502页。
③　《元朝名臣事略》卷一四《枢密董正献公》,第288页。

复是董文忠自己组织语言的,而《元史·世祖本纪》中是忽必烈命董文忠代答,可能的原因是忽必烈不熟悉汉语,无法与南宋降将直接进行交流,故需要董文忠代为翻译。

明初官方修撰的《元史》将刘整列在汉人行列,是被作为"功臣"对待的。但是与杨大渊合传,也已经表明这两位是降将的身份,站在南宋立场,则为"贰臣"。等到明代中期兴起大修宋史之风以后,柯维骐编纂的《宋史新编》有两卷为"叛臣列传",其中卷一百八十八有张邦昌、刘豫、苗傅(刘正彦附)、杜充、吴曦、郦琼(徐文施 宜生 张中孚 中彦 附),卷一百八十九有李全、刘整、吕文焕(吕文福 吕师夔 程鹏飞 陈奕 陈严 附)、夏贵、范文虎、留梦炎。① 尤其吕文焕等几位与刘整同时代的降将,均被明人视为"叛臣"(贰臣),由此可见他们在那个时代的命运。柯维骐对刘整评价道:"整乘蒙古方张之势,而效其知能以图富贵,宋之亡皆整为之忍矣哉!"②清代王鸣盛《蛾术编》中有"刘整不当在宋史"的评论,认为《宋史新编》不应该为刘整立传,详细如下:

> 《宋史新编》"凡例"云刘整视刘豫、郦琼尤甚。整,《宋史》无传,以整系元人,不得以琼为比,至明修《元史》,则整有传矣,而《新编》竟收入《宋史·叛臣》,试思整固宋之叛臣,实为元之功臣,但当听《元史》为列传,明著其叛送入元可也。今乃入之宋叛臣,维骐身为明臣,独不知明之修《元史》邪?且如此则杨大渊独非仕宋降元者乎?大渊杀宋降臣王仲元使来招降者,而其后降元,功名甚盛,遂赫然为元臣,况整乎?惟留梦炎,《宋史》《元史》皆无传,聊为收入宋《叛臣》差可。予《十七史商榷》动争姚察当为陈人,今思事有不可拘者。《传》末带赵孟頫评语,被元世祖折倒。小人一钱不值,早被元人看破,亦妙。
>
> 鹤寿案:元之功臣即宋之叛臣,柯氏盖以宋元各自为史,故《元史》

---

① 柯维骐:《宋史新编》,明嘉靖四十三年杜晴江刻本。
② 柯维骐:《宋史新编》卷一八九《刘整传》。

虽已有《刘整传》，而《新编》复列之也，且《新编》一书以诛乱臣为先，故其凡例第一条明正统，第二条正帝号，而第三条即云旧史《叛臣传》多降金之臣，按郦琼等事同刘豫，而宋末降元帅臣如刘整等视豫、琼尤甚，留梦炎以宰相仕元，视杜充何殊？乃琼等只载《金史》，整、梦炎德其助已皆为之讳，春秋之大义灭矣，今各纂其事，列而暴之，无令乱臣贼子幸免恶名于后世也。①

　　元代以后的知识分子往往通过史家撰史的"权力"将刘整的历史地位设定在很低的程度，但即使是《宋史新编》为刘整立传，也是以"叛臣"角色进行的历史定位。民国史家柯劭忞撰《新元史》卷一百七十七虽未明言"叛臣"或"降将"列传，从其中收录之人看仍属此范畴，而刘整自然难逃其列。②但因柯劭忞并未像柯维骐将此列传称之为"叛臣"，或许其对宋元易代、"异族入侵"等观念的坚持与柯维骐有所不同。相比这二位柯氏史家，屠寄的《蒙兀儿史记》便与其截然不同。屠氏之书的编排特点，或按照历史事件将同件事相关人物列为一传，或按照诸人物原本的关系列为一传，并且基本打乱《元史》按照蒙古、色目、汉人、南人等的族群顺序。屠寄将刘整及子刘垓、其部将沙全置于一传，并与杨大渊、杨文安列为一卷（卷八十二），前卷（卷八十一）为唐兀人高智耀、斡朵儿赤，后卷（卷八十三）为汉人文士刘秉忠、张文谦、窦默和姚枢等。③从屠氏的安排上，我们基本看不到叛臣、汉人世侯、儒士和其他族群人物的区别，这大概体现了屠寄的一种历史观和史学编纂观。《宋季三朝政要》一书的最后写道：

　　　　今大元混一，识天时而归附者，固皇帝之所嘉。尽臣道而死节者，亦皇帝之所重。岂可弃而不录哉？其间死城郭封疆者，固不能尽知。

---

① 王鸣盛：《蛾术编》卷一〇"刘整不当在宋史"条，清道光二十一年世楷堂刻本。
② 杨大渊（附杨文安）、刘整（附刘垓）、夏贵、吕文焕（附吕师夔）、范文虎、管如德、王积翁（附王都中）、朱焕（附霄）、陈奕（附陈岩）、蒲寿庚、马成龙、周全。
③ 《蒙兀儿史记》卷八二《杨大渊（文安）、刘整（垓、沙全）列传》。

其所知者，若李芾死于潭，天祥死于北，庭芝死于兵，唐震、昂发死于郡治，江万里、徐应镳、邓得遇、尹穀赴水死，谢枋得不食死，朱浚仰药死。其它如姜才、孙虎臣、边居谊、牛皋、范大顺、张汉英、赵文义、王安节、马墍、马发、陈瓒、米立、赵孟锦、司马梦求。其中儒臣死节，尤表表在人耳目间。①

关于对宋元战争过程中涌现的忠义之士的记录、褒奖、宣扬，自南宋灭亡开始就始终不断涌现，最初是一些南宋遗民辑录忠义事迹，如《昭忠录》等。到了明清时期更加大量涌现，并以此形成宋史学。美国学者贾志扬对南宋的死节之士与降臣作了评价：

> 宋朝的忠义活动是蒙古征服过程中最富于戏剧性的一面。11 世纪的历史学家修订了忠诚的含义，把它从官员对特定统治者个人的道德义务转变为对整个王朝的道德责任，程颐和朱熹更强调了这一点。1270 年代和 1280 年代的宋代忠义行为不仅包括战争中的军事抵抗，以及随后分散的暴动；对于个人来说，它主要体现为自杀、战死，还有王朝灭亡之后宋朝官员的隐居不仕。当然，忠义远非普遍行为，许多人改旗易帜，做了元朝的官员。但是，它却吸引了历史学家的注意，因为这是一种新的现象。此前的改朝换代从未激起这样的忠义之举。宋末的忠义还将成为影响深刻的先驱，17 世纪明朝遗民正是以他们为榜样的。②

忠义之士的那种超乎常人的壮烈之举，反衬了那些"识时务者为俊杰"的贰臣们，他们的行为愈加受到当时和后世人的不齿，这也在一定程度上影响了他们所投奔的元朝统治者们的轻视，这种弥漫在宋元时代的

---

① 《宋季三朝政要》卷六《广王本末》，第 510 页。
② 贾志扬著，赵冬梅译：《天潢贵胄：宋代宗室史》，南京：江苏人民出版社，2005 年，第 241 页。

观念到了明清时期,就更加成为后世书写历史的一个重要话题和原则之一,明清士人通过重新编纂和评价宋代人的选择,来表达他们的政治理念。

明人张溥对《宋史纪事本末》进行评论时写道:"亡宋贼臣,整罪居首。……当日为国患者,外贼莫若整,内贼莫若似道。"①南宋诸多降元将领中,对灭宋战争影响最大的就是刘整和吕文焕。明清之际的学者王夫之在评论宋朝兴亡的时候,论及理宗之世所形成的"必亡"之势,一是"弃险以自亡",二是"贾似道之罪,不可胜诛",以此造成的后果:"非但其纳款忽必烈而背之以召寇也。以贿赂望阃帅,以柔媚掌兵权,以伉直为仇雠,以爱憎为刑赏;于是余玠死而川蜀之危不支,刘整叛而川蜀之亡以必,吕文焕之援绝而阳逻之渡不可复遏。"②王瑞来认为:"从精神层面上看,开投降之先声的刘整,对当时及后来的南宋人所造成的心理冲击则是荡起了长久难息的波澜。"③十多年之后,襄阳、樊城被攻破,吕文焕投降,再次对南宋军民造成沉重的精神打击,文焕的投降致使南宋军事防线彻底崩溃,其速度之快与此前元朝军队的长期鏖战形成鲜明对比,而南宋文臣武将的纷纷放弃抵抗并降元的浪潮也是空前的,这虽然与宋元战争局势发生关键性扭转有关,但与在此之前"开投降之先声"的刘整所作所为同样有莫大关系,也可以说是刘整的降元之举为后来的南宋文臣武将起到了"率先垂范"的作用。

---

① 冯琦原编,陈邦瞻纂辑,张溥论正:《宋史纪事本末》卷一〇六"蒙古陷襄阳",王云五主编:《万有文库》,上海:商务印书馆,1931 年,第 68—69 页。

② 王夫之:《宋论》卷一四《理宗》,北京:中华书局,1964 年,第 254—255 页。

③ 王瑞来:《近世中国——从唐宋变革到宋元变革》,太原:山西教育出版社,2015 年,第 379 页。

结　　语

　　本书对宋元之际的名将刘整进行了系统、全面地考察,有助于认识宋元之际降将的境遇问题。在南宋立场上他们是贰臣,而在元朝立场上他们又是功臣。降将是元朝政治序列中南人中的一个群体,这又引出了一个元代前期政治中南人的地位和待遇问题。1276 年元军进占临安、1279 年南宋最后一个小皇帝投海自尽,这一系列事件标志着中国历史自五代以来长期分裂的局面正式结束,但这长达三百余年分治局面造成的南北文化的界限却并未随着政治的统一而迅速消弭。在宋元之际主要表现在以金统治区人民为主的“汉人”(也包括渤海、高丽、契丹与女真等)和以南宋人为主的“南人”之间的界限。而以刘整、吕文焕、夏贵、范文虎等为典型代表的南宋降将群体,作为一个由宋入元并且在当时南北争战历史进程中有重要影响的人物群体,可以说终生都在面临南北文化差异这一现实,尤其是像刘整这样原本为“北方人”,先是由金入宋,在宋看来他是“北人”。有学者总结南宋政治的一个显著特点,即“北人主军,南人主政”,具体阐释为“南宋军队主要由北方移民及其后裔组成,将领也主要是北方人,而朝廷宰辅和路级长官则多由南方人担任。北人主军,南人主政成为南宋政治的一个特点”。① 继而刘整又由宋入元,在元看来他是南人。除此以外,由于刘整自身原本就具备“北人”的身份特征,因此他的由宋入元之举或许代表了类似由宋返金式的

---

① 　吴松弟:《北方移民与南宋社会变迁》,台北:文津出版社,1993 年,第 160 页。

"回归",这是考察南宋降将群体时的一个不可忽视的因素。

认识和把握元初政治中降将群体的境遇问题非常有意义,能够对认识在元朝实现大一统进程中的民族关系、不同群体的政治地位等问题有所启示。易代之际,个体的社会存在和生命存在都面临着诸多的不确定性。赵园在论述明清之际的遗民士大夫之时说:"'遗民'也如其他命名,是以抹杀差异、简化事实为代价的。这或多或少也是'易代'这一特殊历史情境的结果:急剧的历史变动造成极态,鼓励两极对立的思维方式,在'澄清'的同时将现象化简。"①可见,对于易代之际各类人物言行的评价,极容易造成"以全概偏"。两极对立的思维方式使得鲜活的个体被置于"非此即彼"的境地,从而在历史的车轮下泯灭了个人的声音和诉求,忽视了个人选择的合理性。那些易代之际改仕新朝的贰臣,注定要勇敢面对,积极入世。而遗民(逸民②)或可以消极避世,或可以无所作为。因此,我们通过对个体事迹的细节考订,能够通过个人的活动和行为来进一步认识和思考宏大历史进程,能够作出尽可能客观真实的判断,同时也对在历史剧变之下的个人抉择作出符合实际的价值评判。

---

①　赵园:《明清之际士大夫研究》,北京:北京大学出版社,2014 年,第 220 页。
②　赵园《明清之际士大夫研究》(第 217 页)对逸民和遗民作了辨析。赵书对明清之际遗民(逸民)的考察有助于理解易代之人的心态和选择,降将、贰臣是遗民(逸民)的相反写照,将两种不同人物作对比分析,或许会有更多地认识和理解。

附录　刘整年谱简编

1213 年（癸酉，蒙古成吉思汗八年，金崇庆二年、五月改至宁元年、九月又改贞祐元年，南宋嘉定六年）一岁

据去世时间和卒年岁推断，生于本年。

1234 年（甲午，蒙古太宗六年，金天兴三年，南宋端平元年）二十二岁

约本年前后，由金入宋。

入宋后，率十二勇士攻拔信阳城，得名"赛存孝"。

1239—1242 年（己亥，蒙古太宗十一年，南宋嘉熙三年——壬寅，蒙古脱列哥那称制元年，南宋淳祐二年）二十七—三十岁

入蔡，焚烧蒙古船材、积聚。

1245 年（乙巳，蒙古脱列哥那称制四年，南宋淳祐五年）三十三岁

九月，进攻镇平、广阳，有功获赏。

1246 年（丙午，蒙古脱列哥那称制五年，七月定宗元年，南宋淳祐六年）三十四岁

京湖制置使孟珙去世，刘整归属不详。

按，1247—1249 年，贾似道为京湖制置（大）使，刘整或隶其麾下。

1250 年（庚戌，蒙古斡兀立海迷失称制二年，南宋淳祐十年）三十八岁

李曾伯任京湖安抚制置使，刘整或隶其麾下。

约本年前后，同诸将出京湖以北沿边山谷戍守，以偏师出境袭击获胜，曾攻破申、裕、嵩、汝诸州。

子刘垓出生。

按：1251—1255 年事迹不详，当在京湖地区戍守。

1256 年（丙辰，蒙古宪宗六年，南宋宝祐四年）　四十四岁

正月至四月之间，被派往川蜀驻守。

李曾伯上疏《回宣谕并问救蜀楮缴密奏》，命刘整管安西。

1257 年（丁巳，蒙古宪宗七年，南宋宝祐五年）　四十五岁

李曾伯上疏《乞宣借总管钱万等奏·贴黄》请求调其赴长沙训练士卒，理宗不许。

1258 年（戊午，蒙古宪宗八年，南宋宝祐六年）　四十六岁

五年至六年前后，复返重庆驻守。

二月，遂宁江箭滩渡大败蒙古军，进逼成都。

七月戊辰，上捷并受封赏。

纽璘进攻云顶山，刘整驻守，被击败。遣裨校出战，退至简州被斩，杀三百余人，云顶山失于蒙古。

1259 年（己未，蒙古宪宗九年，南宋开庆元年）　四十七岁

与曹世雄参加涪州断桥之役，有断桥之功(？)

与蒙古速哥在四川涪州"石羊"遭遇，被击败。

1260 年（庚申，蒙古中统元年，南宋景定元年）　四十八岁

正月，与曹世雄参加鄂州新生矶断桥之役，有断桥之功(？)

夏四月戊申,知泸州兼潼川安抚副使。

九月,获泸州大捷(自泸州赴嘉定援助俞兴,获功?),以功上宋廷。

为俞兴所怠慢,遂有隙。俞兴派人打算钱粮,刘整行贿、上诉临安等手段均未果。

吕文德、俞兴功赏不明,抑其战功。

本年,与蒙古秘密接触,准备反宋降蒙。刘元振率二千军赴泸州入城与刘整接洽。

1261 年(辛酉,蒙古中统二年,南宋景定二年) 四十九岁

正月—五月,南宋俞兴率军讨伐,包围泸州神臂城。

杀黄仲文、廉节、许彪祖等拒降之人。

五月十一日,忽必烈赐刘整手诏,赐虎符,任行夔府路中书省兼安抚使。

六月—七月,向蒙古求援。成都主帅失里答派张威赴泸州救援。泸州突围战,斩宋将张桂、金文德,俞兴、王达等遁逃。

八月,泸州解围,冯时泰入城宣谕招抚,刘整与刘元振率泸州降附军民返回蒙古。十四日,忽必烈再赐刘整手诏嘉奖。

商挺、廉希宪尽释刘整所携此前降宋之人。纽璘安置刘整所携泸州降附军民于成都、潼川等地。

1262 年(壬戌,蒙古中统三年,南宋景定三年) 五十岁

七月,入朝觐见,受命行中书省于成都、潼川两路,并兼都元帅。因同列嫉功改潼川都元帅,与按敦、刘元礼共事。

1263 年(癸亥,蒙古中统四年,南宋景定四年) 五十一岁

抽调刘整麾下部分军队付都元帅钦察,戍守青居山。

刘整潜纽璘,致其被召至上都询问,验问无状后释之。

五月,宋安抚高达、温和进军成都,刘整驰援。南宋军转捣潼川,在锦江被刘整击败。

八月,元廷给钞付刘整,购买耕牛以屯田。

1264 年(甲子,蒙古至元元年,南宋景定五年) 五十二岁

八月癸亥,京兆路给赐刘整第一区、田二十顷。

携子刘垓与南宋战泸州紫云城(四川犍为县东南),获功。

1265 年(乙丑,蒙古至元二年,南宋咸淳元年) 五十三岁

与夏贵军激战,被击败,负伤而归,被夺回百姓万余人。

十一月丁酉,按敦、刘整、刘元礼、钦察等诸将获功受赏。

1266 年(丙寅,蒙古至元三年,南宋咸淳二年) 五十四岁

与夏贵发生云顶山之战。

携其子刘垓入朝。六月某日,迁昭武大将军、南京路宣抚使。壬申(十一日),受赐畿内地五十顷。

刘整利诱吕文德,赴襄樊筑堡。

1267 年(丁卯,蒙古至元四年,南宋咸淳三年) 五十五岁

十一月,入朝觐见,献"宜先从事襄阳"平宋方略。

1268 年(戊辰,元至元五年,南宋咸淳四年) 五十六岁

春正月辛丑(十九日),陕西五路四川行省造战舰五百艘付之,南下襄樊。

七月,授予镇国上将军、都元帅,与都元帅阿朮同议军事。

九月,率军围襄阳,钞略沿江诸郡,俘人民八万。

1269 年(己巳,元至元六年,南宋咸淳五年) 五十七岁

六月,擒都统唐永坚。

1270 年(庚午,元至元七年,南宋咸淳六年) 五十八岁

三月,筑实心台于汉水中流,截断襄阳与外界的联络沟通。教练水军七万,督造战舰五千艘。

八月,阻击元军,筑襄阳外围。

九月,灌子滩之战阻击宋将范文虎援军。

1271 年(辛未,元至元八年,南宋咸淳七年) 五十九岁

五月,南宋张贵、张顺援襄,刘整阻击。

九月,升任参知河南行中书省事。受赐钞五百锭、邓州田五百顷,辞却不受。改赐民田三百户,科调如故。

十一月,受命统水军四万户。

1272 年(壬申,元至元九年,南宋咸淳八年) 六十岁

正月,加诸翼汉军都元帅,与阿里海牙共掌汉军。

赴襄阳城下招降吕文焕,为吕射伤。

三月甲戌(十六日),督军破樊城外郭。

提出"先下樊城,后破襄阳"的战术路线。

十一月,南宋荆湖制置使李庭芝使反间计策反刘整,被召至上都责问。

献计川蜀战区,自青居山进筑马鬃、虎项山,扼三江口以进攻合州张珏。

1273 年(癸酉,元至元十年,南宋咸淳九年) 六十一岁

正月,破樊城,屠城。欲猛攻襄阳城,遭阿里海牙制止,遂招降吕文焕。受赏田宅、金币、良马。

三月,宋廷收到刘整故吏罗鉴携带攻宋方略书稿一份。

入朝上奏灭宋策略。行淮西枢密院事,驻正阳,夹淮筑城。

1274 年(甲戌,元至元十一年,南宋咸淳十年) 六十二岁

四月,入朝进言以水军顺江东下,进占临安,灭亡南宋。

六月丙午朔,刘整乞益甲仗及水弩手,给之。刘整以参知行中书省事的官职与左丞相合丹、山东都元帅塔出、董文炳行淮西等路枢密院事,守正阳。

升骠骑卫上将军、行中书左丞。

十月,骑兵出淮泗。

十二月,与夏贵战大人洲,败之。

1275 年(乙亥,元至元十二年,南宋德祐元年) 六十三岁

正月,病卒,年六十三。赠龙虎卫上将军、中书右丞,谥武敏。

子刘垓奉丧归葬穰县故里。

参 考 文 献

一、史籍

（以文献名称首字拼音排序）

伯生诗后，虞集撰，元至元六年刘氏日新堂刻本。

草木子，叶子奇撰，中华书局 1959 年。

道园学古录，虞集撰，四部丛刊本影印明景泰翻元小字本。

道园类稿，虞集撰，台北藏明初覆刊元抚州路学刊本。

道园遗稿，虞集撰，元至正十四年金伯祥刊本。

迭山集，谢枋得撰，常熟瞿氏铁琴铜剑楼藏明刊本。

东山存稿，赵汸撰，四库全书本。

读史方舆纪要，顾祖禹撰，贺次君、施和金点校，中华书局 2005 年。

蛾术编，王鸣盛撰，清道光二十一年世楷堂刻本。

复初斋文集，翁方纲撰，清李彦章校刻本。

姑苏志，王鏊撰，四库全书本。

国朝文类，苏天爵编，元至正二年杭州路西湖书院刊大字本。

癸辛杂识，周密撰，吴企明点校，中华书局 1988 年。

郝文忠公陵川文集，郝经撰，明正德二年李瀚刻本。

郝经集编年校笺，郝经撰，张进德、田同旭校笺，人民文学出版社 2018 年。

鹤山先生大全文集,魏了翁撰,上海涵芬楼借乌程刘氏嘉业堂藏宋刊本。

后村先生大全集,刘克庄撰,四部丛刊集部初编影印本。

黄氏日抄古今纪要逸编,黄震撰,丛书集成初编本。

揭文安公全集,揭傒斯撰,乌程蒋氏密韵楼藏孔荭谷抄本。

揭傒斯全集,揭傒斯撰,李梦生点校,上海古籍出版社1985年。

金史,脱脱等撰,中华书局1975年。

可斋杂稿、可斋续稿、可斋续稿后,李曾伯撰,清初钞本,四川大学古籍整理研究所编《宋集珍本丛刊》第84册,线装书局2004年。

冷庐杂识,陆以湉撰,崔凡芝点校,中华书局1984年。

刘克庄集笺校,刘克庄撰,辛更儒笺校,中华书局2011年。

马可·波罗行纪,马可·波罗撰,沙海昂注,冯承钧译,党宝海新注,河北人民出版社1999年。

明一统志,李贤等撰,四库全书本。

茗香堂史论,彭孙贻撰,清光绪十年刻碧琳琅馆丛书本。

牧庵集,姚燧撰,景印武英殿聚珍本。

南村辍耕录,陶宗仪撰,中华书局1959年。

南康府志,天一阁藏明代方志选刊影印原刊本。

南宋诏令辑校,徐红整理,湘潭大学出版社2015年。

欧阳玄全集,欧阳玄撰,汤锐点校,四川大学出版社2010年。

平宋录,刘敏中撰,台北藏清抄本。

齐东野语,周密撰,张茂鹏点校,中华书局1983年。

钱塘遗事,刘一清撰,影印扫叶山房本,上海古籍出版社1985年。

钱塘遗事校补,刘一清撰,蒋光煦校补,周膺、吴晶点校,当代中国出版社2014年。

钱塘遗事校笺考原,刘一清撰,王瑞来校笺考原,中华书局2016年。

秋涧先生大全文集,王恽撰,台北藏明刊修补本。

史集(第一、二、三卷),拉施特主编,余大钧、周建奇译,商务印书馆

1983、1985、1986 年。

申斋刘先生文集，刘岳申撰，台北藏清钞本。

四川通志，四库全书本。

松雪斋集，赵孟頫撰，黄天美点校，西泠印社出版社 2012 年。

宋诗纪事，厉鹗撰，上海古籍出版社 1983 年。

宋史，脱脱等撰，中华书局 1981。

宋季三朝政要，佚名撰，王瑞来笺证，中华书局 2010 年。

宋史全文，佚名撰，汪圣铎点校，中华书局 2016 年。

宋史全文，佚名撰，李之亮点校，黑龙江人民出版社 2005 年。

宋史新编，柯维骐撰，续修四库全书影印明嘉靖四十三年杜晴江刻本。

宋史纪事本末，冯琦原编，陈邦瞻纂辑，张溥论正，商务印书馆 1931 年。

宋季忠义录，佚名撰，四明丛书本。

宋遗民录，程敏政撰，四库全书存目丛书影印明嘉靖二年至四年程威等
刻本。

通鉴续编，陈桱撰，元至正刻本。

通鉴纲目续编，商辂撰，四库全书本。

王恽全集汇校，王恽撰，杨亮、钟彦飞点校，中华书局 2013 年。

文山先生全集，文天祥撰，上海涵芬楼借乌程许氏藏明刊本。

吴潜全集，吴潜撰，汤华泉编校，北京师范大学出版集团、安徽大学出版
社 2020 年。

西湖游览志，田汝成辑，尹晓宁点校，上海古籍出版社 2017 年。

西湖游览志余，田汝成辑，刘雄、尹晓宁点校，上海古籍出版社 2018 年。

西山先生真文忠公文集，真德秀撰，上海涵芬楼借江南图书馆藏明正德
刊本景印。

心史，郑思肖撰，四库全书存目丛书集部影印北京大学图书馆藏明崇祯
十二年张国维刻本。

辛丑销夏记，吴荣光撰，陈飒飒点校，上海古籍出版社 2015 年。

新元史，柯劭忞撰，"元史二种"影印本，中华书局 2012 年。

新元史,柯劭忞撰,张京华、黄曙辉总校,上海古籍出版社 2018 年。

宣化府志,清乾隆八年修廿二年订补重刊本 1969 年。

厓山志,黄淳等撰,陈泽泓点校,广东人民出版社 2018 年。

姚燧集,姚燧撰,查洪德点校,人民文学出版社 2011 年。

元朝秘史,佚名撰,乌兰校勘,中华书局 2012 年。

元朝名臣事略,苏天爵辑撰,姚景安点校,中华书局 1996 年。

元典章(全四册),陈高华、张帆、刘晓、党宝海点校,中华书局、天津古籍出版社 2011 年。

元史,宋濂等撰,中华书局 1976 年。

元史纪事本末,陈邦瞻撰,中华书局 2015 年。

元文类,苏天爵辑撰,张金铣校点,北京师范大学出版集团、安徽大学出版社 2020 年。

虞集全集,虞集撰,王颋点校,天津古籍出版社 2007 年。

昭忠录,佚名撰,墨海金壶丛书本。

赵孟頫文集,赵孟頫撰,任道斌点校,上海书画出版社 2010 年。

增订湖山类稿,汪元量撰,孔凡礼辑校,中华书局 1984 年。

郑思肖集,郑思肖撰,陈福康点校,上海古籍出版社 1991 年。

志雅堂杂钞、云烟过眼录、澄怀录,周密撰,邓子勉点校,中华书局 2018 年。

至正集,许有壬撰,台湾大学图书馆藏清宣统三年石印本。

忠义集,赵景良撰,四库全书本。

二、资料集

(以资料名称首字拼音排序)

全元文,李修生主编,凤凰出版社 1998—2005 年。

四川历代碑刻,高文、高成刚编,四川大学出版社 1990 年。

宋人传记资料索引,昌彼得、王德毅、程元敏、侯俊德编,鼎文书局 1984 年。

宋代人物辞典,杨倩描主编,河北大学出版社 2015 年。

宋人轶事汇编(全五册),周勋初主编,上海古籍出版社 2014 年。

宋集珍本丛刊,四川大学古籍整理研究所编,线装书局 2004 年。

宋末四川战争史料选编,胡昭曦、唐唯目编,四川人民出版社 1984 年。

元史研究暨《集刊》回顾与展望:南大元史 1956—2016,南京大学历史学院元史研究室编,2016 年 8 月(内部资料)。

元代刘黑马家族墓发掘报告,陕西省考古研究院编著,文物出版社 2018 年。

元人传记资料索引(全六册),王德毅等编,中华书局 1987 年。

西安碑林博物馆新藏墓志汇编,西安碑林博物馆编,赵力光主编,线装书局 2007 年。

三、著作

(以著作首字拼音排序)

巴蜀历史文化论集,胡昭曦著,巴蜀书社 2002 年。

巴蜀历史考察研究,胡昭曦著,巴蜀书社 2007 年。

成吉思汗的继承者们——〈史集〉第二卷,波义耳英译,周良霄译注,天津古籍出版社 1992 年。

从陈桥到厓山,虞云国著,九州出版社 2016 年。

大河之魂:中国襄阳·汉水文化论坛论文集,中国社会科学院历史研究所编,人民出版社 2015 年。

二十世纪宋史研究论著目录,方建新编,北京图书馆出版社 2006 年。

纲鉴合编,袁了凡、王凤洲编撰,中国书店 1985 年。

忽必烈传,李治安著,人民出版社 2004 年。

忽必烈的挑战——蒙古帝国与世界历史的大转向,杉山正明著,周俊宇译,社会科学文献出版社 2013 年。

嘉定钱大昕全集(增订本,陈文和主编),钱大昕著,凤凰出版社 2016 年。

贾似道及其文学交游研究,张春晓著,崇文书局 2017 年。

金代行政区划史,李昌宪著,上海古籍出版社 2015 年。

近世中国——从唐宋变革到宋元变革,王瑞来著,山西教育出版社 2015 年。

理想、尊严与生存挣扎:元代江南士人与社会综合研究,申万里著,中华书局 2012 年。

蒙古民族通史(五卷六册本),本书编写组编,内蒙古大学出版社 2002 年。

蒙古定蜀史稿,陈世松著,四川社会科学院出版社 1985 年。

蒙古族全史·军事卷,胡泊著,内蒙古大学出版社 2013 年。

蒙兀儿史记,屠寄撰,"元史二种"影印本,中华书局 2012 年。

蒙元史研究导论,陈得芝著,南京大学出版社 2012 年。

蒙元史研究丛稿,陈得芝著,人民出版社 2005 年。

明代宋史学研究,吴漫著,人民出版社 2012 年。

明清之际士大夫研究,赵园著,北京大学出版社 2014 年。

南宋地方武力——地方军与民间自卫武力的探讨,黄宽重著,国家图书馆出版社 2009 年。

南宋金军事史,韩志远著,军事科学出版社 1998 年。

南宋川陕边防行政运行体制研究,何玉红著,上海古籍出版社 2012 年。

南宋史稿,何忠礼、徐吉军著,杭州大学出版社 1999 年。

南宋全史(全八册),何忠礼等著,上海古籍出版社 2011 年。

南宋遗民词人研究,丁楹著,凤凰出版社 2011 年。

南宋军事史,粟品孝著,上海古籍出版社 2008 年。

内北国而外中国——蒙元史研究,萧启庆著,中华书局 2007 年。

十三世纪中国政治与文化危机,戴仁柱著,刘晓译,中国广播电视出版社 2003 年。

十三世纪全球视野下的中国钓鱼城,郑敬东、池开智、位光辉、冯懿著,高等教育出版社 2017 年。

四川通史(第五册·元明清时期),陈世松主编,四川大学出版社1993年。

四川古史考察札记,胡昭曦著,重庆出版社1986年。

四川通史(第四册·五代两宋时期),贾大泉主编,四川大学出版社1993年。

宋朝简史,包伟民、吴铮强著,浙江人民出版社2020年。

宋朝军制初探(增订本),王曾瑜著,中华书局2011年。

宋代历史文献研究,汪圣铎著,河北大学出版社2017年。

宋代地域文化史,程民生著,安徽文艺出版社2017年。

宋代安抚使考,李昌宪著,齐鲁书社1997年。

宋代路分长官通考,李之亮著,巴蜀书社2003年。

宋理宗宋度宗传,胡昭曦、蔡东洲著,吉林文史出版社2004年。

宋论,王夫之著,中华书局1964年。

宋蒙三百年(国史讲话系列),顾颉刚著,上海人民出版社2015年。

宋蒙(元)关系研究,胡昭曦、邹重华主编,四川大学出版社1989年。

宋蒙(元)关系史,胡昭曦主编,四川大学出版社1992年。

宋人生卒行年考,李裕民著,中华书局2010年。

宋史研究,朱瑞熙著,福建人民出版社2006年。

宋元战史,李天鸣著,台北食货出版社1988年。

宋史(增订本),陈振著,上海人民出版社2016年。

宋元之际的泸州(修订本),陈世松、赵永康等编著,中国统一出版社2015年。

宋元战争史,陈世松、匡裕彻、朱清泽、李鹏贵著,内蒙古大学出版社2010年。

天潢贵胄:宋代宗室史,贾志扬著,赵冬梅译,江苏人民出版社2005年。

天平:宋蒙(元)和战实录,顾宏义著,上海书店出版社2012年。

亡宋北解流人作家群体研究,闫雪莹著,中国社会科学出版社2018年。

元朝史,韩儒林主编,人民出版社2008年。

元代文人心态,幺书仪著,人民出版社 2013 年。

元代色目人家族及其文化倾向研究,张沛之著,天津古籍出版社 2009 年。

元代行省制度,李治安著,中华书局 2011 年。

元代江西文人群体研究,李超著,中国社会科学出版社 2015 年。

元代军事史,史卫民著,军事科学出版社 1998 年。

元史论集,杨讷著,国家图书馆出版社 2012 年。

元史研究,刘晓著,福建人民出版社 2006 年。

元史丛考,方龄贵著,民族出版社 2004 年。

余玠传,陈世松著,重庆出版社 1982 年。

虞集年谱,罗鹭著,凤凰出版社 2010 年。

中国通史(白寿彝总主编)第八卷"中古时代·元时期",陈得芝主编,上海人民出版社 1997 年。

中国古代史史料学(增订本),陈高华、陈智超著,中华书局 2016 年。

中国行政区划通史·元代卷(第二版),李治安、薛磊著,复旦大学出版社 2017 年。

中国行政区划通史·宋西夏卷(第二版),李昌宪著,复旦大学出版社 2017 年。

中国元代军事史,吴秀永、牛颂、向平著,人民出版社 1994 年。

中国历史·宋史,周宝珠、陈振著,人民出版社 2006 年。

中国古代史史料学(增订本),何忠礼著,上海古籍出版社 2012 年。

四、论文

(以论文作者首字拼音排序)

蔡晶晶《元代陕西行台设废原因蠡测》,南京大学元史研究室/民族与边疆研究中心主办《元史及民族与边疆研究集刊》(第二十四辑),上海古籍出版社 2014 年。

曹辉《碑铭所见蒙元关中民族与文化初步研究》,西北大学 2016 年硕士学位论文。

曹文瀚《红袄军李全集团成员构成研究》,河北大学宋史研究中心主办,姜锡东主编《宋史研究论丛》(第二十九辑),科学出版社 2019 年。

陈得芝《元代江南之地主阶级》,《蒙元史研究丛稿》,人民出版社 2005 年。

陈波《〈元史〉订补二题——兼谈元人碑传的谀墓与曲笔》,南京大学元史研究室/民族与边疆研究中心主办《元史及民族与边疆研究集刊》(第二十七辑),上海古籍出版社 2014 年。

陈世松《老泸州城"刘整降元"石像考》,《四川文物》1984 年第 4 期。

池内功《元代的蒙汉通婚及其背景》(郑信哲译),《世界民族》1992 年第 3 期。

丛何《吴潜词比较谈》,黑龙江大学 2012 年硕士学位论文。

董涛《宋元之际水军将领范文虎的事迹与相关问题探讨》,四川师范大学 2008 年硕士学位论文。

杜文《元耀州知州〈冯时泰墓志铭〉考释》,《碑林集刊》(第一辑),陕西人民美术出版社 2005 年。

杜雁华《1267—1273 年元朝经略襄阳研究》,内蒙古大学 2017 年硕士学位论文。

樊波《陕西出土蒙元墓志中的宋蒙泸州之战》,《四川文物》2015 年第 6 期。

方震华《贾似道与襄樊之战》,《大陆杂志》1995 年第 90 卷第 4 期。

傅骏《端平年间京湖襄阳地区的战事》,《军事历史研究》2003 年第 1 期。

郭伟《宋蒙(元)钓鱼城之战与襄樊之战比较研究》,《重庆科技学院》2010 年第 9 期。

郭伟婷《吴潜任官庆元府时期词作研究》,哈尔滨师范大学 2010 年硕士学位论文。

蒋晓春、林邱《泸州神臂城宋代城防设施调查简报》,《西华师范大学学报》2017 年第 4 期。

　　蒋晓春、林邱《宋代泸州神臂城城防体系分析》,《中国国家博物馆馆刊》2017 年第 9 期。

　　雷秀红《〈考古与文物〉近几年公布的五篇墓志释文校正》,《四川职业技术学院学报》2019 年第 1 期。

　　李春圃、何林陶《关于李全的评价问题》,《历史教学》1955 年第 6 期。

　　李瑾明《南宋末蒙古军的南下与襄阳、樊城战役》,《历史文化研究》(韩国) 2002 年第 17 期。

　　李超《元代文学家龙仁夫考》,《井冈山大学学报》2010 年第 4 期。

　　李举纲、杨洁《蒙元世相:蒙元汉人世侯刘黑马家族墓的考古发现》,《收藏》2012 年第 15 期。

　　李举纲《西安南郊新出土〈刘黑马墓志〉考述》,《考古与文物》2015 年第 4 期

　　李举纲《元刘天与墓志及相关问题探析》,《文博》2015 年第 2 期。

　　李举纲、樊波《〈元史·刘元振传〉与新见〈刘元振墓志铭〉比事》,李治安主编《庆祝蔡美彪教授九十华诞元史论文集》,中国社会科学出版社 2019 年。

　　李治安《元代汉人受蒙古文化影响考述》,《历史研究》2009 年第 1 期。

　　廖寅《"非鄞则婺"论——南宋后期政治研究之一》,武汉大学中国传统文化研究中心主办《人文论丛》2003 年卷,武汉大学出版社 2003 年。

　　刘迎胜《〈元史·太宗纪〉太宗三年以后纪事笺证》,南京大学元史研究室/民族与边疆研究中心主办《元史及民族与边疆研究集刊》(第二十七辑),上海古籍出版社 2014 年。

　　刘迎胜《元代主流文化南北界限的消失——以耶律楚材、陈时可与东坡铁杖为题》,南京大学元史研究室\民族与边疆研究中心主办《元史及民族与边疆研究集刊》(第二十八辑),上海古籍出版社 2014 年。

　　刘宏辉《吴潜词编年研究》,复旦大学 2012 年硕士学位论文。

　　刘观林、张宝行《浅谈宋元襄樊战役之始末》,《学理论》2015 年第

29 期。

刘晓《宋元时代的通事与通事军》,《民族研究》2008 年第 3 期。

刘晓《元代军事史三题——〈元典章〉中出现的私走小路军、保甲丁壮军与通事军》,《中国史研究》2013 年第 3 期。

柳煦《元代汉人世侯刘黑马家族研究》,暨南大学 2020 年硕士学位论文。

罗美洁《宋末川江涪陵蔺市浮桥争夺战研究》,《长江师范学院》2017 年第 2 期。

骆曼《宋代襄阳和樊城的历史地理研究》,东北师范大学 2017 年硕士学位论文。

马晓娟《蒙元时期哈剌鲁人婚姻研究》,《新疆大学学报》2020 年第 9 期。

那木吉拉《元代汉人蒙古姓名考》,《中央民族大学学报》1992 年第 2 期。

洪金富《元代汉人与非汉人通婚问题初探》,《食货月刊》1977 年第 1、2 期。

洪学东《名开榷场,实修堡垒——宋元襄樊战役元军筑堡年代考》,南京大学元史研究室/民族与边疆研究中心主办《元史及民族与边疆研究集刊》(第三十一辑),上海古籍出版社 2016 年。

黄宽重《宋元襄樊之战》,《大陆杂志》1971 年第 43 卷第 4 期,收入《南宋史研究集》,台北新文丰出版公司 1985 年。

黄宽重《孟珙年谱》,《南宋史研究集》,台北新文丰出版有限公司 1985 年。

江苏省文物管理委员会《江苏吴县元墓清理简报》(执笔者王德庆),《文物》1959 年第 11 期。

姜锡东《宋金蒙之际山东杨、李系红袄军领导人及其分化考论》,《中国史研究》2015 年第 1 期。

匡裕彻《浅析宋元襄樊战役胜败的原因》,《历史教学》1984 年第 4 期。

庞春妍《吴潜词研究》,哈尔滨师范大学 2012 年硕士学位论文。

裴一璞《宋蒙涪州战事述论》,《长江师范学院学报》2009 年第 3 期。

乔东山《吕文德若干问题研究》,河北大学宋史研究中心主办,姜锡东主编《宋史研究论丛》(第十六辑),河北大学出版社 2015 年。

屈超立《论吕文德及吕氏军事集团》,胡昭曦、邹重华主编《宋蒙(元)关系研究》,四川大学出版社 1989 年。

陕西省考古研究院《西安南郊大朝刘黑马墓发掘简报》,《考古与文物》2015 年第 4 期。

申万里《宋元之际的吕文焕及其家族》,《中央亚洲研究》(韩国)Vol. 19,2014 年第 2 期。

申万里《宋元之际的昌师孟及其家族初探》,《南开学报》2016 年第 2 期。

石坚军《蒙古与大理关系新探——以"斡腹之谋"为视角》,《北方民族大学学报》2010 年第 4 期。

石坚军《蒙哥汗灭宋战略计划新探》,《内蒙古大学学报》2010 年第 4 期。

石坚军《蒙古前四汗时期蒙藏关系新探——以"斡腹之谋"为视角》,《西藏大学学报》2010 年第 3 期。

石坚军、张晓非《成吉思汗征服南宋战略计划考》,河北大学宋史研究中心主办,姜锡东主编《宋史研究论丛》(第十七辑),河北大学出版社 2015 年。

宋媛媛《吴潜及其〈履斋诗余〉研究》,兰州大学 2014 年硕士学位论文。

孙广华《吴潜及其词》,南京师范大学 2005 年硕士学位论文。

宛敏灏《为吴潜辩诬》,《江淮论坛》1962 年第 2 期。

王茂华《试论宋蒙(元)战争中的南宋降将》,上海师范大学 2004 年硕士学位论文。

王茂华《宋蒙(元)战争中的南宋降将考》,河北大学宋史研究中心主办,姜锡东主编《宋史研究论丛》(第六辑),河北大学出版社 2005 年。

王茂华《南宋降将与宋蒙(元)战争进程》，《赤峰学院学报》2007 年第1 期。

王茂华、刘冬青《虞集〈刘垓神道碑〉考析》，《河北大学学报》2007 年第6 期。

王茂华《仕元的宋吕氏集团考析》，《中国史研究》(韩国)2014 年 2 月。

王梅堂《元代内迁畏兀儿族世家——廉氏家族考述》，中国元史研究会编《元史论丛》(第七辑)，江西教育出版社 1999 年。

王侃《略论南宋名臣吴潜的政治生涯》，重庆师范大学 2010 年硕士学位论文。

王青松《从刘整叛宋论南宋的"打算法"及其末期的军政危机》，《西北大学学报》2008 年第 3 期。

王山青《南宋名相吴潜及其词研究》，西北师范大学 2013 年硕士学位论文。

魏志江《〈宋蒙(元)关系史〉——一部宏观研究宋蒙(元)关系的力作》，《中国史研究动态》1995 年第 8 期。

温海清《再论蒙古进征大理国之缘起及蒙哥与忽必烈间的争斗问题——以所谓"斡腹"之谋为主线》，《中华文史论丛》2016 年第 1 期。

吴承林《吴潜综论》，安徽大学 2007 年硕士学位论文。

吴彦勤《十三世纪中叶蒙元与南宋在襄樊的军事斗争研究》，云南师范大学 2000 年硕士学位论文。

萧启庆《宋元之际的遗民与贰臣》，萧启庆《内北国而外中国——蒙元史研究》，中华书局 2007 年。

熊燕军《战略错位与宋蒙(元)襄樊之战——从南宋援襄诸军的构成谈起》，河北大学宋史研究中心主办，姜锡东主编《宋史研究论丛》(第十四辑)，河北大学出版社 2013 年。

熊燕军《南宋佚名〈昭忠录〉作者考——兼论〈昭忠录〉与〈昭忠逸咏〉的关系》，南京大学元史研究室/民族与边疆研究中心主办《元史及民族与边疆研究集刊》(第二十七辑)，上海古籍出版社 2014 年。

熊燕军《南宋佚名〈昭忠录〉疑事辨析》,南京大学元史研究室/民族与边疆研究中心主办《元史及民族与边疆研究集刊》(第二十五辑),上海古籍出版社2013年。

熊燕军《南宋佚名〈昭忠录〉与〈宋史〉关系考》,南京大学元史研究室\民族与边疆研究中心主办《元史及民族与边疆研究集刊》(第二十八辑),上海古籍出版社2014年。

熊燕军《"传奇"的背后:宋季忠义袁镛的历史书写及相关问题》,常建华主编《中国社会历史评论》(第二十卷),天津古籍出版社2018年。

肖崇林、廖寅《〈福华编〉南宋末年贾似道执政时代述论》,河北大学宋史研究中心主办《宋史研究论丛》(第十四辑),河北大学出版社2013年。

向珊《方回撰〈吕师孟墓志铭〉考释》,《中国国家博物馆馆刊》2015年第6期。

修晓波《元廷治理西部行省的新尝试:陕西行台再探讨》,《甘肃社会科学》2021年第3期。

杨讷《〈心史〉真伪辨》,《元史论集》,国家图书馆出版社2012年。

杨洁《再读〈元耀州知州冯时泰墓志铭〉》,《碑林集刊》(第十六辑),三秦出版社2010年。

姚从吾《余玠评传》,《宋史研究集》,1979年。

衣川强《刘整的叛乱》,《日本中青年学者论中国史·宋元明清卷》,上海古籍出版社1995年(《刘整の叛乱》,载《刘子健博士颂寿纪念宋史研究论集》,同朋舍1989年)。

余立莉《吴潜词研究》,漳州师范学院2008年硕士学位论文。

张津津《吴潜家世考》,《宜宾学院学报》2013年第2期。

赵俪生《宋金元之际山东、淮海地区中的红袄忠义军——中国农民战争史之一节》,《文史哲》1954年第4期。

赵治乐《从边疆将帅群体探索南宋能长期抗蒙的原因——以孟珙为重点》,武汉大学2004年硕士学位论文。

周良霄《李璮之乱与元初政治》,南京大学元史研究室主办《元史及北方民族史研究集刊》第 4 期,1980 年。

周宝珠《南宋抗蒙的襄樊保卫战》,《史学月刊》1982 年第 6 期。

周清澍《〈元朝名臣事略〉史源探讨》,南京大学元史研究室/民族与边疆研究中心主办《元史及民族与边疆研究集刊》(第二十九辑),上海古籍出版社 2015 年。

周曲洋《南宋荆湖地区军事补给体制的构建与运作——兼论宋元襄樊之战失利之原因》,《学术研究》2016 年第 3 期。

周祖谟《宋亡后仕元之儒学教授》,《周祖谟语言文史论集》,学苑出版社 2004 年。

朱文慧《御寇与弭盗:吴潜任职沿海制置使与晚宋海防困局》,《国际社会科学杂志》(中文版)2020 年第 3 期。

后 记

　　这部书稿是在我的博士学位论文基础上修改完成的。2014 年我进入南京大学元史研究室,师从刘迎胜老师攻读蒙元史方向的博士研究生。攻读博士学位期间,我跟从刘迎胜老师学习了波斯语、突厥语等语言文字以及蒙元史、中国民族史等基本理论和方法,跟从华涛老师学习了边疆学、民族研究理论和方法,尤其是学习西域史地研究,极大地拓宽了学术视野。此外,还跟从特木勒老师、杨晓春老师学习了蒙古史、满文、蒙古文、金石碑刻诸多领域的研究前沿和方法。

　　在攻读博士期间,正逢元史室承担国家社科基金重大项目《〈元史〉汇注考证》,研究室的老师和学生几乎全部参加这个项目。入学的第一年,刘老师根据我的知识基础和学习培养要求,要求我和其他几位同学一起跟从陈得芝老师参加《世祖本纪》的汇注工作。陈老师非常认真,要求每隔半个月去他家里汇报项目工作进展和存在的问题,陈老师会针对这些问题予以一一解答,同时也会对相关的研究情况展开讲述,并借此深入细致地介绍国内外有关的研究前沿、研究方法以及一些知名学者、学派的研究特点,讲述元史研究的理论、视角和方法。因此,每次去陈老师家里就相当于上了一节专业课。后来,陈老师因家中变故而生病,无法再从事学术研究,我们再也不能聆听先生的教诲,至为遗憾! 现在想来,那一年能常与陈老师相处并时时受教,是多么宝贵的时光!

　　在元史室学习期间,刘老师鼓励大家在参加《〈元史〉汇注考证》项目的同时,能够发现学术点,并以此为题完成博士学位论文。由于最初主要跟着陈老师作《世祖本纪》,所以我在作汇注工作的时候接触到大量宋元战争的事迹,看得多了以后便逐渐对这个方面产生浓厚的兴趣,进而以此按图索骥去查找南宋史料,并阅读了大量有关这方面的论著。有一次,在使用《平宋录》《宋季三朝政要》《通鉴续编》等文献为《元史》作注的时候我发现,有关刘整的病卒时间记载并不一致,于是我把资料汇集在一起进行研究,最后写出了一篇小文章。后来,在师生见面会上,我把这篇文章的主要内容向刘老师和同门作了汇报,并表示想以此为博士论文选题的切入点继续深入研究。刘老师对此表示非常赞同,认为我在内蒙古社会科学院历史研究所专职从事科研工作,原本熟悉北方民族和边疆历史,来到南方攻读博士深造,正好可以通过了解和挖掘南宋文献史料深入研究宋元关系史来弥补知识的不足,从而拓展自己的视野和研究领域。后来,我便在这个基础上继续以刘整的个人事迹为主撰写文章,先后陆续发表了五六篇文章,感觉这个题目的规模已经成型,于是我与刘老师商定以《宋元之际名将刘整研究》为题作为博士学位论文,完成以后提交盲审、答辩,最终获得博士学位。

在这个过程中,要感谢导师刘迎胜老师,以及陈得芝、高荣盛、华涛、杨晓春、特木勒等老师,在南京大学元史室的学习是我学术人生中的转折点,是各位老师们指引我进入了蒙元史、民族与边疆等领域的学术研究。还要感谢我的硕士生导师薄音湖老师,薄老师在本科、硕士阶段的指导和教诲让我走上了学术道路,并以此成为安身立命的依靠,即使在我毕业工作多年以后,薄老师仍然时时关心、教导至今。薄、刘二位先生是中华人民共和国成立以后老一辈学者翁独健、韩儒林先生的弟子,我能够成为二位先生的再传弟子,何其荣幸!当然,更多的是无形中的压力和鞭策,因为只有继续努力才能不辜负老师们的期许。

在博士论文完成撰写、答辩以及后来形成书稿并得以获得出版资助的过程中,我要感谢诸位老师和朋友的帮助。高荣盛老师、华涛老师、乌云高娃老师、吴小红老师、杨晓春老师、特木勒老师、陈波老师、于磊老师参加了我的博士论文预答辩、答辩,在论文的撰写、答辩过程中提出了许多有价值的意见,成为本书稿质量的保障。感谢浙大城市学院包伟民先生的大力推荐,使得本书能够列入浙江省哲社重点研究基地学术著作资助项目,感谢杭州市社会科学院南宋史研究中心魏峰博士以及其他至今不得而知且未曾谋面的老师们,这项小小的成果能够为宋史学界认可是我最大的收获!感谢周清澍先生这些年的教诲,我常去拜访周老师,周老师经常为我讲解宋元文献版本、宋元关系等问题,周老师宏阔的视野和敏捷的思维于我有莫大的启发。感谢内蒙古自治区社会科学院领导,历史研究所乔吉、晓克、刘蒙林、何天明等诸位先生,社科院提供了优越的科研环境和优良的学术传统,这里是我自 2010 年入职以来这十几年成长的地方,先生们虽无导师之名,却有导师之实,从工作方向、学术研究、日常生活等方面都给予了我无私的帮助和关怀,谨以此小书献给近年故去的乔吉、晓克、刘蒙林三位先生!何天明、于默颖二位老师对我的博士学位论文提出了许多修改意见,手把手教导,逐字逐句修改,特此感谢!在论文撰写、书稿完善的过程中,感谢毛海明、陈晓伟、乌罕奇、刘砚月、朱翠翠、康建国等同仁对本书提出了许多完善意见和写作思路。特别值得一提的是,我的博士学位论文题目《宋元之际名将刘整研究》和本书名称《贰臣与功臣:宋元之际名将刘整研究》,是洪学东博士、老魏(魏曙光)博士"赐予"我的,他们解决了我最大的弱项——不会给自己的研究成果起名字这个难题。博士期间的同学翁沈君、冯军南、刘萃峰、孟义昭、裴霏霏、程玉祥、银品等,大家一起上课、学习和讨论,激发了许多灵感,与大家的相处是我人生中的难忘时光。

本书仅是我从事蒙元史研究尤其是宋元关系史专题的一个起点,与此相关的未解之题还有很多,未来仍大有可为。

瞿　禹

2024 年 10 月 17 日

图书在版编目（CIP）数据

贰臣与功臣：宋元之际名将刘整研究 / 翟禹著.
上海：上海古籍出版社，2024.12. -- （南宋及南宋都
城临安研究系列丛书）-- ISBN 978 - 7 - 5732 - 1449 - 2

Ⅰ. K825. 2

中国国家版本馆 CIP 数据核字第 20243RE236 号

南宋及南宋都城临安研究系列丛书·博士文库

贰臣与功臣：宋元之际名将刘整研究　　　　翟　禹著

责任编辑　王　赫
出版发行　上海古籍出版社
　　　　　　地址：上海市闵行区号景路 159 弄 1—5 号 A 座 5F　邮编：201101
　　　　　　（1）网址：www.guji.com.cn
　　　　　　（2）E-mail: gujil@ guji.com.cn
　　　　　　（3）易文网网址：www.ewen.co
印　　刷　上海颛辉印刷厂有限公司
开　　本　787×1092 毫米　1/16
印　　张　17
字　　数　230 千
版 印 次　2024 年 12 月第 1 版　2024 年 12 月第 1 次印刷
书　　号　ISBN　978 - 7 - 5732 - 1449 - 2/K·3771
定　　价　88.00 元